「慰安婦」問題と未来への責任

日韓「合意」に抗して

中野敏男
板垣竜太
金 昌祿
岡本有佳
金 富子
［編］

大月書店

カバー・表紙絵
キム・ソギョン，キム・ウンソン
〈平和の少女像〉 ハルモニになった影の一部
2011年　大理石

影は，少女がハルモニになるまでの長い歳月と痛みを表し，胸に止まる白い蝶は亡くなった被害者たちの魂であり，死者と生者を結び，私たちが再び同じ過ちを繰り返さないことをともに誓う心の象徴である。

はじめに

二〇一五年の暮れも押し詰まった一二月二八日、日本の安倍晋三政権と韓国の朴槿恵《パククネ》政権は、突然、日本軍「慰安婦」問題について「合意」の合同記者発表を行った。それは「最終的かつ不可逆的に解決されること」を確認する「合意」ということだったが、事態はこれによりかえってまた困難な道に入り込んだように見える。

日本では、まずは大方のメディアがただちにこの「合意」への支持を表明し、行き詰まっていた日韓関係もこれで「未来志向」に動き出すと歓迎したのだった。また、この問題にかかわりをもつ多くの知識人たちも、総理署名の「謝罪」の手紙など追加措置が必要という補足意見はあったものの、基本的には今回の「合意」を支持するという立場を表明している。他方で問題解決のための運動に携わってきた人びとからは反対の声がいくつも上がったのだが、それでも日本での一般の論調は、これでようやく「厄介な問題に結着がつく」とばかり、「世論」の傾向を含めて基本的に「合意を支持する」という流れになっている。

しかし、これに対して韓国では、何よりも当事者である「慰安婦」被害者たちのなかから強い抗議の声が上がり、支援団体からも反対の明確な意見が出されて、「合意」が受け入れられないとするはっきりしたその意思はただちに多くの人びとの支持するところとなった。そのなかで、とりわけ多くの若者たちが、政府に抗議して新たに立ち上がっている。そして、それに共感する思いは、折からさまざまな失政や不正が重なって不信の的となっていた朴槿恵政権への抗議の声につながり、やがて二〇一六年秋には大きな潮のような「ろうそくデモ」を駆動し、これが広がって政権の打倒にまで結びついている。かくて二〇一七年五月に成立した文在寅《ムンジェイン》政権は、まずは前政権の「合意」について「国民の大多数が心情的に受け入れられない」としてそのプロセスの再検証を表明し、局面の転換を期待する人びとの思いも、「慰安婦」問題を象徴する「平和の少女像」への支持の広がりとともに、いよいよ高まっていると見える。

日韓両政府による「合意」に発して現れたこのような論議状況のすれ違いは、「慰安婦」問題の解決という観点から見るならもちろん望ましい事態ではないだろう。それは、深刻な人権問題であるこの問題をもっぱら外交ベースで「処理」にあたろうとした日韓両政府や、その基調を追認する日本のマスメディアに主たる責任があるのだが、ここでこのすれ違いを日本と韓国という二国間の、あるいは両国民間の問題として、ましてナショナリズムの感情にかかわらせて解釈したりするなら、事態はどうにも抜き差しならなくなって、いよいよ困難な隘路に立ち入っていくに違いない。そのように再びこじれはじめていると見える問題に解決の糸口を見出していくためには、やはりここでしっかり問題の現状を広く見渡し、また他方でその原点をしっかり見直し掘り下げて、その基本に立ちつつあらためて未来に向けて道を開いていくしかありえない。

本書は、日韓「合意」後というこの現在に立って、日本軍「慰安婦」問題の現状が立ち至っていると見える困難を打開し、この問題の解決を求める運動がこれまで培ってきた積極的な可能性を守り育てて、問題解決に向けて明確で具体性ある実現可能な道をしっかり示すとともに、二度とあってはならないこの問題の経験と教訓を歴史的な遺産として〈未来〉に向けて残していく責任を果たすべく企画されている。議論は、序章で日本軍「慰安婦」問題が問いかけていることについて現時点で必要な基本的確認を行ったのち、三つの軸をもって展開される。

第一の軸は、当面どうしても乗り越えねばならない日韓「合意」をまずは対象に、これを批判的に検討することを通じて、日本軍「慰安婦」問題にこの現状から進んで解決を求める道筋を示そうということである。ここでは、日本軍「慰安婦」問題の〈解決〉とはそもそも何なのかを現在の時点で整理して示し、日韓「合意」の何が問題なのか、どうしてそれでは解決にならないのかを提示する。そのうえで、韓国社会と国際社会がこの「合意」にどのように対応しているのかを検討することにする。【第Ⅰ部】

第二の軸は、一九九〇年代に公論化されて以来さまざまに研究が進み実態が明らかにされてきた日本軍「慰安婦」問題そのものについて、それにもかかわらず今日なお繰り返される否認論や修正主義的論調を問題化し、必要な批判を行うということである。ここでは、まずはなお生き延びる「日本軍無実論」にとどめを刺す批判を行うが、それと並行して、とりわけ朴裕河《パクユハ》『帝国の慰安婦』という書物の登場を契機に日本の「リベラル」と言われる知識人たちやマスメディアの論調にまで顕著に広がった新しいタイプの「修正主義」についても批判的に検討することにする。また、ここで海を渡ってアメリカにも広がった「歴史戦」にも触れたい。【第Ⅱ部】

そして第三の軸は、この日本軍「慰安婦」問題の公論化以来の議論の過程を振り返りつつ、この問題の歴史的意味をあらためて考えることだ。日本軍「慰安婦」問題は、国家が大規模に組織的に犯した戦時性暴力の歴史上で稀に見る事件として、それ自体が忘却を許されない重大事であるとともに、さまざまな他の性暴力の問題や人権侵害の事件を広く歴史的に問い返す際にも、結節的な意味をもつ問いの場となっている。ここでは、そんな問題を解決する歴史的に意義深いこの闘いを記憶し継承するとは何かを問い、それに対する次世代の未来への責任を考えたい。【第Ⅲ部】

三つの軸をもったこの議論には、韓国の日本軍「慰安婦」研究会から金昌祿（編者を兼ねる）、李娜榮が参加して論考を寄せたばかりでなく、アメリカとドイツからも小山エミ、梶村太一郎の参加を得ている。またそれに加え、コラムとして、米山リサ、テッサ・モーリス＝スズキがカナダとオーストラリアに在住する位置からそれぞれ一文を寄稿し、永原陽子もアフリカの経験を語っている。このような構成をとることで本書は、日韓「合意」後の日本と韓国だけでなく、世界に広がってその深刻な問題性が問われ意義が共有されつつある日本軍「慰安婦」問題の現在を照らし出すことにもなっているだろう。

本書では、それに加えて巻末に、日本軍「慰安婦」問題に関係する略年表を掲げるとともに、この問題の公論化の過程で公開されてきた「慰安婦」被害者の証言集、個人証言記録、テレビラジオの関係特集番組、ドキュメンタリー映像など、被害者たち自身が直接に登場しかかわりをもった関係資料の一覧を掲載している。すなわちこれらには、当事被害者が残してきているほかでは得られない生の声そのものが含まれており、それは問題を考える際に繰り返し立ち帰るべき原点であるに違いない。できればみなさんが、この一覧を手がかりにその「生の声」に「直接」に接して、そこからあらためて問題の意味と課題を確認し考えていただきたいと願っている。

「慰安婦」問題と未来への責任
――日韓「合意」に抗して

目次

第Ⅰ部　「慰安婦」問題は終わらない
——「解決」を問い直す

序章　日本軍「慰安婦」問題でなお問われていること

——「終わらせる合意」に抗して

中野敏男

1　終わらせる合意——被害者と加害者の消去

二〇一五年一二月二八日、「慰安婦」問題に関する日韓両政府の「合意」の記者発表において、岸田文雄外務大臣と尹炳世《ユンビョンセ》外務部長官はともに「今回の発表により、この問題が最終的かつ不可逆的に解決されることを確認する」と述べている。この文言は、問題を「終わらせる」という意味で、安倍晋三と朴《パク》槿恵《クネ》という二人の政治指導者が主導した「合意」の政治的意思を最も明瞭に示した箇所だが、歴史を知る者にとっては、それがただちにもう一つの「合意」を想起させる指標となっている。

ちょうど半世紀をさかのぼる一九六五年、日韓両政府は、安倍晋三の祖父である岸信介と朴槿恵の父である朴正熙《パクチョンヒ》という二人の人物が深いかかわりをもって進められた交渉の末に条約を締結し、そこに「両締約国は、国及び国民（法人を含む）の財産、権利及び利益並びに請求権に関する問題が……完全かつ最終的に解決されたこととなることを確認する」と書き込んだ。これは、「終わらせる合意」として

「慰安婦」問題に関する今回の「合意」の原型をなすものと言ってよいはずだが、それゆえにこそ、日韓両政府によって交わされた「終わらせる合意」の将来に向けた意味を予示していると見なければならない。

問題は、一九六五年の日韓基本条約とそれにともなう請求権等に関する諸協定が、日本による植民地支配と関連する実際の被害者に対してどのような意味をもったのか、にある。そうした被害者は、七二年に在韓被爆者である孫振斗《ソンジンドゥ》が原爆医療法適用を求めて起こした訴えに始まり、とりわけ九〇年代になって、サハリン残留朝鮮人の問題、BC級戦犯の問題、強制連行・強制労働の問題、軍票や未払い賃金についての補償問題、そして日本軍「慰安婦」問題と、それぞれの問題に即して具体的に声を上げるようになった。それらの声は、実際の被害者がその当の被害に対して相応な個人補償を求める正当な声にほかならなかったのであるが、そのような被害を訴える裁判において訴えを棄却する根拠として繰り返し持ち出されてきたのが「完全かつ最終的に解決された」とする基本条約の文言だったのである。植民地支配に関連して負わされた傷を癒さねばならないはずの条約と請求権協定が、実際に独裁政権を支える力とはなっても、肝心の被害者に届くかたちでは補償が実現しなかったばかりか、むしろその訴えを「終わらせる合意」としてはたらいてきたわけだ。今回の日韓「合意」は、日韓両政府の外交的処理のかたちとしてそんな経験がふまえられているように見える。

そもそも今回の「合意」が、急転直下とも言うべきかたちで大方の予想を裏切りつつ「政治主導」で進んだことは明らかであろう。日本軍「慰安婦」問題が「日韓関係に突き刺さるトゲ」と称され、外交関係を早急に「正常化」したい（すべきだ）という観点から問題の迅速な「処理」が求められて、日韓の両首脳が「高度の政治判断」からそれを動かしたとされている。東アジアにおける勢力関係の変化を意識し、日米韓の連携の乱れを憂慮するアメリカ政府が、背後からこれに強くはたらきかけたというのもおそらく間違いないだろう。そして、その「合意」をただちに歓迎した日本のマスメディアや識者たちがまず語るのも、この「和解」によってようやく「未来志向」に動き出したと見える日韓関係への期待なのであった。そうした観点に立つかぎり、問題はうまく「処理」できたと理解されたわけだ。

しかしそのときに、肝心の日本軍「慰安婦」問題はどのように扱われているのか。本書では、この日韓「合意」について各所で言及し、その内容に立ち入った分析と批判もさまざまな角度からなされることになるから、この序章では必要最小限の指摘にとどめることにするが、それでもこの「合意」の核となる問題点が、被害者と加害者の消去にあることは間違いないと認められよう。この日韓「合意」は、まずはその「合意」に至る協議に被害者を一切かかわらせなかったという点で被害者を消去しているし、また問題の事実認定において、日本国家の「関与」は認めてもそれを組織的に実行・推進した加害主体とは認めていないという点で加害者を消去している。だから、「合意した」と言ったところで、被害者自身はその時点でそれに合意していないのだし、「謝罪した」と言ったところで、実は加害者の当事責任主体としての謝罪には決してならないのである。そんな実のない「合意」をもって、日韓両政府が「この問題が最終的かつ不可逆的に解決されることを確認する」というのなら、それは政治的決着のみを目的にした「終わらせる合意」にすぎないと言われても仕方ないだろう。それなのに被害者と相談なしに終結宣言までしてしまったというのは、ひどい越権行為であり、そもそも無効なのだ。日本政府がその後「平和の少女像」の存続・拡散にばかり過敏に苛立ち、他方で肝心の「謝罪」については、外相による代読だけで済ませて安倍首相自身は追加措置を「毛頭考えていない」などとあからさまに不誠実な態度を憚らないできているのも、この「終わらせる合意」の内実と深く相関している。

そんな内実だからこそ、その「合意」はただちに多くの被害者や支援者の反発を招くことになったのだし、韓国の大方の世論もそれを批判し、ろうそくデモを駆動して大統領罷免の一因にもなった。すでに高齢となった被害者やその被害者を長年支えてきた家族が、もうそろそろ肩の荷を下ろしたいという気持ちもあって、不満はありながら「受け入れる」という意向を示されるケースはあるだろうが、反対を表明している被害者の意志も強固である。であれば、政権が替わって問題への取り組みの態勢が変わり、被害者への接し方も変わるなら、「合意」の見直しに向けて議論が再燃するのは不可避であろう。外交上は前政権による「合意」の事実が残るとはいえ、その際に外交文書が交わされたわけではなく共同声明の発表もなかったのであるから、見直しに進むその面でのハードルはさほど高いわけではない。またそんな折に、国連の諸機関がこの「合意」について「国際人権基準をふまえていない」と認め、とりわけ「人権条約に基づく拷問禁止委員会」からは合意内容に関する見直しの勧告が出されたことも、個別国家の政治的都合を超える普遍的な人権の観点をあらためて浮かび上がらせて国際世論を喚起し、また「合意」見直しの議論を助長するだろう。

もちろん、実際の政治過程はさまざまな要因の複合で動くから、そんな見直しの議論や、まして日韓の再交渉が具体的にどのように進むのかについてはなお予断を許さない。また、そもそも日本軍「慰安婦」問題は日韓両政府間の「外交問題」に還元できるわけではないのだから、それとはまったく違う次元で何か別の展開が生まれるかもしれない。とはいえ、日韓両政府による「終わらせる合意」がいったんは動いたあとのこの現在は、問題の「決着」がそんなかたちではかられるという隘路に一度は入りかけたわけだから、そこから引き返して、日本軍「慰安婦」問題の真の解決とは何か、それは「終わらせる合意」とどのように違っているのか、またわれわれは、この問題から何を学び、何を未来に引き継いでいくのか、など、あらためてしっかり基礎から考えておくべき時機であるのは間違いない。そこで、こうした問いにできるかぎり多面的に応答すべく考えを深めようと、本書は企画された。その序である本章では、それに向けて必要な基本的確認をいくつか行っておくことにしたい。

2　被害者自身が「声を上げ」つづけてきた闘い——この被害者の主体性と尊厳を守ること

「私に力をください。今八九歳です。この歳は活動するのに運動するのにピッタリの歳です」。これは、二〇一六年一一月五日に東京で開催された集会「日韓『合意』は解決ではない！〜アジアの被害者たちは訴える〜」における、韓国の被害者李容洙《イヨンス》の発言である。ここには、李容洙自身がこれまで続けてきた長年にわたる闘いについての自負と、それをこれからも継続するという固い決意が示されている。前節で日韓「合意」が被害者を消去していると指摘したが、それに反対して真っ先に声を上げた被害者李容洙のこの発言は、そんな政治の力による「消去」には決して屈しないという表明でもある。李容洙に限らず「慰安婦」被害者たちは、すでに多くの方が亡くなり、あるいは高齢となっているとはいえ、これまでずっと自ら声を上げて闘ってきたのだし、今も闘っている。日韓「合意」は、こうした被害者の声をないがしろにして問題を終わらせようとしたのだった。このような被害者の声の無視は、とりわけ日本軍「慰安婦」問題にとって、問題の核心に抵触する深刻な意味を含んでいる。この基本の確認から始めたい。

ここで被害者の声と言えば、日本軍「慰安婦」問題に言及する者は誰しもその名をあげるように、一九九一年八月一四日に「慰安婦」被害者として初めて名乗りを上げた金学順《キムハクスン》の告発がまずは思い起こされるであろう。この声は、あるいはこの声こそが、問題を公論化するのに決定的な力となったすべての起点だった。「それは人ごとじゃないから。私もそういうふうな道踏んできた人間だから。やっぱり金学順という人間が慰安婦で、やっぱり死んでも死にきれない。忘れることできないから、やっぱりこれまでやったなんてことは思い出しました」（在日朝鮮人の被害者宋神道《ソンシンド》[*1]）。「それが本当の始まりでした。この強烈な感情が自分の内にありました。自分はこれらの女たちに味方せねば、彼女たちを支援せねばならない。すると突然、今なら語れるような気がしたのです」（オランダ人の被害者ジャン・ラフ゠オハーン[*2]）。またフィリピンにも、ここから広がった声が届いている。「一九九二年六月三〇日、洗濯した服を吊しながらラジオを聞いていて、私は衝撃を受けました。ある女性が、第二次大戦の最中、日本軍にレイプされ奴隷化された女たちについて話しているのです。全身に衝撃を覚え、血が白くなったかのように感じました。……そして私は決心しました」（フィリピンの被害者マリア・ロサ・L・ヘンソン[*3]）。このように多くの被害者たちが金学順の声に強く感応し、それをきっかけに自らも語りだし、それが公論の「本当の始まり」となったという経緯を思い起こすならば、日本軍「慰安婦」問題における被害者の意思とその声の特別な意味にあらためて気づかされよう。

この点は、日本軍「慰安婦」問題というこの問題が、「戦後補償」の問題であるばかりでなく「戦時性暴力」の問題でもあることに深くかかわっている。フィリピンのマリア・ロサ・L・ヘンソンは、カムアウトを呼びかけるラジオから流れる声を次のように聞いている。「……恥ずかしがらないで。性的奴隷だったことは貴方の責任ではないのです。責任は日本軍にあるのです。貴方自身の権利のために立ち上がり、闘って下さい」[*4]。そもそも被害者にとって、日本軍「慰安婦」制度の被害は、アジア太平洋戦争における日本軍の敗北によって終結したわけではなかった。その後も、性奴隷にされたこと自体によって受けた心と身体の傷に加え、自らのその体験を「恥ずかしいこと」とみなす人びとのまなざしに囲まれて、ずっと強いられてきた沈黙。それがまた「戦後」の長い時の流れのなかで深い心の傷みとなり生活の困窮となって折り重なり、被害者たちを苦しめつづけてきたのである。

だから、そんな被害者が声を上げるということは、人間としての尊厳をかけた訴えの始動として、それ自体が一つの〈闘い〉であり、また〈解放〉をも意味する重大な一歩だったのだ。しかもこの一歩は、声を上げた当人にとってのみ大切な一歩だったのではなく、ずっと声を上げられない状況にいた多くの被害者たちに「他人ごとじゃない」との覚醒を生み、その人生に誇りを回復させてくれる一歩となった。されればこそ宋神道もジャンもマリアもただちに金学順に続いている。もちろんそれでも、自らは名乗り出られない事情をなお抱える被害者も多かったわけだが、「貴方の責任ではないのです」と覚醒を呼びかける声は、そんな被害者にも届いて自尊心の回復をきっと助けているに違いない。さらにその声は、「慰安婦」にされた体験を「恥ずかしいこと」とみなされつづけて無念の思いを深く抱きながら亡くなった多くの被害者たちにとってもまた、その悔しさを晴らし名誉を取り戻すメッセージになったことであろう。確かに「それが本当の始まり」だったのである。

ところで、九〇年代の初めにこのように被害者から声が上がり、そこから日本軍「慰安婦」問題がようやく公論化していった背景には、そんな被害者たちの覚醒を支えたやや広い文脈の時代転換があったことが想起されねばならない。一九八九年のベルリンの壁崩壊に始まる一連の過程は、それまで世界を万力のように締め上げていた「東西冷戦」の構造を解体させ、その蓋が外れた世界各地で旧体制が犯した圧政や暴力を告発し、正義をもってそれを糺す声が噴出する。アパルトヘイトからの脱却を求めた南アフリカの体制転換がその典型例だったが、九〇年代のこの時期は、歴史を正しその責任を問う時代の始まりだったのである。[*5] そのような時代状況のなかで、戦時の強制連行・強制労働など未解決のまま残された日本の戦後補償の諸問題があらためて問題となり、日本軍「慰安婦」問題についても、多くの被害者を出したアジア諸国で、また加害国である日本においても、被害者たちの声に真摯に向き合わねばならないという問題意識がようやく広がりを見せていたのだった。[*6]

そうであれば、いったん動き出した事態の進展は急で、一九九一年一二月の金学順の裁判提訴に吉見義明らによる日本軍の関与を示す史料の発掘が重なり、それがそれまで「慰安婦は民間業者が連れ歩いた」と関与を否定していた日本政府を調査へと動かして、九二年七月には政府の「関与」を一部認めた加藤紘一官房長官談話につながっていく。また同年一二月には東京で「日本の戦後補償に関する国際公聴会」が開かれ、ここには六か国・地域から多くの「慰安婦」被害者が参加して日本政府・軍を厳しく告発する痛切な証言をそれぞれ行い、内外の人びとに大きな衝撃を与えた。[*7] この状況があって日本政府は被害者証言の聴取に動かざるをえなくなり、その証言の真正性を確認した結果、「慰安婦」制度の強制性と日本軍の「関与」までは認めて「お詫びと反省の気持ち」を表明した九三年八月の河野洋平官房長官談話につながったのである。ここでも事態を動かしていたのは、やはり被害者の声だった。

そしてここから「慰安婦」被害者の声は、九〇年代を貫いてさまざまに発せられるようになった戦争と圧政を告発する他の被害者たちの声と響き合い、「証言の時代」と言われたその時代を牽引する力となっていく。一九九二年の国際公聴会に触れたが、この公聴会自体が、強制連行・強制労働やサハリン残留など、日本が戦時に起こした戦争犯罪・不当行為でなお未解決の戦後補償問題として残されている諸問題の被害者たちの証言の場であり、「慰安婦」被害者はその中心的証言者であった。このような公聴会に限らず、そのころから「慰安婦」被害者を特別に招いた証言会が多くの市民たちの努力により各地で繰り返し開かれるようになり、次第にたくさんの被害者の方々がそのような場に進んで参加して、それらの証言が多くの人びとに聞かれるようになっていく。しかもそんな証言が語られる場の広がりは、被害者の出身国・地域や加害国である日本だけにとどまらず、やがてアメリカやヨーロッパにまで及び、それにより日本軍「慰安婦」問題は、とても深刻で普遍的な意味をもつ世界史的な経験と理解されるようになっていった。二〇〇〇年一二月の東京で、被害事実の公式認定と加害者処罰を求める多くの被害者が一堂に会して証言し、この問題のもう一つの画期となったと知られている「日本軍性奴隷制を裁く女性国際戦犯法廷」(以下、「女性国際戦犯法廷」)は、そんな流れの極点に成立している。

このような一九九〇年代を起点に現れてきた「慰安婦」被害者たちの証言は、韓国の挺身隊問題対策協議会と韓国挺身隊研究所がかかわり一九九三年から二〇〇四年にわたって刊行された全八巻の書をはじめ、各国ですでに多くが証言集にまとめられており、日本語で読めるようになっているものも少なくない。[*8] また、複数の証言者をそろえたそうした証言集と並んで、裵奉奇《ペボンギ》、マリア・ロサ・L・ヘンソン、文玉珠《ムンオクチュ》、ジャン・ラフ＝オハーン、朴永心《パクヨンシム》、宋神道、李容洙、姜徳景《カンドッキョン》と、それぞれ一人の「慰安婦」被害者が体験を集中的に語り、その一人に親身に寄り添って語りを聴き取った、個人ごとの証言と調査の記録がある。これらは、その一人について、「慰安婦」にされた期間の過酷な体験だけでなく、生い立ちからその後の人生まで語りをていねいに記録するもので、なかには、証言の真正たることを独自な調査活動により丹念に裏づけ、さらには当の被害者が受けた身体と精神と生活上の傷の深さやそれが残したPTSD（心的外傷後ストレス障害）の意味にまで立ち入って考察しまとめたものまで含まれている。こうした証言の記録は、それ自体が被害者自身の始めた〈闘い〉の表現であり、それが単行本として数多く刊行されていることも、日本軍「慰安婦」問題の顕著で重要な特徴である。

在日朝鮮人の被害者・宋神道は、その一つである彼女の個人証言の書に収録された裁判のための陳述書で、次のように述べる。[*9]「逃げようとしても帰る道も分かりません。最初は泣いてばかりいましたが、軍人の言う通りにしなければ帳場に殴られる、軍人には刀で脅される。命が惜しくて、死ぬのだけはいやでした。だから軍人の言うことを聞くしかねがったんです」。日本軍「慰安婦」制度とは、まさに「性奴隷制」と言われるべき長期にわたって拘束下においての性の暴力支配という組織犯罪なのであって、強制連行や誘拐・詐欺も、凌辱や強かんもその一環としてあり、これら一部だけを切り離して問題化はできない。そうだからこそこの問題は、人間の尊厳とは何か、その尊厳を蹂躙する暴力は何を破壊するのか、そしてそんな暴力支配に継続してさらされたとき、さらにはその被害を「恥ずかしいこと」と言われ自尊心を毀損されて長く沈黙を強いられたときに、人間はどうしてそれに耐え、抗し、生き抜くことができるのかなど、人間存在の基底に触れる問題まで提起している。被害者個人の証言が大切なのは、長期にわたるその経験の実質を通して、まさにここに触れているからだ。しかも実体験に即したその語りは、同じ被害現場にともにいて、悔しくも犠牲の末に亡くなっていった他の多くの被害者たち、もうほかに語る人がいなくなってしまったが決して忘れてはならないその人たちをも想起させる。公刊された被害者一人ひとりの証言記録は、そんな現場から、「慰安婦」問題の人間的な諸相をその人生全体をもって語っているのである。

人道に対する罪である日本軍「慰安婦」問題は、被害者の人間としての尊厳が毀損された事案であり、解決にあたってもその点が最も重視されなければならない。それを自ら訴える被害者のこの声は、決して消去することの許されない問題の原点であるに違いない。

3　さまざまな被害者と加害者の消去

二〇一七年一月二四日、NHK総合のテレビ番組「クローズアップ現代+」は、「過熱する〝少女像〟問題」という表題の特集を制作し、それに「初めて語る元慰安婦たち」という副題をつけて放送している。この番組でNHKは、日韓「合意」以後にも「沈静化」を見せない「平和の少女像」設置の動きを韓国におけるナショナリズムの「過熱」として描き、そのなかで日韓「合意」を「受け入れる」とする声のみを「元慰安婦たち」の「初めて語る」声として紹介したのである（本書、第4章参照）。NHKは、二〇〇一年に当時は官房副長官だった安倍晋三らの横やりを受けて「女性国際戦犯法廷」をゆがめる内容の番組改ざん事件を起こし、それ以来、ごく少数の関連報道以外には日本軍「慰安婦」問題に取り組む番組をほとんどつくってこなかった。「問題つぶし」とも言えるこの姿勢はそれ自体が公共メディアとしての公正性に疑念を抱かせるものだったのだが、そのNHKが、日韓「合意」後の今頃になってこの問題にことさら介入し、しかも「終わらせる合意」を進める政権側に一方的に利するかたちでそれを「受け入れる」という声のみを伝えたのである。これは、その一六年間も含めずっと語ってきている「慰安婦」被害者からすれば、巨大メディアによるその声の〈消去〉であるのは明らかである。

日韓「合意」とそれを歓迎し連動する日本メディアのこのような消去の動きを見るとき、それをいつか見た光景と既視感に襲われる人も少なくあるまい。日韓条約のときのことはすでに触れたが、一九九五年に「女性のためのアジア平和国民基金」（以下「国民基金」）が始動したときもやはりそうだった。あのときも、日本軍「慰安婦」問題に対して、日本が国家として法的責任を認めて公式に謝罪し賠償するという解決のかたちを避けるために「国民」の名を持ち出し、国民からの募金により基金をつくって「償い金」にあてるという方式が案出されている。「償い金」の個人支給を韓国・台湾・フィリピン・オランダと四地域だけに限定して始動したこの事業が、加害主体としての日本国家を消去する責任回避の方策であるとただちに強く批判され、とくに韓国と台湾で多くの被害者が受け取りを拒否したため目的を果たせず終結したことは記憶に新しいところである。ここでは、この「国民基金」という方式が、他面で「（告発主体だった）被害者たちを施しと慰めの対象にしてしまった」[*10]ことにより、主体としての被害者の存在を消去する「解決策」でもあったということを想起しておかなければならない。

確かに「国民基金」は、日本政府が「国家」としての賠償には応じられないこと（「国家間の賠償は条約上済んでいる」という解釈）を理由に、もっぱら日本側のその解釈に合わせて提案された「解決策」であり、その際に被害者は、〈解決〉を求めて協議に臨む主体ではなく、日本側から提案されたその施し（「償い金」）を受けるか否かだけを選択できる客体にされてしまった。しかも「国民基金」の支給請負人は、客体たる被害者に電話などを通じて秘密裏に接触し個別に受け取りを迫ったから、被害者たちはそのような電話での懐柔や暴言に悩まされたばかりでなく、やがて被害者の間に誰は受け取った誰は受け取らないなどと憶測や相互不信が生まれ、そこに分裂さえ生ずる痛ましい事態となってしまった。[*11] それが、被害者は主体ではないとされたことの帰結だったのだ。

二〇一五年一二月の日韓「合意」では、被害者に受け入れを迫る主体が韓国政府に移ったとはいえ、それが再現しようとしたのはこの事態である。それなのに、「国民基金」に責任がありその失敗を認めてもいる和田春樹のような人までが、被害者の心をひどく痛めつけたこの点を知らないはずはないのに、その反省を忘れたかのごとく日韓「合意」を支持するのは、やはり解しがたく見えよう。そう思ってさらに考えると、その根底にある「被害者と加害者の消去」に加担しそれに指向する意識が、日本軍「慰安婦」問題をめぐる現在の日本の言説状況にとても根深く広く浸透してきていることがわかる。それは、朴裕河《パクユハ》著『帝国の慰安婦』という書物が巻き起こした一連の事態のなかに紛れもなく確認できる。[*12]

ここでは、その『帝国の慰安婦』事態の意味を考えるために、二つの引用をしてみたい。

　慰安婦たちを連れていった（「強制連行」との言葉が、公権力による物理的力の行使を意味する限り、少なくとも朝鮮人慰安婦問題においては、軍の方針としては成立しない）ことの「法的」責任は、直接には業者たちに問われるべきである。それも、あきらかな「だまし」や誘拐の場合に限る。需要を生み出した日本という国家の行為は、批判はできても「法的責任」を問うのは難しいことになるのである。[*13]

慰安婦事態を犯罪としてとらえるなら、基本的には強姦とみるということであろう。そのさい集団的、継続的強姦をつくりだした組織者の責任は重いと言えるが、強姦を実行した人間も罪、責任を免れない。つまり慰安所に行った日本軍将兵の罪を問わない限り、慰安所をつくった司令官、部隊長の罪を問うことはできない。だから、慰安婦問題で法的処罰を求めることは限りなく難しいのである。[*14]

前者は『帝国の慰安婦』（日本語版二〇一四年）からの引用、後者は和田春樹著『アジア女性基金と慰安婦問題』（二〇一六年）からの引用である。ここで朴裕河は業者に罪を見出し、和田は日本軍将兵に罪を見出しているわけだが、そのことで両者は、ともに日本国家の法的責任を問う追及の前に立ちはだかり、それを牽制し先行防御する弁護人の役割を担っていると見える。

しかし、思い返してみよう。前段で在日朝鮮人の被害者・宋神道の証言をふまえて述べたことだが、日本軍「慰安婦」制度とは、まさに「性奴隷制」と言われるべき長期にわたって拘束下においての性の暴力支配という組織犯罪なのであって、強制連行や誘拐・詐欺も、凌辱や強かんもその一環としてあり、これら一部だけを切り離して問題化はできない。だから、強制連行・誘拐・詐欺のたぐいにかかわった朝鮮人業者も、凌辱・強かんに関与している日本軍将兵も、当然その罪が問われなければならないのだが、そうした個別の犯罪行為にかかわる当事者の責任が、日本軍「慰安婦」制度全体の企画立案および運営実施の責任主体である日本政府・日本軍の法的責任を代替するわけではないのだ。「狭義の強制連行の証拠はない」などとして、それで「慰安婦」制度全体についての法的責任を否認できるかのように言ってきた日本政府ともやや似ているが、問題を局所化して全体についての加害主体の責任を後景化、消去しようとしている点で、朴裕河と和田春樹は実は共通しているのである。

もっとも、『帝国の慰安婦』においては、それが被害者の消去とつながっている。たった今見たように、朴はこの書で繰り返し業者の犯罪を強調する。どうしてか？　それは、この日本軍「慰安婦」制度において、朝鮮と台湾の「慰安婦」については業者がやったその部分(「それも、明らかな『だまし』や誘拐の場合に限る」)のみが犯罪なのであって、残余の全体は無罪という立場に立っているからである。[*15]そこに「帝国の慰安婦」という「慰安婦」像が成立する。それは次のような像である。

植民地となった朝鮮と台湾の「慰安婦」たちは、あくまでも「準日本人」としての「大日本帝国」の一員であった。もちろん実際には決して「日本人」ではありえず、差別は存在した。それでも彼女たちが軍人の戦争遂行を助ける存在だったのは確かである。[*16]

それはもちろん国家が勝手に与えた役割だったが、そのような精神的「慰安」者としての役割を、慰安婦たちはしっかり果たしてもいた。[*17]

たとえ表面的といえども、そこに確かに存在した〈自発性〉を無視することはできない。[*18]

このような「慰安婦」像の提示は、それが性暴力の被害者に向けられた言明と考えるなら、ひどく名誉を傷つける心ない言葉であるとただちに認定されるのではなかろうか。性暴力の被害者は、圧倒的な暴力をもって性的暴行（レイプ）を加えられたときに、それ以上の危害を受けて致命的な損傷を負うのを避けるため、すなわち命だけは守ろうと、ある段階で物理的な抵抗を放棄する場合がある。宋神道が証言するように、性奴隷制である日本軍「慰安婦」制度のもとで被害者が生き延びようと決意するというのは、そういうことだった。「死ぬのだけはいやでした。だから軍人の言うことを聞くしかねがったんです」[*19]。だから、あえて「慰安婦」になって生き延びたというわけだ。[*20] とすれば、この証言の背後には、証言としては残されえなかったが、そのようにして「生き延びる」ことに耐えきれずに命を落とした数多くの被害者がいたと考えねばならない。それなのに、これに対して朴は、彼女たちは「精神的『慰安』者としての役割」をしっかり果たしており、「たとえ表面的といえども、そこに確かに存在した〈自発性〉を無視することはできない」と言っているのである。これは、性暴力の被害者に「たとえ積極的でなくても抵抗をやめていて、そこには確かに〈合意〉があった」と言うのとまったく同じで、被害者を傷つけるセカンドレイプだと言われても仕方なかろう。[*21] このようなまなざしの暴力によってこそ、被害者たちは日本の敗戦後も長く苦しめられつづけていたのであり、だからこそ、これを名誉毀損と訴えたのだった。それなのになおこの認識を維持できるというのは、朴が「慰安婦」被害者を、植民地化に起因する貧困ゆえに帝国の動員に自発的に応じざるをえなかった存在とは捉えても[*22]、性暴力の被害者とは認めて、いないからにほかならない（被害者の消去だ！）。それが「朝鮮人慰安婦と日本軍の関係が基本的には同志的関係だった」[*23]と主張する「帝国の慰安婦」像なのである。

しかも問題をいっそう深刻にしているのは、このような「帝国の慰安婦」像が提示した加害者と被害者の消去の議論が、「加害vs被害の二項対立」を超えた柔軟な植民地問題認識などとして歓迎され、それが日本の知識人たちやマスメディアに賛同者を広げていることだろう。罪がもっぱら朝鮮人業者にあるという主張なら、韓国人が「韓国側」も反省しなければならないと言ってくれたのだから有り難いし、「日本人兵士」も「朝鮮人慰安婦」もともに軍国主義と植民地主義の犠牲者だということであれば、日本人としてさほど負い目を感じずにすんで気が楽になるというわけである。このときに、朴裕河の議論を「ナショナリズムを超える」として賛美する日本の論者たちは、その当の自分の意識が文字通り日本に固着するナショナリズムに陥っていることに気づこうとしない。

もちろん、植民地主義による支配は、同化政策をともなうから被植民者側にも協力者を生み、その加害と被害も、実際には民族の境界線だけで白黒にくっきり分かれるというわけではない。とはいえ、それは支配‐被支配の関係の解消を意味するわけでは決してなく、むしろ民族・階級・ジェンダーなど複数のカテゴリーが入り組んだ具体的な支配関係を、加害も被害も消去しないで見極める繊細で立ち入った考察が必要になるということなのだ。

それなのに朴裕河は、朝鮮や台湾出身の「慰安婦」被害者について、「あくまでも『準日本人』としての『大日本帝国』の一員」だったという植民地制度上の形式論のみをもって、「自発性」が「確かに存在した」とまで認定する。そのときに朴の議論には、皇民化のイデオロギー装置でもあった初級学校の就学機会さえもたされなかったなど、[24]植民地の下層女性である「慰安婦」被害者の意識形成の実相にまで立ち入って考察する構え（階級とジェンダーの視点だ！）がまったく欠けており、そんな粗雑さがまた被害者を「戦争遂行を助ける存在」とまで言ってしまえる暴論（被害者の消去）を可能にしているのである。このような議論は、被植民者を「準日本人」という指標で一律に語る点では、実は、彼らを総力戦に動員すべく「大日本帝国の一員」として、みなが「一体」と強弁した支配のイデオロギー（「内鮮一体論」）と立論の構造において同型的であり、それゆえ植民地支配否定論にも地続きなのである。[25]これが日本で賛同者を集めていて、日本軍「慰安婦」問題についての認識は、今や植民地主義の歴史認識にとっても決定的な試金石となっている。

4　終わらない「慰安婦」問題、未来への責任

さて、このように問題をその起点からあらためて想起し考えてくると、一九九〇年代の初めに金学順のカムアウトから公論化が始まったこの日本軍「慰安婦」問題について、日韓両政府による「終わらせる合意」に抗して進もうとする今、その進路を見定めるために、何を認識の基点におかなければならないか、未来に向けて何を確実に引き継ぎ育てていくべきかという、問題の基本に関連して留意すべきことがいくつか見えてくるように思われる。さしあたりここでは、その核心にある三点についてのみ、そこにある留意事項を確認しておくことにしよう。

その第一は、日本政府・日本軍が組織的に決定し実行した「性奴隷制」と言うべきこの日本軍「慰安

婦」制度の根本問題が、言うまでもなく被害女性の人格の尊厳と名誉が毀損され、その人権が著しく蹂躙されたというところにあり、それゆえ何よりも大切なのは、それにより毀損されたすべての被害者のそうした尊厳と名誉、そして人権が、確かに回復され、しっかり尊重される道を開くことだ、という中心問題にかかわっている。

この点については、日韓「合意」という隘路に入りかけたこの時点で、被害者自身が声を上げつづけてきた闘いの経過をあらためて振り返ってみて、議論のなかからとかく切り捨てられてしまう問題点がいくつかあることに気づかされよう。その一つは、問題が日韓両国の外交問題であるかのように語られるときに切り捨てられてしまう、朝鮮人「慰安婦」被害者以外の「すべて」の被害者のことである。失敗に終わった「国民基金」ですら対象にしようとした地域は韓国・台湾・フィリピン・オランダだけだったのであって、解決に向けた行動そのものが他の多くの地域の被害者についていまだ手つかずのままだということである。しかももう一つ、問題の発端からたどると八〇年ほどの歳月が経過しているこの問題には、苦しみを抱いたままですでにこの世を去っている多くの被害者がいるのを忘れるわけにはいかない。この長い歳月の過程で実際にはあまりにも多くの被害者が亡くなっており、公論化が始まって自ら声を上げた被害者だけを考えてさえ、金学順をはじめその痛切な訴えが実らないままに亡くなった多くの方々がいて、今ではその一人ひとりの悔しい思いがすべて厚く累積した負債のようにあとの世代に残されているのである。「慰安婦」問題の〈解決〉を言うなら、こうしたすべての被害者について問題化を進めねばならない。

また、ここで確認すべきことの第二は、これまで見てきたように現在もさまざまにかたちを変えつつ現れている「被害者と加害者の消去」の趨勢に抗しつつ、問題の基本的な事実について誰も否認しえないかたちで確定し、加害については法的責任の所在を明確にして、被害者への公式の謝罪と賠償を引き出していくという、基本課題に関係している。

この基本課題に関しても、しっかり理解すべきことは密接に関連して階梯をなす二つのポイントがある。その第一のポイントは、和田春樹と朴裕河について見たように問題を局所化して捉える傾向がなおさまざまに現れているなかで、「性奴隷制」と言われるべき組織犯罪であるこの日本軍「慰安婦」問題の全体像を、その全体に即して捉える理解の定着が必要だということであり、その次の第二のポイントは、そのように全体として捉えられた組織犯罪に即して、加害主体である日本国家・日本軍の責任を明確化しなければならないということである。このように密接に関連する二つの点は、すでに史料的には十分な裏づけをもって証明されているはずのことで、事柄はもう明らかだと考える人も多くなっている。とくに「性奴隷制」という認識については、国際的に見ればむしろ広く認められ受け入れが進んできていて、方向性はすでにはっきりしていると言えるかもしれない。しかし他方で、「狭義の強制連行」さえ否定すれば問題そのものがなくなるかのように言いつのる極右言説は今でも根強いし、和田春樹や朴裕河などをはじめ「慰安婦」問題に多くの発言をしているような人びとまでが、なお問題の局所化を維持しているという事実がある。そしてそんな状況を背景に、当の加害責任主体である日本政府が「性奴隷制」と言うべき組織犯罪との認識の受け入れを拒否しているのであれば、いかに「合意」や「謝罪」の言葉が語られても、その内実はなお空疎だと認めねばならない。すなわち、問題の全体像について認識転換の定着はむしろこれからの課題なのであり、この認識にしっかり立って、その責任についての明確な謝罪と補償が求められなければならないのである。

そして、ここで確認すべきことの第三は、日本軍「慰安婦」問題の歴史的意味に関係している。九〇年代に公論化したこの問題は、日本の未解決の「戦後補償」にかかわる一問題であり、しかも戦時性暴力の最も凝縮した組織形態として、歴史を正しその責任を問う時代に核心的な問題と意識されたのだったが、その議論が進んで、それが近代植民地主義の支配の構造と濃密に関係することがいよいよ明らかになり、この問題が帝国主義と植民地主義の支配した〈近代〉という時代そのものへの問いにとっても枢要な核になってきているのである。それゆえこの日本軍「慰安婦」問題を解決し、その記憶を継承するということは、今やそれ自体として二重の意味をもつこととなった。すなわちその第一の意味は、この問題の解決において、ごまかしのないかたちで事実が明確にされ、加害国家日本の法的責任が認められて誠意ある謝罪がなされ、被害者個人への補償が十分になされるならば、まずはそのこと自体が歴史を正す大切な先例になるということである。この問題の正当な解決は、直接には被害者たちにとって受けた傷の癒やしとなり名誉の回復になるわけだが、それればかりでなく、戦後補償の問題そして戦時性暴力の問題の解決にとってしっかりした先例ともなり、世界に続発した関連する諸懸案についての解決にも大切な道筋を示すことになるだろう。これに対してそれに加わる第二の意味とは、この日本軍「慰安婦」問題の解決とその記憶の継承が確かになされるならば、それは、帝国主義と植民地主義の時代がいかなる問題を引き起こしてきたのかを繰り返し想起するための明確なよすがとなり、またそれゆえ、そんな時代を乗り越えていくために何を考えなければならないのかを探る拠り所にもなっていくだろうということである。そうした意味でこの問題は、すでに決して忘れることのできない世界史の経験になっているし、確かにそうならねばならないのである。

このように考えてくると、日本軍「慰安婦」問題がすでにもっている問題の広がりが見えてきて、それが、日韓「合意」などの「終わらせる合意」では決して終わらせてはならないし、終わらせられえないところのものであることは明らかであろう。本書は、そのような問題の全圏域を展望すべく企画されている。そのために、すべての被害者にとっての〈解決〉とは何かをあらためて問い、加害主体である日本国家・日本軍の加害責任をその無化に抗して問い、そして、世界史的経験となったこの問題が開いていくべき未来への責任を問うていきたいと思う。これは、問題の原点に立つとともにそれを未来への出発点にする試みなのである。本書をもって、その基点をともに確認してくださるなら幸いである。

〔注〕
*1　在日の慰安婦裁判を支える会編『オレの心は負けてない——在日朝鮮人「慰安婦」宋神道のたたかい』樹花舎、二〇〇七年、二一二頁。
*2　ジャン・ラフ＝オハーン『オランダ人「慰安婦」ジャンの物語』渡辺洋美訳、木犀社、一九九九年、一六一頁。
*3　マリア・ロサ・L・ヘンソン『ある日本軍「慰安婦」の回想——フィリピンの現代史を生きて』藤目ゆき訳、岩波書店、一九九五年、一六八—一七〇頁。
*4　同前。
*5　この点については、金富子・中野敏男編著『歴史と責任——「慰安婦」問題と一九九〇年代』(青弓社、二〇〇八年)を参照。
*6　たとえば一九九三年一一月一四日付『朝日新聞』に公表された世論調査では、六〇歳以上の男性を除

くすべての世代・男女で、「慰安婦」問題について「政府は補償すべきだ」が「必要はない」を上回っている。この点については、同前書、二七頁を参照。

＊7　この記録は、国際公聴会実行委員会編『アジアの声第七集　世界に問われる日本の戦後処理①「従軍慰安婦」等国際公聴会の記録』東方出版、一九九三年。

＊8　証言集などについては巻末一覧を参照。

＊9　前掲、在日の慰安婦裁判を支える会編『オレの心は負けてない』二一三頁。

＊10　鄭鉉栢「国民基金の被害者の声」（前掲『歴史と責任』所収）五九頁。

＊11　「国民基金」が生んだこの事態については、同前論文、六〇頁など参照。

＊12　朴裕河『帝国の慰安婦――植民地支配と記憶の闘い』（朝日新聞出版、二〇一四年）に関連して生じた一連の事態（『帝国の慰安婦』事態）と本書との関係については、「あとがき」を参照。

＊13　前掲、朴『帝国の慰安婦』四九頁。

＊14　和田春樹『アジア女性基金と慰安婦問題――回想と検証』明石書店、二〇一六年、一〇四－一〇五頁。

＊15　この点については、鄭栄桓『忘却のための「和解」――『帝国の慰安婦』と日本の責任』（世織書房、二〇一六年）二九頁以下を参照。

＊16　前掲、朴『帝国の慰安婦』七六頁。

＊17　同前、七七頁。

＊18　同前、六〇頁。

＊19　前掲、在日の慰安婦裁判を支える会編『オレの心は負けてない』二一三頁。

＊20　この点は「慰安婦」被害者の多くの証言で繰り返し確認できるが、とりわけ文玉珠の証言記録は、その状況の厳しさと覚悟のさまを深く感得できるものとして重要である。文玉珠（語り）・森川万智子（構成と解説）『文玉珠――ビルマ戦線楯師団の「慰安婦」だった私（新装増補版）』（梨の木社、二〇一五年）を参照。

＊21　「フェミニスト」であると自認しているはずの上野千鶴子は、「慰安婦」制度のもとで生き延びること

を選んだ宋神道の「命きたない」という言葉を捉えながら、それと朴裕河のセカンドレイプ発言とを区別することができない。「慰安婦」制度のもとで「生き延びる」のをあえて選ぶことと、「精神的『慰安』者としての役割」を自発的に選ぶこと（合意）とは、その自発性の意味に天と地の差があるというのに。上野千鶴子「『帝国の慰安婦』のポストコロニアリズム」（浅野豊美ほか編『対話のために――「帝国の慰安婦」という問いをひらく』クレイン、二〇一七年）二五一頁を参照。

＊22　この点については、前掲、鄭『忘却のための「和解」』一一五頁参照。

＊23　박유하『제국의 위안부　식민지지배와 기억의 투쟁』뿌리와 이파리、二〇一三년 초판、六七쪽。この箇所は、日本語版では「朝鮮人慰安婦と日本兵士との関係が構造的には『同じ日本人』としての〈同志的関係〉だった」と変えられていて意味も変わったが、韓国語原文では「朝鮮人慰安婦と日本軍との関係」が「基本的には同志的関係だった」と書かれており、こちらが朴の原認識であろう。前掲、朴『帝国の慰安婦』八三頁も参照。

＊24　この点に関しては、宋連玉「朝鮮人『慰安婦』の被害から見る植民地主義」『証言　未来への記憶　アジア「慰安婦」証言集Ⅱ――南・北・在日コリア編　下』西野瑠美子・金富子責任編集、明石書店、二〇一〇年、金富子『植民地期朝鮮の教育とジェンダー――就学・不就学をめぐる権力関係』世織書房、二〇〇五年。

＊25　この点については、前掲、鄭『忘却のための「和解」』一一六頁参照。

I

「慰安婦」問題は終わらない

──「解決」を問い直す

（左）第12回日本軍「慰安婦」問題アジア連帯会議（2014年6月，東京）に参加した各国の被害者と支援メンバーたち。（右）会議後，安倍晋三首相宛に河野談話以降に発見された500点以上 の「慰安婦」関連資料と「日本政府への提言」を提出した。（提供：左・信川美津子 右・田場祥子）

第1章 「慰安婦」問題の解決をめぐって
——加害責任を問うことの意義

板垣 竜太

一九九一年八月一四日、ソウル。金学順《キムハクスン》が韓国居住の日本軍「慰安婦」制度の被害者として、初めて実名を出して記者会見にのぞんだとき、彼女を駆り立てたのは日本政府による国家・軍の責任否定の言明であった。「テレビや新聞で、最近も日本が従軍慰安婦を連れて行った事実がないと言っている話を聞くたびに、胸が張り裂けそうになります」。「挺身隊慰安婦として苦痛をうけた私がこうしてぴんぴん生きているのに、日本は従軍慰安婦を連れて行った事実はないと言うし、わが政府は分からないと言うし、そんな言い分が通じるでしょうか」*1。

ここで言及されている日本政府の責任否定とは、直接的にはその前年六月に、「従軍慰安婦なるものにつきましては〔……〕民間の業者がそうした方々を軍とともに連れて歩いているとか、そういうふうな状況」だから実態の調査などできないとした政府委員の国会答弁*2のことを指す。金学順は、日本政府がその姿勢を改めて、真相を自ら明らかにし、責任を認め、謝罪することを願って、すでに亡くなった被害者たちや、家族をはじめとした周囲のことを気にして名乗り出られずにいるサバイバーたちのためにも、自らの存在を賭けて告発したのであった。

もちろん、金学順自身が明言していたように、仮に日本政府の加害責任が認められ、その結果として彼女が補償を勝ち取るようなことがあったとしても、その負った傷が「最終的」に癒やされることはなかったであろう。一九九一年一二月に日本政府を相手どった裁判を提起したとき、彼女は記者会見で「一生、涙のなかで生きてきました。こんなことを金で補償できるでしょうか。私を一七歳のときに戻してください」と語った。[*3] 過ぎ去った時間を取り戻すことはできない。どんな補償も、彼女が失ったものを償うことはできない。この償いの根源的な不可能性を前にして、それでもなおかつ可能なかぎり不正義を正そうとしたのが日本軍「慰安婦」問題の解決をめざす運動（以下、「慰安婦」運動と略す）であった。

ここに「慰安婦」運動が当初から抱え込んだ課題がある。一方に、「慰安婦」運動には被害当事者たるサバイバーたちがいる。個人補償や治癒などは、被害当事者の存在ぬきには成立しようがない。その次元においては、被害当事者たる彼女ら個々人を尻目に、他者が彼女らになりかわって合意した「解決」などというものはありえない。他方に、日本の加害責任の追及という課題がある。加害責任の追及は、被害実態やその責任の所在等にかかわる真相究明をその手段とし、その事実認定の結果として加害者処罰、謝罪、補償などが行われるべきものである。被害があってこその加害責任なので、その出発点には必ず被害当事者たちがいるが、その責任追及は、仮に被害当事者らが亡くなったとしても、彼女らの訴えを引き受けた他者——この場合はとりわけ日本政府の意思決定に責任を有する日本国民——が推し進めるべき運動である。とくに、日本軍「慰安婦」制度が、個別の逸脱行為の寄せ集めではなく、「人道に対する罪」を構成する大規模かつ組織的なものであっただけに、よりこの方向で運動を推進する必要性が高い。[*4] すなわち、「慰安婦」運動は、被害当事者ありきの運動であるとともに、彼女らの告発を受けとめた非‐被害当事者が主体となって取り組むべき責任追及の運動でもあった。

最初の記者会見で「ぴんぴん生きている」と言っていた金学順は、もうこの世にはいない。日本の敗戦から七〇年以上もの歳月が過ぎ、サバイバーたちも次々にこの世から去りつつある。そうした状況のなかで、日本軍「慰安婦」問題の解決とは何か。残された私たちが引き受けるべき課題は何か。私は、一九九〇年代から提起されつづけてきた加害責任の追及こそが巨大な未済の課題であると考えているのであるが、とくに日本ではこの間むしろこの問題が後景に退き、宙に浮いた格好になっている。そのことを考えるために、ここでまず私は、新たなボタンの掛け違えと言うべき二〇一五年の日韓政府間合意を俎上に載せたい。

1 日韓「合意」のエコノミー

二〇一五年一二月二八日の「日韓両外相共同記者発表」は、その名称にも表れているように、安倍晋三政権と朴槿惠《パククネ》政権の政府間の合意であった。その合意プロセスは、二〇一七年五月に発足した文在寅《ムンジェイン》政権によって検証作業が進められているところであるが、その結果を待つまでもなく、そこには当初よりさまざまな問題がはらまれていた。

二〇一五年「合意」の前提として確認しておくべきことは、この政府間交渉の発端が日本軍「慰安婦」

被害当事者らによる日本政府に対する賠償の要求にあったことである。二〇〇六年、日本軍「慰安婦」被害者一〇九名は韓国の憲法裁判所に憲法請願審判請求を行った。二〇一一年八月、憲法裁判所が決定を公表した[*5]（それまでに請求人の四五名が亡くなっていた）。判決の要点は、日本軍「慰安婦」制度の被害者個人としての賠償請求権が日韓条約（一九六五年）によって「完全かつ最終的に解決された」のか否かに関する日韓間の解釈上の紛争について、韓国政府が請求権協定の条文にのっとって「外交上の経路を通じて解決」しようとしないのは「不作為」であって、被害者らの基本権を侵害し、したがって違憲であるというものであった（本書、第3章参照）。この違憲判決を受けて、当時の李明博《イミョンバク》政権が日本の民主党政権に協議を求めることになった。しかしながら協議が妥結を見ることはなく、その後相次いで発足した第二次安倍政権、朴槿惠政権に問題が持ち越されることになった。

日本軍「慰安婦」被害者らが賠償請求権の確認を求めるところに端を発していた政府間交渉は、ひとたび「日韓」の枠組みで外交問題化すると、国際政治の力学に巻き込まれることになった。当初、河野談話の見直しを掲げていた安倍政権とそれを警戒する朴槿惠政権との間にあった緊張関係に対し、介入してきたのが米国である。オバマ大統領は、アジア太平洋地域における中国および北朝鮮とのカウンター・バランスを重視し、安倍首相や朴大統領と会談するたびに、ほぼ毎回「慰安婦」問題の調停を提起していた[*6]。すなわち、ハーグでのオバマ－安倍－朴会談（二〇一四年三月）、オバマ－朴会談でのオバマの「恐ろしくも言語道断な人権侵害」（a terrible, egregious violation of human rights）という日本軍「慰安婦」問題に対する評価（二〇一四年四月）、安倍首相の米議会演説に先立ち国家安全保障会議（ＮＳＣ）が記者会見で強調した「癒やし」（healing）を促し「最終解決」に到達するという解決の道のり（二〇一五年四月)[*7]など、ホワイトハウスの積極的な仲介があった。このように二〇一五年「合意」は米国主導の日韓安保体制構築を主軸とした「最終解決」であって、実際、二〇一六年には日韓のGSOMIA(軍事情報包括保護協定)、在韓米軍へのTHAAD配備などが急進展することになった。[*8]

そうした仲介もあって、韓国政府が設立する財団に対し日本政府が資金を拠出し、日韓両政府が協力して「全ての元慰安婦の方々の名誉と尊厳の回復、心の傷の癒やし」のための事業を着実に実施することを前提に、「この問題が最終的かつ不可逆的に解決されること」を確認し、合わせて、ソウルの日本大使館前の「少女像」について韓国政府が「適切に解決されるよう努力する」という「合意」に至ったものである。前記の国際政治的背景からして明らかであるように、この「合意」は、どこまでも日本と韓国という主権国家間の外交的「和解」(＝同盟関係強化)をめざした、政府間の妥協の産物であった。[*9]そうでなければ、被害当事者の名誉と尊厳の回復や心の傷の癒やしを目的とした事業が、それとまったく性質の異なる公館前の「少女像」撤去問題と並列されて妥結されるなどという「取引」が成立することはありえない。

その「合意」内容そのものの問題についてはこのあとすぐに論ずるとして、ここではその後の日本政府および日本社会の対応についてコメントしておきたい。この「合意」を受け、日本社会では、いつの間にか日本政府の一〇億円拠出と韓国での「少女像」撤去とを交換するエコノミーとして問題が構造化され、さらには〈約束を履行しない韓国〉批判へと展開することになった。仮に「合意」文書を前提にしたとしても、日本政府の資金拠出や財団の運営と像の問題は別立てとなっているのだが、[*10]それが取引上の交換条件のように語られるようになった。その極端な例が、釜山総領事館前の「少女像」設置の「対抗措置」として、二〇一七年一月に駐韓大使および釜山総領事を一時帰国させたことであった。この対抗措置について、ある外務省幹部は「徹底的にやる。道徳的に優位に立って言う」と発言したが、日本政府内部でこうした「道徳的優位」などという奇妙な認識が成立しえたのは、事前に安倍首相がジョー・バイデン米副大統領との電話会談でこの措置についてのお墨つきを得ていたからでもある。[*11] こうして米国が取引の信用性を裏書きするなか、日本政府・自民党は一〇億円拠出をもって債権者として債務者韓国に対して優位に立ったかのような、倒錯的な自己認識を得るに至ったのであった。

また、「合意」には、河野談話ラインの日本軍「慰安婦」制度に対する日本政府の認識が一応盛り込まれている（なぜ「一応」と形容するのかは後述する）。資金拠出をもって「支払済」とみなし、日本側の履行すべきことはすべて完了したという思考のいびつさは、最低でも河野談話の事実認定水準を「不可逆」のものとするための日本政府の取り組みが皆無であることにも表れている。マスメディアやインターネットなどでいかに被害当事者が愚弄されても、政府が何ら意見表明することすらなく野放し状態となっている。このように、「合意」の内容は既存の日本政府のオフィシャル・ラインからは一歩も踏み出すことなく、資金拠出以上の後続措置もとくになく、日本社会にとっては痛くもかゆくもないものである一方、韓国政府側には国際舞台での批判の口封じを求めるとともに財団の実質的な運営責任を負わせるなど、事実上片務的な約束として機能しているのである。

2 宙に浮く加害責任

二〇一五年の日韓政府間合意が、被害当事者や関連団体の声をまったく反映しようとしなかったわけではない。和解・治癒財団(日本では「和解・癒し財団」と訳された)の公表資料によれば、二〇一五年中に韓国の外交部(外務省に相当)が一五回にわたって被害者および関連団体と協議を行うなど被害当事者側の意見を集約しようとしていたこと、二〇一四年六月の第一二回日本軍「慰安婦」問題アジア連帯会議で決議された日本政府への提言(以下、「二〇一四年アジア連帯会議提言」と呼ぶ)を意識して韓国政府が交渉を進めていたことがわかる。[*12] また、同財団によれば、「日本軍『慰安婦』被害者の名誉と尊厳の回復および心の傷の癒やしのための現金支給」事業については、「生存被害者」の三分の二以上が支給を受けたという。[*13]

だからと言って、そのことが被害当事者の納得する「最終的」な解決だと、政府関係者やその他の人びとが彼女らになりかわって主張する根拠には決してなりえない。被害当事者の回復にかかわる事業趣旨と矛盾する「少女像」撤去問題が絡むことになったのは論外としても、とくに、もともと一〇九名のサバイバーたちが憲法裁判所に提起していた個人の賠償請求権の問題がどこかに消え去ったことこそが大きな問題である。「合意」において、責任や謝罪に相当する文言は次のとおりである。

慰安婦問題は、当時の軍の関与の下に、多数の女性の名誉と尊厳を深く傷つけた問題であり、かかる観点から、日本政府は責任を痛感している。

安倍内閣総理大臣は、日本国の内閣総理大臣として改めて、慰安婦として数多の苦痛を経験され、心身にわたり癒しがたい傷を負われた全ての方々に対し、心からおわびと反省の気持ちを表明する。


この二文は、一九九三年の河野談話から表現がピックアップされてつくられたものである。しかしながら、もともと一定の解釈の幅をもっていた河野談話から、日本の加害責任が最も曖昧に表現されたくだりが選ばれている。「軍の関与」と一言で言っても、それがどのような意味においてかを特定しないかぎり、責任否定論者がしばしば主張するように、民間業者を軍が取り締まる程度の「関与」という意味にも解釈しうるわけで、そのような余地を存分に残した表現が採用されているのである。少なくとも河野談話では、「慰安所」が「当時の軍当局の要請により設営されたもの」であること、「慰安所」の設置と管理および「慰安婦」の移送に軍が「直接あるいは間接に」関与したこと、「慰安婦」の募集は「軍の要請を受けた業者」が主に担ったことが確認されていた。軍関与の主体性についてまだ解釈の幅を残していたものの、少なくとも責任否定論者の主張のように理解される余地はなかった。さらに、河野談話では、募集において「本人たちの意思に反して集められた事例が数多く」あったことや、「慰安所」における生活が「強制的な状況の下での痛ましいもの」であったことなど、その強制的性格についても明言していたのであるが、二〇一五年「合意」には一切そのような表現はない。こうした骨抜きは、河野談話の見直しを公言していた安倍首相として譲れぬ最後の一線を守った結果だと考えられる。

一方、日韓「合意」において河野談話を引き継いだ部分がある。それは、「慰安婦」制度が、当時の国際法および国内法に違反する犯罪であったこと、すなわち日本の国家・軍の法的責任について一切事実認定しなかったことである。日本の加害行為に対する法的責任の明確化は、一九九〇年代以来、国連人権委員会のクマラスワミ報告、マクドゥーガル報告に始まり、二〇〇〇年一二月の「日本軍性奴隷制を裁く女性国際戦犯法廷」（以下、「女性国際戦犯法廷」）を経て、「二〇一四年連帯会議提言」に至るまで、被害当事者の訴えを受けとめた国際的な取り組みのなかでつねに提起されてきたものであるとともに、日本政府が徹底して否定してきたものである。日本政府が法的責任を認定しない以上、その拠出金は「賠償」という意味をもつことは決してないし、謝罪も「責任の在処はともかくとして、日本が行った戦争で間接的にであれ苦しい思いをしたことは認めざるをえないから、ごめんなさい」という以上のものにはならない。

河野談話がいまだ批判にさらされつづけている状況において、二〇一五年「合意」で日本政府が示した認識を最低限の「不可逆」のものとすることは必要だが、その「合意」をもって日韓両政府があらかじめ一方的に「最終的」な解決を宣言しておいて、現金支給とともにその結論を所与のものとして被害当事者や遺族に押しつけるようなやり方は本末転倒である。仮に「慰安婦」問題の「最終的」な解決というものがありうるとして、そのことを宣言することが可能な人がいるとすれば、それは個々の被害当事者のみであって（だからこそ、今日それがますます困難になっているのであって）、そうした彼女ら諸個人の主権を政府が奪った点においては、「女性のためのアジア平和国民基金」（以下、「国民基金」）の問題性を反復している。[*14]

3　責任を問うことの意義

私は、「二〇一四年アジア連帯会議提言」を日本政府が確実に実現することが、今日現実的に可能な解決のあり方だと考えている（ただしそれも「最終的」ではありえない）。その内容は河野談話の継承・発展と言えるものだが、すでに述べたように、そのなかでも日本の加害責任の解明にかかわる部分が最大のグレーゾーンとして残されている。日本政府は、当時の国際法（婦女売買禁止国際条約、強制労働に関するILO条約、奴隷条約、ハーグ陸戦条約）、国内法（刑法）、そして極東国際軍事裁判の管轄権に組み込まれていた犯罪の規定（とくに「人道に対する罪」）に照らして、日本軍「慰安婦」制度が犯罪であったのかどうか、その責任（個人の刑事責任、国家責任）がどこに帰せられるのかを、解明された事実に即して公正に判断し、その結果を根拠とともに公表すべきである。それを判断するための情報は、相当程度揃っている。[*15] 日本政府が法的責任を認定したからといって、そのことを前提にした新たな措置がどれだけ可能かは定かでない。しかし少なくとも、一九九〇年代から被害当事者たちが訴えてきたことが認められる点において、すでに亡くなられた方々を含めて、その名誉と尊厳の回復にとって大きな意義をもつ。

もちろん、法的責任という枠組みからこぼれ落ちてしまう問題についても同時に考えなければならないのは確かである。[*16] サバイバー個々人の生が日本帝国主義の「犠牲者」、犯罪の「被害者」という一つのアイデンティティに還元しえず、彼女らの語りが犯罪事実の立証のためだけのものでもないことは、言うまでもない。当時の法的枠組みだけでは責任を問いえない広大な領域があり、そこに重層的な責任を設定する必要があることも間違いない。[*17]ただ、法的責任を追及する作業がすでに完了したわけでもなく、議論の前提となるほど確立され認知されているわけでもない。法的責任によってカバーしえない諸問題を考察することと、法的責任を確立することは二律背反の関係にはない。

支援することも、償うことも、謝罪して赦しを請うことも、被害当事者が存命している間しかできない。それは、「最終的」な治癒というものが不可能である以上、「終わり」のないものである。ただ、その機会は、すでに多くが失われてしまった。ここに「終わる」ことのできない、限りない責任の領域がある。一方、加害責任は、既述のとおり、仮に被害当事者がすべて亡くなってしまったとしても追及できるし、またそうすべきものである。そして、それは責任を明確にすることができれば完了することも可能であるという意味で、「終わり」のありうるものである。ここに限りある責任の領域がある。しかし、その責任追及は「終わって」いない。

今日、加害責任の追及においてあらためてその重要さを再吟味する必要があるのは、人道に対する罪である。人道に対する罪には時効がない。また、占領地住民のみならず植民地を含む国内住民に対して行われた犯罪行為を積極的に裁くべく定義されたのが、人道に対する罪である。日本軍「慰安婦」制度のなかでも、植民地出身者に対して加えられた行為が人道に対する罪と認定され、その認識が定着すれば、それは戦争責任のみならず植民地支配責任の定立にとっても大きな一歩となる。極東国際軍事裁判で朝鮮人・台湾人「慰安婦」問題への関心が欠落していたことの主要な原因の一つは、連合国側の拭いえない植民地主義的な認識にあった。[*18]その意味で、日本軍「慰安婦」問題の法的責任の追及は、グローバルに未済の植民地支配責任の追及という、未来に向けての道を拓くことにもつながるのである。

〔注〕

＊1　一九九一年八月一五日の『한겨레신문（ハンギョレ新聞）』および『東亜日報』より。
＊2　『第百十八回国会　参議院予算委員会会議録』第一九号（一九九一年六月六日分）、六頁。
＊3　当時の報道映像より。
＊4　二〇〇〇年一二月に開催された「女性国際戦犯法廷」において、六四人ものサバイバーが法廷やビデオを通じて証言したが、判決文においてその証言は「性奴隷制のシステムを記録し立証するために行われたのであり、検事団が個別の被告人または起訴された犯罪に対する彼らの関与を特定するために依拠するものではない」としている（八九パラグラフ。日本語訳『女性国際戦犯法廷の全記録Ⅱ』緑風出版、二〇〇二年、一三三頁）。証言だけで責任追及ができるものではなく、だからこそ同法廷は膨大な資料を用いて判決を導き出したのである。
＊5　判決原文および日本語訳は女たちの戦争と平和博物館（ｗａｍ）のウェブサイト（www.wam-peace.org）で見られる。
＊6　*Washington Post*, January 9, 2016.
＊7　"On-The-Record Conference Call on the Upcoming State Visit of Prime Minister Abe of Japan," April 24, 2015 (obamawhitehouse.archives.gov).
＊8　こうした状況に対する批判の視座については、本書の米山リサのコラムを参照。
＊9　このように事態が「日韓」問題として推移した結果、「全ての元慰安婦」といいながら、その内実は韓国人サバイバーのみを想定することになった。中国、台湾、東南アジアなどに広がる被害者については、この枠組みでは切り捨てられている。
＊10　日韓外相共同記者発表を素直に読めば、日本政府の「責任」「おわび」「反省」の表明と、和解・治癒財団への日本政府の出資および日韓の協力による運営が「着実に実施」されることをもって、「最終的かつ不可逆的」な「解決」としているのであり、「少女像」問題はそれとは別の項目で努力目標として掲げられている。

＊11　『産経新聞』二〇一七年一月七日。

＊12　和解・治癒財団ウェブサイト（www.rhf.or.kr）の「ＦＡＱ」より。なお、日韓「合意」が、二〇一四年のアジア連帯会議の提言からいかにかけ離れたものであったかについては、日本軍「慰安婦」問題解決全国行動の声明「被害者不在の『妥結』は『解決』ではない」（二〇一五年一二月二九日、ｗａｍウェブサイトに掲載）を参照のこと。

＊13　同財団設立から一年経った二〇一七年七月時点までに、「生存被害者」四七名中三四名が支給を受け、二名が審議中、九名が「未受容」、二名が「不能」、「死亡被害者（遺族）」一九九名中四八名が支給を受け、一七名が審議中、一三四名が「所在把握中」であったという（報道資料「화해・치유재단 설립 1주년을 맞이하여」二〇一七年七月二七日、同ウェブサイトより）。

＊14　米山リサは近著『冷戦の廃墟』において、「国民基金」の失敗について、「サバイバーから主権（sovereignty）、すなわち赦しえない行為を犯した者らに対して例外的に赦しの手を差し伸べるのかどうかを決定する彼女らの能力を奪った」と述べている（Lisa Yoneyama, *Cold War Ruins: Transpacific Critiques of American Justice and Japanese War Crimes*, Duke University Press, 2016, p. 125）。

＊15　日本政府が一から議論を構成するまでもなく、周到な論理で法的責任を認定した「女性国際戦犯法廷」の判決文（前掲『女性国際戦犯法廷の全記録Ⅱ』）という確固たる基礎があり、それを出発点にすることができる。資料的にも、本書末尾に掲載した被害当事者の証言資料集や、日本政府が関与した「国民基金」による調査資料などがある。

＊16　浅野豊美ほか編『対話のために――「帝国の慰安婦」という問いをひらく』（クレイン、二〇一七年）では、それにかかわる論点が何人かの筆者によって語られている。個別の指摘には理解しうる点もあるが、そもそも私はこうした議論の出発点に朴裕河『帝国の慰安婦』をすえることはまったくの筋違いだと考えており、その点で同書の執筆者らと見解を異にする（拙稿「日本軍『慰安婦』制度の責任をめぐって」『「慰安婦問題」にどう向き合うか――朴裕河氏の論著とその評価を素材に～研究集会記録集～』二〇一六年参照）。その他、同書には指摘すべき問題点が多々あるが、ここではおく。

＊17　私自身、法的責任の問題として植民地支配責任を論じてきた一方で、それだけにとどまらない「植民地支配責任論の系譜」を構築する作業も行ってきた。この点については、さしあたり拙稿「植民地支配責任論の系譜について」(『歴史評論』二〇一五年八月号)を参照。

＊18　内海愛子「戦時性暴力と東京裁判」内海愛子・高橋哲哉編『戦犯裁判と性暴力』緑風出版、二〇〇〇年。

第2章　日韓「合意」の何が問題なのか

吉見義明

はじめに

日韓両外相は、二〇一五年一二月二八日、日本軍「慰安婦」問題に関する「合意」を共同で記者発表した。それは次のようなものだ。

①日本政府は「当時の軍の関与の下に、多数の女性の名誉と尊厳を深く傷つけた」責任を痛感し、安倍晋三首相は「心からおわびと反省の気持ち」を表明する。

②韓国政府が設立する財団に日本政府の予算で一〇億円を拠出し、すべての元「慰安婦」の「名誉と尊厳の回復、心の傷の癒やしのための事業」を行う。

③日韓両政府は①②の措置を前提に、「慰安婦」問題が「最終的かつ不可逆的に解決されることを確認」し、「今後、国連等国際社会でこの問題について非難・批判することは控える」。

また、尹炳世《ユンビョンセ》外交部長官は、民間団体が設置した在韓日本大使館前の「平和の碑」（少女像）の撤去や移転等に関して「適切に解決されるよう努力する」と表明した。

当日、この発表を聞いているうちに、いいようのない悲しみがこみあげてきた。これでは、一九九五年に設置された「女性のためのアジア平和国民基金」（以下、「国民基金」）と何も変わっておらず、一九九三年の河野談話からも後退していると思われるからだ。したがって、この「合意」は被害者がとうてい受け入れられる内容ではないだろう。

しかし、国内外では、「慰安婦」問題に対する日本政府の認識に進展があったという見方が一般的だ。これも驚きだ。これまで安倍内閣があまりにかたくなだったから、進展があったように見えるだけではないか。なぜ被害者が受け入れがたいのか、その理由を以下に述べてみたい。

1　曖昧な事実の認定と責任の所在

日本軍「慰安婦」問題アジア連帯会議（八か国の被害者と支援組織が参加）は、二〇一四年六月二日に、各国の被害者や支援団体が納得できる解決策として、「日本軍『慰安婦』問題解決のために」という「日本政府への提言」を発表しているが（以下、「二〇一四年アジア連帯会議提言」）、これと照らし合わせてみよう。「二〇一四年アジア連帯会議提言」は、次の四つの事実と責任を日本政府が認めるよう求めている。

①日本政府および軍が軍の施設として「慰安所」を立案・設置し、管理・統制したこと。
②女性たちが本人たちの意に反して、「慰安婦・性奴隷」にされ、「慰安所」等において強制的な状況の下におかれたこと。
③日本軍の性暴力に遭った植民地、占領地、日本の女性たちの被害にはそれぞれに異なる態様があり、かつ被害が甚大であったこと、そして現在も被害が続いているということ。
④当時のさまざまな国内法・国際法に違反する重大な人権侵害であったこと。

今回の「合意」では、この四つの提言のどれも取り入れられていない。「軍の関与の下に、多数の女性の名誉と尊厳を深く傷つけた」という文言は、河野談話と同じであり、責任を負うべき主体の認定が相変らず曖昧なままである。

責任の所在を曖昧にしたまま謝るのは、被害者を再び愚弄することだということになぜ気づかないのだろうか。「軍の関与の下に」と言うのでなく、「軍が」となぜ言えないのだろうか。「慰安婦」問題についての欧州議会やアメリカ議会下院の決議が「明確かつ曖昧さのないかたちで」責任を認めて謝罪するよう勧告していることがあらためて想起される。

それでも、今回の「合意」で「日本政府は責任を痛感している」と認めたのだからよかったのではないか、と感じている人は少なくないようだ。この「痛感している」責任とは何だろうか。

「合意」後の国会で、日本政府は「軍の関与の下に」ということで何を認めたのか、という質問が出された。これに対して安倍晋三首相は、「軍の関与の下にというのは、慰安所は当時の軍当局の要請により設営されたものであること、慰安所の設置、管理および慰安婦の移送について、旧日本軍が直接あるいは間接的にこれに関与したこと、慰安婦の募集については、軍の要請を受けた業者が主としてこれに当たったものであると従来のべて来ている通りであります」と述べ、河野談話にある、業者に責任転嫁するような部分を強調して説明している（二〇一六年一月一八日参議院予算委員会）。「軍の関与」は深いものではなく、主たる責任は業者にあるということにしたいのだろう。

朝鮮・台湾・日本で女性たちの徴募は軍や官憲が業者を選定してやらせていたことは事実であるが、慰安所設置の命令（指示）、「慰安婦」の徴募の決定、慰安所の建物の確保や設営、利用規則・料金や利用部隊の決定、「慰安婦」の登録と性病検査、慰安所の管理・統制、食料・衛生用品の提供などは軍が行っており、「慰安婦」の移送も軍が深く関与していた。慰安所は軍人・軍属専用の軍の施設であり、「慰安婦」の身分は無給軍属あるいは「軍従属者」であった。これらは軍・政府の公文書や軍関係者の記録で明らかにされていることだ。「慰安婦」問題で責任を負うべき主体は軍と政府であり、業者が使われる場合はあくまで軍の手足として用いられたのだ。この認識が逆転しては責任を認めたことにはならない。

それでも、河野談話は、「慰安婦」の徴募の全体状況について「甘言、強圧による等、本人たちの意思に反して集められた事例が数多くあり、更に、官憲等が直接これに加担したこともあった」と認定している。また、朝鮮半島出身の女性たちについては「その募集、移送、管理等も甘言、強圧による等、総じて本人たちの意思に反して行われた」と認定している。とくに後者については、募集・移送・管理等が総じて略取・誘拐等をともなう強制であったと認定しているのだ。しかし、今回の「合意」では、「河野談話を継承する」という文言は入っていないので、河野談話からもかなり後退したことになるのではなかろうか。

実際、安倍首相は、「合意」後に、二〇〇七年の安倍内閣の閣議決定に変更はない、と答弁している。これは、河野談話発表までに「政府が発見した資料の中には、軍や官憲によるいわゆる強制連行を直接示すような記述も見当たらなかったところである」という、すでに破綻した見解を維持するということであり、上記の河野談話の一部を変更しようとするものだ。

この閣議決定がなぜ破綻しているかと言うと、「軍や官憲によるいわゆる強制連行を直接示す」スマラン事件に関する資料があることを示す法務省の調査結果が、当時届いていたことが明らかになっているからだ。また、一九九四年には、オランダ政府調査報告書が出され、「軍や官憲によるいわゆる強制連行を直接示すような」いっそう多くの事実が明らかにされたからである。また、中国やフィリピン・インドネシアなどで女性たちが軍や官憲により「いわゆる強制連行」されたことを示す被害者の証言は数多くあり、元軍人の証言もある。

2　性奴隷制度であることの否定

慰安所で女性たちが性奴隷状態におかれたことも日本政府はあらためて否認している。「合意」後に、安倍首相は「性奴隷という事実はない」と断定している（二〇一六年一月一八日参議院予算委員会）。岸田文雄外相も性奴隷という言葉は「事実に反するものであり、使用すべきではない」と答弁している（同上）。

しかし、「慰安婦」制度は性奴隷制度であるという認識、あるいは女性たちは性奴隷状態におかれていたという認識は国際的に定着している。

よく知られているように、奴隷制の定義は、一九二六年の奴隷制条約で確立している。それは「奴隷制とは所有権に伴ういずれか若しくはすべての権限が行使される人の地位又は状態をいう」というものだ。「地位」とは法的奴隷制を指し、「状態」とは事実上の奴隷制を意味する。また、「所有権に伴う権限」の行使とは、人の自由または自律性を重大なやり方で剝奪することだ。[*1] たとえば、奴隷制に関する著名な国際法学者たちが中心になって二〇一二年に作成した「奴隷制の法的要素に関するベラジオ－ハーバード・ガイドライン」によれば、「奴隷制の場合において、『所有権に伴う権限』の行使とは、人に対する支配であって、その使用、管理、収益、移転、または処分により、当人の個人としての自由を重大に剝奪するものと理解すべきである。通例、その行使は、暴力、欺罔《きもう》及び／又は強要などの手段に支えられて達成される」とされている。なお、性奴隷とは、性的な奴隷という意味であり、性奴隷制は奴隷制の一形態である。

日本国内では、古代ギリシア・ローマの奴隷制やアメリカの奴隷制のイメージから、「慰安婦」を性奴隷と言うのは納得できない、という意見が一部にあるようだ。また、女性たちが軍・官憲により奴隷狩りのように暴行・脅迫を用いて連行されたのでなければ、性奴隷とは言えないという見方も一部にあるのかもしれない。しかし、現代の奴隷制の定義は上記のとおりである。また、女性たちが性奴隷状態にされているかどうかは、徴募の形態とは直接は関係ない。女性たちは「慰安婦」制度のもとで、「居住の自由」「外出の自由」「廃業の自由」「軍人の性の相手を拒否する自由」などを奪われていたことは実証されているから、性奴隷状態におかれていることは明らかである。

なお、戦前の日本では、国内の公娼制度は人身売買と自由拘束を内容とする事実上の奴隷制度だという公論がかなり広がっており、若槻礼次郎元首相や新渡戸稲造元国際連盟事務局次長も同様な見解を表明していたし、戦後、著名な民法学者、川島武宜東大教授は、芸娼妓と抱主の関係を「奴隷と奴隷所有者との関係である」と論じていた。*2 当時の娼妓や芸妓が奴隷状態におかれていたとすれば、「慰安婦」の場合はなおさらそうだということになる。

安倍首相や岸田外相は「慰安婦」は性奴隷ではないと言うが、それでは、「多数の女性の名誉と尊厳を深く傷つけた」という認定や、「慰安婦として数多の苦痛を経験され、心身にわたり癒しがたい傷を負われた」という認定はいったい何を認めたのか、ということになるだろう。

3 賠償をしないという「合意」

それでも、「軍の関与の下に、多数の女性の名誉と尊厳を深く傷つけた」責任を日本政府が認めたことには一定の意味があるという議論があることも事実である。もし日本政府が拠出する一〇億円が、支援金ではなく、賠償あるいは「償い金」であれば、軍の責任(したがって政府の責任)を認めたことになるであろう。賠償あるいは「償い金」は責任があることを認めた証になるからである。「二〇一四年アジア連帯会議提言」も、「翻すことのできない明確で公式な方法で謝罪すること」と、「謝罪の証として被害者に賠償すること」を求めている。

しかし、岸田外相は、日本政府の予算で行う措置とは、「韓国政府が元慰安婦の方々の支援を目的とした財団を設立し、これに日本政府の予算で資金を一括で拠出し、日韓両政府が協力し、全ての元慰安婦の方々の名誉と尊厳の回復、心の癒やしのための事業を行うこととする」ものだ、と説明している。彼は、共同会見直後の単独の記者会見で、念を押すように一〇億円は賠償ではないと明言している。また、請求権問題は一九六五年の日韓請求権協定で解決済みだとも述べている。

したがって、これは賠償ではなく、支援金であることは明らかだ。支援金というのは、当事者以外の第三者が出すものである。交通事故でも、加害者側が責任の所在を曖昧にしたまま支援金を支払うと言ったら、被害者は怒るだろう。

日韓請求権協定について見ると、この協定で解決したものは財産と経済的請求権であり、「慰安婦」問題のような重大な人権侵害に関する賠償問題は含まれない、という有力な見解がある。また、韓国内の問題だが、今回の「合意」は、二〇一一年に出された韓国憲法裁判所の決定にそった韓国政府の努力の結果と言えるかどうかが大きな問題になるだろう。

日本側について見れば、日韓請求権協定があるとしても、日本政府が被害者個人に対する法的責任を認め、法的な賠償を行うことについて障害はない。日本の弁護士有志の声明によれば、中国人「慰安婦」被害者の事件に関する最高裁判所の判決（二〇〇七年四月二七日）は、サンフランシスコ平和条約と日中共同声明での請求権放棄条項について、「請求権を実体的に消滅させることまでを意味するものではなく、当該請求権にもとづいて裁判上訴求する権能を失わせるにとどまる」と判示し、中国人強制連行被害者の事件についても、最高裁は、同日、請求権条項に関して同じことを述べたうえで、「個別具体的な請求権について、その内容等にかんがみ、加害者側において任意の自発的な対応をすることは妨げられない」と判示しているが、これはそのまま日韓請求権協定の解釈にも妥当する、という。[*3] 重大な人権侵害に対する賠償はしてはいけないのではなく、政府が決断すればできるのである。

4　真相究明措置と再発防止措置は何も実施されない

「二〇一四年アジア連帯会議提言」は、真相究明の措置として「日本政府保有資料の全面公開」「国内外での更なる資料調査」「国内外の被害者および関係者へのヒアリング」を提案するとともに、再発防止措置として、「義務教育課程の教科書への記述を含む学校教育・社会教育の実施」「追悼事業の実施」「誤った歴史認識に基づく公人の発言禁止、および同様の発言への明確で公式な反駁等」を求めている。

しかし、今回の「合意」では、これらが何ら実施ないし担保されていない。また、河野談話にはあった再発防止措置についても何も約束しなかった。河野談話には「われわれはこのような歴史の真実を回避することなく、むしろこれを歴史の教訓として直視していきたい。われわれは、歴史研究、歴史教育を通じて、このような問題を永く記憶にとどめ、同じ過ちを決して繰り返さないという固い決意を改めて表明する」という重要な宣言が含まれていた。

しかし今回の「合意」は、これらについてゼロ回答であり、日本政府は一〇億円さえ出せば何もしなくても済む構図がつくられた。明らかに河野談話より後退している。

他方で、韓国政府は少女像の撤去・移転のために努力するという義務を負うことになったし、国際社会でこの問題を再び取り上げないという約束までした。さらに、岸田外相は、韓国政府が「慰安婦」関連証言と記録をユネスコ世界記憶遺産として登録しないだろうと述べている。こうして見ると、韓国政府が外交的にあまりに多くの譲歩を強いられていることがわかる。被害者の立場からはとうてい受け入れられる内容ではないことがわかるだろう。

5　加害者側が言ってはならないこと

「国民基金」は、被害者の意思をきちんと聞かなかったために、少なくとも韓国と台湾の被害者の名誉回復には、失敗してしまった。今回も同じことが繰り返された。当時、基金を推進した人びとには、日本政府は「この程度までしか受け入れないから、それ以上政府に要求することは無理だ」という考えがとても強かった。彼らは加害者側の思いを中心に考えるからだ。しかし、このような考え方を変えなければ問題は解決されない。

日韓「合意」では、駐韓日本大使館前の少女像の撤去・移転問題が争点になった。しかし、加害国が被害国に再発防止措置としての記念碑を撤去しろと要求するのはありえないことだ。見舞金を出すから、被害を受けた事実と記憶を示すものは自分の眼に入るところには置くなと加害者が言うようなもので、おそろしい要求だ。

ユネスコの世界記憶遺産の登録問題もそうだ。日本政府は河野談話で「永く記憶にとどめ」ると国際社会に公約している。したがって、日本政府は中国や韓国や台湾やフィリピンなどと協力して「慰安婦」関係の証言・文書・記録がユネスコ世界記憶遺産に指定されるよう努力すべきだろう。とくに実際の「慰安婦」関係資料の多くは日本政府がもっているのだから。

また、安倍首相は、日韓首脳電話会談で「慰安婦問題が最終的かつ不可逆的に解決されることを確認いたしました」とし、「私たちの子や孫、そしてその先の世代の子供たちに、謝罪しつづける宿命を背負わせるわけにはいかないと考えております」と述べている（二〇一六年一月六日衆議院本会議）。しかし、加害者側が謝罪はこれで終わりというのは被害者の怒りを買うだけであり、「最終的かつ不可逆的に解決され」た、と言うことができるのは、被害者だけであるはずだ。

次の世代のことを真剣に考えるのであれば、「明確かつ曖昧さのないかたちで」責任を認めて謝罪することが必要だろう。そうすることによって、責任問題を次の世代に先送りする事態を防ぐことができるだけでなく、そのような措置をとったことが、日本の国際的信用を高め、またそのことが私たちの誇りになるはずである。

おわりに

以上のように、今回の「合意」は、日韓両国政府が被害者を抑圧して、解決したことにするという強引なものである。日本政府は一〇億円の拠出を最後に、すべての事業を韓国政府に押しつけ、自身は何もしなくても済む。これですべてが終わりということであり、きわめてひどい話だ。これが実施過程に入っても被害者は受け入れないだろうから、「合意」の実現が不可能になる。だから「最終的解決」はされえないだろう。にもかかわらず、日本ではすでにこの問題が解決されたとする意見が広がっている。

今回の「合意」は常識的に考えればありえない問題が数多く含まれており、白紙に戻してもう一度やり直さなければならない。困難に陥ったときは根本に戻るしかない。被害者たちが韓国社会で孤立した状態ならば困るが、現在の韓国社会ではそうでないことは幸いである。「二〇一四年アジア連帯会議提言」を受け入れた解決、日韓をはじめ日本と東アジア諸国の人びととの相互の深い信頼関係がつくられるような、また真相究明と再発防止を保障するような解決が求められている。

追記

本稿は、日韓「合意」公表直後に執筆し、雑誌『世界』(二〇一六年三月)に「真の解決に逆行する日韓『合意』」という題で掲載されたものだ(表記を一部改めたところがある)。それから、およそ一年半経過しているので、いくらか補足したい。

国際人道法では、被害者の被害回復を求める権利・資格を関係国の合意によって否定し、「最終的かつ不可逆的に解決」されたとすることができないことは常識になっている。日韓「合意」公表からまもない二〇一六年三月七日、国連の女性差別撤廃委員会は最終所見を公表した。そのなかで、同委員会は、この合意は「被害者中心アプローチを十分に採用していない」と述べ、被害女性たちの「真実と正義と被害回復に対する権利を保障すること」、教科書に「慰安婦」問題を十分に取り入れ、生徒・学生や一般の人びとに歴史の事実が客観的に提供されることを確保すること、次回報告での情報提供をすることなどを日韓両国政府に求めている。この所見については、国連人権理事会の女性差別問題作業部会議長や真実・正義・被害回復等特別報告者なども支持する見解を表明している。

韓国では、日韓「合意」を推進した朴槿恵《パククネ》大統領は、他の問題も含めて強い批判を受け、二〇一七年三月に大統領を罷免された。韓国世論は、日韓「合意」は認められないという意思を示している。同年五月、日韓「合意」の破棄と再交渉を主張する文在寅《ムンジェイン》氏が大統領に当選した。当選後の文大統領は、「合意」の白紙撤回を主張してはいないが、『ワシントン・ポスト』のインタビューで、日本政府が法的責任を受け入れ、公式に謝罪すべきだ、と述べている(二〇一七年六月二〇日)。破棄は主張しないが、再交渉が必要だということではないだろうか。

また、「慰安婦」問題は、日韓間だけにあるのではなく、被害者はアジア・太平洋の各地域にいて、被害回復を求めていることを忘れてはならない。

このように、被害者の声を無視した最終的解決などありえないのであり、曖昧さのない事実の認定とそれに基づく謝罪、損害賠償、リハビリテーション、再発防止措置がとられることによって初めて解決するのである。私たちは、そのことを言いつづけなければならないと思う。

〔注〕

＊1　阿部浩己「国際法における性奴隷制度と『慰安婦』制度」『戦争責任研究』二〇一五年夏季号。

＊2　小野沢あかね「性奴隷制をめぐって」『戦争責任研究』二〇一五年夏季号。

＊3　「日本軍『慰安婦』問題に関する日韓外相会談に対する弁護士有志の声明」二〇一五年一二月三〇日。

第3章　「法的責任」の視点から見た二〇一五年「合意」

金《キム》　昌《チャン》禄《ロク》

はじめに

二〇一五年一二月二八日に両国外相の共同記者会見を通じて発表された日本軍「慰安婦」（以下「慰安婦」）問題に関する韓日両政府間の合意[*1]（以下「合意」）は、舞台の風景を突然変えてしまった。被害者たちから責任追及をされていた日本政府は、こっそりと舞台から降り客席の一番前に座って、まるで舞台監督であるかのようにあれこれ注文をした。舞台の隅っこで責任追及に参加していた韓国政府は、突然舞台の反対側へ走っていって、日本政府の代わりに被害者たちと対峙する役割を自任するに至った。

驚くべき「反転」であった。一九九〇年代初めから三〇年近く「真の解決」を求めてきた被害者たちにとって「合意」は「当惑」そのものでしかなかった。しかし、それは「慰安婦」問題の深層をむき出しに現すきっかけともなった。「合意」は、「慰安婦」問題が韓日間の歴史葛藤の問題であるのみならず、より根本的には国家という枠を乗り越えた普遍的な女性の人権に関する「法的責任」の問題であることを確認させる事件となったのである。

本稿では、韓国在住の立場から「法的責任」に焦点を合わせて「合意」の実体に迫る。おりしも韓国では二〇一七年五月、候補者であった時期に「合意」は無効であると主張した文在寅《ムンジェイン》大統領の政府が出帆したので、その新しい政府がどのような対応を求められているのかに対しても点検する。

1　「合意」の実体

課題としての「法的責任」

「合意」が出た時点において、韓国の「慰安婦」被害者たちは日本政府に対して「法的責任」を追及していた。一九九五年に発足した「女性のためのアジア平和国民基金」(以下、「国民基金」)の償い事業を、それが「法的責任」を果たすものではないという理由で拒否した彼女らは、「国民基金」の発足以降二〇年以上にわたって「法的責任」の履行を求めてきていたのである。

「法的責任」は、被害者たちが五〇年近く強いられた沈黙を破って、一九九〇年代初めにカミングアウトして被害の救済を求めはじめたときから要求してきたものである。それは、国際法律家委員会の一九九四年報告書、国連人権委員会の女性に対する暴力に関する特別報告者ラディカ・クマラスワミの一九九六年報告書、国連人権小委員会の戦時性奴隷制特別報告者ゲイ・マクドゥーガルの一九九八年報告書、二〇〇〇年「日本軍性奴隷制を裁く女性国際戦犯法廷」の二〇〇一年最終判決とアメリカ下院の決議など各国議会の決議を通じて重ね重ね確認され、国際社会の「法的常識」になった。*2

「慰安婦」問題に関するその「法的常識」とは、要するに、朝鮮半島を含むアジア地域の多数の女性たちを強圧的に連行し性奴隷を強いた、「普遍的な女性の人権」を犯した犯罪に対して、加害国である日本が国家的な次元で犯罪事実認定・公式謝罪・賠償・真相糾明・歴史教育・慰霊・責任者処罰の義務を果たさなければならないということである。

「合意」という退行

ところで、「合意」において日本政府は、「慰安婦」問題を「当時の軍の関与の下に、多数の女性の名誉と尊厳を深く傷つけた問題」と規定した。しかし、慰安所制度は日本政府や軍が主導したものであって、ただたんに関与したものではないので、事実認定そのものが不十分である。この部分は一九九三年の「河野談話」[*3]の文章をそのまま写したものであるが、「河野談話」ではその文章の前に「旧日本軍が直接あるいは間接に」関与した数多くの事実が記されている。

また日本政府は「責任を痛感」すると言った。「国民基金」が被害者たちに渡そうとした内閣総理大臣名義の「おわびの手紙」[*4]では「道義的責任」となっていたものが「責任」へと変えられたことに違いがある。しかし、「合意」の直後、安倍晋三総理は朴槿惠《パククネ》大統領との電話会談で、「慰安婦問題を含め、日韓間の財産・請求権の問題は一九六五年の日韓請求権・経済協力協定で最終的かつ完全に解決済みとの我が国の立場に変わりない」と言いきった。[*5]「合意」の「責任」は「法的責任」ではないという意味である。「法的責任」なのか「道義的責任」なのかが問われる状況のなかで、「法的責任」でないと言うのであれば、その責任は「道義的責任」であるしかない。「国民基金」のときと何も変わっていないのである。

また、日本政府は「安倍内閣総理大臣は、日本国の内閣総理大臣として改めて、慰安婦として数多の苦痛を経験され、心身にわたり癒しがたい傷を負われた全ての方々に対し、心からおわびと反省の気持ちを表明」すると言った。しかし、あくまでも外相による「代読おわび」であって、「国民基金」の「おわびの手紙」が内閣総理大臣の名義になっていたことに比べても後退している。

また、日本政府は、韓国政府が設立する財団に「日本政府の予算で資金を一括で拠出し」、被害者たちの「名誉と尊厳の回復、心の傷の癒やしのための事業」をすると言った。「国民基金」のときと同じく日本政府が直接には事業を行わない。しかも、今回は被害国である韓国の政府が代理役を果たすかたちをとった。それから、この拠出金は「賠償金」ではない。岸田文雄外相は「合意」の直後に記者たちに「賠償金ではない」と釘をさし、日本の国会でも、賠償金でも「償い金」でもなく、「傷を癒やす」ための措置であると言った。[*6]つまり、「人道的支援金」であるという意味である。財団や事業のための金員という性格の面でも「国民基金」のときと変わっていないのである。

一方、「河野談話」では明確に提示された「本人たちの意思に反」する「強制」、「歴史の真実」、「歴史の教訓」、「歴史研究、歴史教育」に対する約束、それから「おわびの手紙」では明確に提示された「過去の歴史を直視し、正しくこれを後世に伝えるとともに、いわれなき暴力など女性の名誉と尊厳に関わる諸問題にも積極的に取り組んでいかなければならない」という考えは、「合意」のどこにも見出せない。この点で、「合意」は明らかな退行である。

このように、「合意」において安倍政権が提示したものはきわめて貧弱であったのにもかかわらず、朴槿恵政権は「最終的・不可逆的解決」を確認し、「国際社会における非難・批判の自制」を保証し、しかも「在韓国日本大使館前の少女像に対する日本政府の懸念を認知し、適切に解決されるよう努力する」という約束までした。被害国政府の度を超した約束、これもまた退行であると言うしかない。

2 「合意」に対する対応

韓国の被害者や市民たちの叱咤

韓国の被害者や市民たちが、そのような「合意」を批判したのは当然のことである。被害者たちは強い憤りを発し、韓国挺身隊問題対策協議会をはじめ計一一九の市民団体も即日声明を発表し、「外交的談合」にすぎないと「合意」を批判した。大学生たちは「平和の碑（少女像）」を守る座り込みを開始し、全国各地で一人デモ、同時多発水曜デモ、集会、署名運動が繰り広げられた。[*7] 二〇一六年一月一四日には、支援団体を中心に「正義記憶財団」設立推進委員会が発足し、六月九日に「日本軍性奴隷問題の犯罪認定、真実糾明、公式謝罪、法的賠償、責任者処罰などを通じた正しい解決」、「被害者たちの名誉と人権の回復」などを目標として掲げた「日本軍性奴隷問題解決のための正義記憶財団」[*8]が公式に発足した。

マスコミの場合、「合意」の直後には「留保つきの支持」の声も出たが、全体的に見て最初から批判の声が圧倒的であった。何よりも、「慰安婦」問題を専門的に研究してきた研究者たちからは支持の声がほとんど出なかった。「合意」直前の二〇一五年一二月二七日に「日本軍『慰安婦』問題、早まった『談合』を警戒する」と題した声明を発表し、翌年の一月三日に「合意」は「外交的な惨事」であるので

「ただちに破棄すべき」だという立場を示した一群の研究者や活動家たちは、一月二九日「慰安婦」問題に関する「長期的かつ持続的な議論の場」として日本軍「慰安婦」研究会を発足させた。[*9]

「合意」に対する市民たちの批判はその後もずっと続き、二〇一六年一〇月から本格化した朴槿恵大統領の弾劾をめぐる局面でも強く提起されて、結局弾劾の認容決定を引き出す一つの動力にもなった。そして、そのような流れのなかで「平和の碑（少女像）」を設立しようという動きもより強くなり、二〇一一年にソウルの日本大使館前に初めて建てられた「平和の碑」は、二〇一七年七月末現在で六九個まで増えた。とくにその半数にあたる三四個が「合意」以後一年半の間に立てられ、現在建立が進められているところも一〇か所ある。

韓日政府の強行

それにもかかわらず、安倍政権と朴槿恵政権は「合意」の「強行」を押し進めた。まず、安倍政権は「慰安婦」問題を完全に処理し終えたとみなし、既存の退行的な姿勢を続けると同時に、「少女像の撤去」という最終目標に向けて走った。「合意」の直後に「一二月二八日ですべて終わった」と公言した安倍総理は、「最終的・不可逆的解決」を楯に、事実や責任認定に関する言及そのものを拒みつづけた。[*10] そして、安倍政権は「合意」以後も日本の国会と国連女性差別撤廃委員会などで、「政府が発見した資料の中には軍や官憲によるいわゆる強制連行を直接示すような記述は見当たらなかった」という二〇〇七年第一次安倍内閣の閣議決定の内容を繰り返し主張し、[*11]「強制連行」だけが「法的責任」の要素ではないにもかかわらず、「強制連行」の物的証拠さえなければ問題ないという詭弁を弄した。また、日本のマスコミを通じて「少女像の撤去が一〇億円拠出の条件」であるという立場を漏らした安倍政権は、「合意」によるとしても韓国政府が解決のために努力すると約束した対象は「在韓国日本大使館前の少女像」であるにもかかわらず、二〇一六年一二月に釜山の日本総領事館前に「少女像」が建てられたことに抗議するとして、大使や総領事を八五日間も「一時」帰国させる強攻策まで敢行した。

一方、朴槿惠政権は「合意」の文言の範囲を越えてまで「最終的・不可逆的解決」と「非難・批判自制」を過度に履行した。『「慰安婦」白書』の発刊事業は封印し[*12]、ユネスコ世界記憶遺産登載事業から完全に手を引き、すでに編成されていた予算も執行しなかった。外交部長官をはじめ韓国の官僚たちは国際舞台で「慰安婦」問題に一切言及しなかった。そして、「合意」が誤ったものであるという数多くの批判にもかかわらず、「和解・治癒財団」の設立を強行し、急いで一〇億円をもらうなど、「合意履行」にしがみついた。一方、安倍政権による「強制連行の証拠はない」などの主張は「合意の精神に違反したものではないか」という記者たちのたび重なる質問に対して、外交部の代弁人は「誠実な履行が重要である」という答弁をおうむ返しに繰り返すばかりであった[*13]。

3　国連人権機構の「死亡宣告」と文在寅政権の対応

しかしながら、朴・安倍政権の「最終的・不可逆的解決」宣言は、国連の人権機構によって明白に退けられた。国連女性差別撤廃委員会は、二〇一六年三月七日に公布した「日本の定期報告に対する総合所見」[*14]で、「合意」の「最終的・不可逆的解決」は被害者中心のアプローチを十分に採用していない点などに対して遺憾を表し（para28）、被害者たちの救済を受ける権利を認め、補償、満足、公式謝罪およびリハビリテーション・サービスを含めた完全かつ効果的な賠償を提供すること、「慰安婦」問題を教科書に適切に反映すること、被害者／生存者の真実・正義および賠償に対する権利を確保することなどを促した（para29）。

国連拷問禁止委員会も、二〇一七年五月一二日に公布した「大韓民国の定期報告に対する総合所見[*15]」で、「合意」が被害者たちに賠償を提供することに失敗し、また真実に対する権利や再発防止確保を保障することに失敗したと批判し（para47）、被害者たちに「補償やリハビリテーションに対する権利を含める賠償が提供され、真実に対する権利、賠償および再発防止の確保が保障されるように」「合意」を「改正」することを促した（para48）。

二〇一四年七月の「日本政府の定期報告に対する総合所見[*16]」で、「慰安婦」に関するすべての嫌疑に対する効果的・独立的で公正な捜査と、犯罪者に対する訴追・処罰、被害者やその家族に対する正義と完全な賠償、可能なかぎりのすべての証拠の公開、教科書の適切な記述を含む子どもと公衆に対する教育、公式謝罪の表明と責任の公式認定、被害者たちを冒瀆するあるいは事件を否認する一切の試みに対する非難などを確保するため、「即刻的かつ効果的な立法的・行政的措置」をとることを求めた（para14）国連自由権規約委員会は、「合意」以後も二〇一六年三月と二〇一七年七月に重ねて上記総合所見の諸項目に対する追加的な情報提供と措置を促した。[*17]

日本政府は「合意」の「最終的・不可逆的解決」に固執しているが、国連の人権機構は「最終的・不可逆的解決」はなく、今でも日本政府は「法的責任」を履行しなければならないと促しているのである。

一九九〇年代以降「慰安婦」問題を取り扱ってきた、したがって「法的責任」に対する明確な基準をもっている国連の人権機構によって、「合意」は「死亡宣告」を受けていると言っていいのである。

一方、二〇一七年五月九日の大統領選挙で当選し、五月一〇日に新しい政府を出帆させた文在寅大統領は、五月一一日に行われた安倍総理との電話会談で、安倍総理が「日韓合意を含む二国間関係を適切にマネージしていきたい」[*18]と言ったのに対して、「我が国民の大多数が情緒的にその合意を受け入れないでいることが現実」であると述べた。[*19]そして、六月二〇日に報道された『ワシントンポスト』とのインタビューでは、「日本がこの問題を解決するにおいての核心はその行為に対する法的責任を果たし公式謝罪をすることである」と述べた。[*20]また、八月一五日の「光復節慶祝辞」[*21]では、「被害者の名誉回復と補償、真実糾明と再発防止の約束という国際社会の原則」を守ることを誓った。

文大統領の発言の重心が「国民情緒」から「法的責任」へと移動していることの意味は甚大である。韓国の外交部は、依然「国民情緒」にしがみつきながら、七月三一日に設置した「韓日日本軍慰安婦被害者問題合意検討TF（Task Force）」を通じて年末まで結論を出すと言っている。[*22]しかし、「慰安婦」問題の本質と歴史、さらに国連人権機構の意見に照らしてみるとき、「国民情緒」の次元にとどまることはもはや不可能であって、核心はすでにより深刻な「法的責任」の問題となっている。

4　核心としての「法的責任」

日本政府の「法的責任」

上で見た二〇一五年一二月二八日の安倍・朴電話会談の記録によっても確認できるように、「慰安婦」問題に関する日本政府の立場は、「問題があったとしても一九六五年『請求権協定』（「財産及び請求権に関する問題の解決並びに経済協力に関する大韓民国と日本国との間の協定」）によって解決済み」ということである。はたしてそうなのか。

問題は「条約の解釈」にかかわるものであり、その基準は「条約法に関するウィーン条約」に規定されている。その条約第三一条は、「解釈に関する一般的な規則」として「用語の通常の意味」と「条約の適用につき後に生じた慣行であって、条約の解釈についての当事国の合意を確立するもの」（以下、「事後の慣行」）を掲げている。

ところで、「請求権協定」の場合、「用語の通常の意味」に照らしてみると、解決された請求権が何かが明確でない。「請求権協定」第二条には「請求権に関する問題が、……完全かつ最終的に解決されたこととなることを確認する」、請求権に関しては「いかなる主張もすることができないものとする」と規定されている。ところが、その解決された請求権の原因については何も書かれていない。これは、たとえば「日本国との平和条約」（「サンフランシスコ講和条約」）がその前文で「両者の間の戦争状態の存在の結果として今なお未決である問題を解決する」と明記して解決の対象を明確にしていたこと、また日本が第二次世界大戦後に他の諸国家と締結した二国間条約においても、「戦争状態の存在の結果として生じた諸問題の解決」というように解決の対象が明記されていたこととはきわめて対称的である、非常に異例なことである。その結果、「用語の通常の意味」に照らすことをもっては、「請求権協定」によって解決された請求権は何かが特定できないのである。

一方、「事後の慣行」は明確である。一九六五年当時、韓国政府は、「我々が日本国に要求する請求権を国際法に照らしてみれば、領土の分離・分割に伴う財政上および民事上の請求権の解決の問題」であり、「植民地的統治の対価」は対象ではないと主張し[*23]、日本政府も、「かつて一緒であったものが今度は分離する、分離国家の形で国が独立した[*24]」ことにともなう請求権問題、つまり「わが国による朝鮮の分離独立の承認により、日韓両国間において処理を要することとなった両国および両国民の財産、権利および利益ならびに請求権に関する問題[*25]」が解決されたと主張した。要するに、「請求権協定」は「領土の分離」によって発生した請求権の問題を解決するためのものであるという点に両国政府の間に意見の一致があったのである。それから、両国政府は以後この主張を変えていない。したがって、「請求権協定」によって解決されたものは「領土の分離・分割にともなう財政上および民事上の請求権」であるということが「事後の慣行」であると言えるのである。ところで、その「領土の分離」は分離される前の領土の不法性を前提としたものではない。したがって、結局「請求権協定」によって「解決」された「権利」の原因に関する韓日両政府の「事後の慣行」は、二〇一二年五月二四日の強制動員被害に関する韓国大法院の判決[*26]が明言しているように、「日本の国家権力が関与した反人道的な不法行為や植民支配に直結した不法行為による損害賠償請求権」は含まれていなかったと見なければならない。

要するに、「請求権協定」は対象になる請求権の原因に対して規定しておらず、したがって「用語の通常の意味」によっては「慰安婦」被害者たちの請求権が「請求権協定」によって「解決」されたのかどうかを確定できない。一方、「事後の慣行」に照らしてみれば、「慰安婦」被害者たちの権利が「請求権協定」によって「解決」されなかったということが明白である。したがって、「『請求権協定』によって解決済み」という日本政府の主張は条約解釈の基準に反するものであり、日本政府は「請求権協定」にもかかわらず反人道的な不法行為にかかわる「慰安婦」問題に対して「法的責任」をとらなければならないのである。

ところが、日本政府は「合意」を通じてもその「法的責任」を果たさなかった。したがって、被害者たちはもちろん彼女らの被害に対する外交的保護権をもっている韓国政府も、今その「法的責任」を追及できるのである。これと関連して、二〇一六年一二月二八日に被害者一一人らがソウル中央地方法院に日本政府を相手として損害賠償訴訟を提起した。これは、二〇一三年八月に別の生存被害者など一六人が日本政府を相手として損害賠償請求調停を申請し、二〇一六年一月に正式訴訟に転換されたことに続いて、二番目に提起されたものである。

韓国政府の「法的責任」

一方、韓国政府は、二〇〇五年八月二六日に韓日会談関連文書を全面公開するとき、大統領所属の韓日会談文書公開後続対策関連民官共同委員会の決定を通じて「日本軍慰安婦問題など日本政府・軍などの国家権力が関与した反人道的な不法行為については、請求権協定によって解決されたとみることはできず、日本政府の法的責任が残っている」という立場を明確にした。また、「日本軍慰安婦問題については日本政府に対して法的責任の認定など持続的な責任追及をする」という方針を述べた。つまり、この時点で韓国政府は、「請求権協定」にもかかわらず日本政府に残っている「慰安婦」問題に対する「法的責任」を持続的に追及する、という「法的責任」を自らに負わせたのである。

しかしながら、韓国政府は、とくに李明博《イミョンバク》政権以後、その「法的責任」を果たさなかった。そこで、韓国の憲法裁判所は二〇一一年八月三〇日に、「慰安婦」被害者たちが請求した憲法訴願に対して、「請求人が日本国に対してもっている日本軍慰安婦としての賠償請求権が『請求権協定』第二条第一項によって消滅したのかに関する韓・日両国間の解釈上の紛争を上記協定の第三条の定める手続きによって解決しないでいる被請求人の不作為は違憲であることを確認する」という趣旨の決定を宣告した。[*27]

韓国政府はその「不作為」を続けるかぎりいつまでも違憲の責任を問われることになる。ところで、「合意」の直後に朴槿恵大統領との電話会談で「解決済み」であるという立場を確認した安倍総理は、国会の答弁でも同じ主張を繰り返した。[*28] 一方、二〇一五年一二月二七日に韓国の尹炳世《イビョンセ》外交部長官は「韓日請求権協定に対する基本立場は変わっていない」と確認し、[*29] また外交部は「合意」以後も国会議員の書面質疑に対する答弁で同じことを再確認した。つまり、「合意」にもかかわらず韓日間の「解釈上の紛争」は依然続いているのである。これに関連して、二〇一六年三月二七日、生存被害者など三八人は、外交部長官を被請求人として、「合意」およびその発表が違憲であると確認するよう請求する憲法訴願を提起した。

また、韓国政府は「救済抛棄」に対する責任という新たな責任を問われることもありうる。「合意」で韓国政府が「最終的・不可逆的解決」に同意したことは、違憲的な「不作為」の永続化、言い換えれば「救済の抛棄」を宣言したことを意味する。つまり、これは韓国政府による被害者たちの救済の放棄を意味し、その基本権の永続的な侵害を意味する。韓国政府が「合意」を前提とするかぎり「救済抛棄」に対する責任を負わなければならないだろう。これに関連して、二〇一六年八月三〇日、被害者一二人が韓国政府を相手に損害賠償請求訴訟を提起した。

おわりに

「慰安婦」問題を永遠に封じ込めようとした安倍政権の過度な欲望と、「慰安婦」問題の本質や歴史に鈍感であった朴槿惠政権の無能が結合した「談合」である「合意」は、「最終的・不可逆的解決」を宣言した。しかし、国連の人権機構はその宣言に対して明確に「死亡宣告」を下した。「合意」が真の解決、つまり「法的責任」を果たしたものではないからである。

日本軍「慰安婦」問題における「法的責任」は初めから自明なものではなかった。強大国が主導する国際法という「リング」で、一九九〇年代を基準にしても犯罪発生後五〇年近く経っていた歳月の壁に立ち向かって、被害者や市民たちが四半世紀を超える長期間にわたって全世界をめぐりながら切実に訴え、それに対して国連の人権機構や各国の議会などが報告書や決議を通じて応答しつづけた結果、作り上げられた「歴史」なのである。

「合意」はまさにその「歴史」に逆らうものであっただけに、そもそも「破綻」が予定されていた失策にすぎなかった。日本政府が「合意」にしがみついて「法的責任」を放棄する不作為を続けるなら、それにともなう責任は時間が経つにつれ、いやましに重くなるだけである。韓国政府もまた「合意」を前提とするか、憲法裁判所の求めた作為義務を果たさない場合、違憲・違法の追及を受けることになるだろう。

　結果的には「完璧」に到達できないとしても、より多くの「法的責任」への志向、これこそ今、与えられている課題である。

〔注〕

＊１　「日韓外相会談」、二〇一五年一二月二八日（http://www.mofa.go.jp/mofaj/a_o/na/kr/page4_001667.html）。

＊２　김창록「일본군「위안부」 문제에 관한 법적 검토 再考」『법제연구』三九、二〇一〇年、阿部浩己「『慰安婦』訴訟・再考――国際法の歴史／歴史の中の国際法」『国際法の人権化』信山社、二〇一四年参照。

＊３　「慰安婦関係調査結果発表に関する河野内閣官房長官談話」一九九三年八月四日（http://www.mofa.go.jp/mofaj/area/taisen/kono.html）。

＊４　「元『慰安婦』の方への総理のおわびの手紙」（http://www.awf.or.jp/2/foundation-03.html）。

＊５　「日韓首脳電話会談」二〇一五年一二月二八日（http://www.mofa.go.jp/mofaj/a_o/na/kr/page4_001668.html）。

＊６　『第百九十回国会参議院外交防衛委員会会議録』第五号、二〇一六年三月一七日、四頁。

＊７　梁澄子「責任転嫁を許さない――立ち上がる韓国の被害者と市民」前田朗編著『「慰安婦」問題・日韓「合意」を考える』彩流社、二〇一六年参照。

＊8 正式名称は「日本軍性奴隷制問題の解決のための正義・記憶財団」。二〇一六年一月一四日に日韓「合意」を批判する三八三の市民団体と個人が同財団の設立計画を発表、同年六月九日に正式に発足した。同財団は、被害女性の福祉と支援事業、真相究明・記録保存・研究事業、教育・出版事業などを行う。http://foundationforjustice.org/ 参照。

＊9 http://blog.naver.com/jmssrnetwork 参照。

＊10 『第百九十回国会衆議院予算委員会議録』第三号、二〇一六年一月一二日、一七頁。

＊11 『第百九十回国会参議院予算委員会会議録』第三号、二〇一六年一月一八日、三三頁。

＊12 安倍政権下で公表された河野談話検証報告書（二〇一四年六月）に対抗して、朴槿恵政権が『「慰安婦」白書』を発刊し英語・中国語・日本語に翻訳する作業を進めたが、日韓「合意」後に事実上撤回された。同白書の作業チームが政府に提出した報告書は、一七年五月四日に「民間の報告書」として公表されたが、李元徳教授による「合意」への肯定的な評価部分が批判をあび、翌五日に「個人的見解」という説明をつけた修正版が発表された。

＊13 「대변인 정례 브리핑」(http://www.mofa.go.kr/news/briefing/index.jsp?mofat=001&menu=m_20_10) 参照。

＊14 CEDAW/C/JPN/CO/7-8

＊15 CAT/C/KOR/CO/3-5

＊16 CCPR/C/JAPAN/C0/6

＊17 CCPR/C/116/2;CCPR/C/119/3

＊18 「日韓首脳電話会談」二〇一七年五月一一日 (http://www.mofa.go.jp/mofaj/a_o/na/kr/page3_002095.html)。

＊19 「문 대통령、아베 신조 총리 통화 관련 윤영찬 홍보수석 브리핑」二〇一七年五月一一日 (http://www1.president.go.kr/news/briefingList3.php?srh%5Bpage%5D=28&srh%5Bview_mode%5D=detail&srh%5Bseq%5D=39)。

＊20 “South Korea’s new president: ‘Trump and I have a common goal’,” *The Washington Post*, 2017.6.21.

＊21 「제72주년 광복절 경축사」二〇一七年八月一五日 (http://www1.president.go.kr/news/speech.php?srh%5Bview_mode%5D=detail&srh%5Bseq%5D=1000)。

＊22 「외교부、『위안부합의 검토 TF』 출범…『경과・내용 확인』(종합)」『연합뉴스(聯合ニュース)』二〇一七年七月三一日。

＊23 大韓民国政府『韓日会談白書』一九六五年、四一頁。

＊24 『第五十回国会参議院日韓条約等特別委員会会議録』第九号、一九六五年一二月三日、二九頁。佐藤榮作総理の発言。

＊25 谷田正躬・辰巳信夫・武智敏夫編『日韓条約と国内法の解説』(『時の法令』別冊) 大蔵省印刷局、一九六六年、六一―六二頁。

＊26 대법원 2012.5.24. 선고 2009다 22549 판결; 대법원 2012.5.24. 선고 2009다 68620 판결。

＊27 헌법재판소 2011.8.30 선고 2006헌마 788 결정。

＊28 『第百九十回国会参議院予算委員会会議録』第三号、二〇一六年一月一八日、三頁。

＊29 「윤병세『한일청구권 협정에 대한 기본입장 변화없다』(종합)」『연합뉴스』二〇一五年一二月二七日。

第4章　日韓のメディア比較
――「合意」をめぐって何を伝え、何を伝えなかったのか

岡本 有佳

はじめに

日韓「合意」の評価をめぐっては、日韓市民の認識に大きなギャップがある。まず、「合意」後の世論調査を確認したい。日本の言論NPOと韓国の東アジア研究院の共同世論調査（二〇一七年六～七月実施）によると、「合意」に対して、日本は「評価する」四一・八％（前年比六・一減）、「評価しない」二五・四％（前年比四・五減）、韓国は「評価する」二一・三％（前年比六・八増）、「評価しない」五五・五％（前年比一七・九増）。一年前と比べ、「評価する」「評価しない」ともに日韓の差は広がっており、とくに韓国では「評価しない」は五割を超え、日韓の差は二倍以上に拡大している。[*1]

二〇一七年調査で追加された設問「合意で解決したか」では、「解決された」が日本二五・三％、韓国一九・五％、「解決されなかった」が日本五三・八％、韓国七五・〇％。ここでも、「解決されなかった」が韓国で七割を超え、日韓の差は一・四倍である。なお、韓国側のみ「合意」賛否の理由の設問があり、

「評価する」理由では、「歴史問題がこれ以上日韓関係を妨げるべきではない」が六五・三％と最も多く、「評価しない」理由では、「当事者である慰安婦の意見を反映させずに合意した」（七七・七％）、「法的責任が明確ではなく、謝罪も不十分」（四九・六％）、「金銭で解決しようとした」（四九・六％）となっている。

少女像撤去については、『読売新聞』と『韓国日報』共同世論調査（二〇一七年五月）によると、「必要」が日本七一％に対し、韓国は一一％、「必要ない」は日本二〇％に対し、韓国八四％とほぼ真逆になっている。この違いがどこからきているのか。本稿では、「合意」をめぐる日韓の報道を比較しながら探ってみたい。

1　「合意」評価をめぐる日韓の報道の違い

「合意」直後の日韓主要全国紙の社説を比較してみよう。「合意」発表翌日、二〇一五年一二月二九日付の日本の全国紙五紙[*2]は朝刊で大型の社説を掲載した。見出しは次のとおりである。

- 『読売新聞』慰安婦問題合意　韓国は「不可逆的解決」を守れ
- 『朝日新聞』慰安婦問題の合意　歴史を越え日韓の前進を
- 『日本経済新聞』「慰安婦」決着弾みに日韓再構築を
- 『毎日新聞』慰安婦問題　日韓の合意を歓迎する
- 『産経新聞』【主張】慰安婦日韓合意、本当にこれで最終決着か　韓国側の約束履行を注視する

特徴をまとめたのが表1である。「画期的」と歓迎しているのが『毎日』である。『朝日』も「歴史的な

表1 日本の主要全国紙「合意」社説比較

	「合意」への評価	日本の責任と謝罪	少女像撤去／10億円拠出	主 張
読売	韓国が合意を誠実に履行することが大前提	責任を痛感。おわび表明	少女像の撤去も重要な試金石。首相の責任で拠出決断には日米韓の連携の復活もねらい	支援団体の説得がカギ。韓国が再び問題を蒸し返さないようにせよ
朝日	歴史的な日韓関係の進展。賢明な一歩	責任明言。心からのおわびと反省表明	少女像の記述なし 国家予算から拠出	日本は誠実に合意を履行し，韓国は真剣に国内での対話を強める以外に道はない
日経	日韓関係の再構築に向けた弾み	責任を痛感。心からのおわびと反省表明	少女像撤去に主体的に取り組む姿勢を	互いに主要な貿易相手国，米国同盟国として協力を
毎日	合意を歓迎する 画期的なこと	道義的か法的かをあえて明確にしないことが決着につながった	少女像撤去に前向きな韓国，公的資金を出す日本を評価	どちらが多く譲ったかの「勝ち負け論」に陥ることなく，日韓の新時代を切り開く基礎にすべき
産経	日本側が譲歩した玉虫色の決着 評価は時間がかかる	「軍関与」に根拠はない 歴史の歪曲	慰安婦像撤去から始めるべき。10億円拠出は日本国民の理解得られるか	二度と蒸し返されないという国と国との約束が守られること。河野談話の見直し

出所）筆者作成。

日韓関係の進展」「賢明な一歩」とする。『日経』、『読売』、『産経』は、さらに韓国への要求を加える。『読売』は、韓国がすべて受け入れ、二度と蒸し返さないよう求め、『産経』は、「軍関与」に根拠がないとして、河野談話の見直しなども要求し、二度と問題を蒸し返さないと約束するよう主張している。つまり、五紙すべてが「合意」を評価していることがわかる。

一方、韓国の全国紙は販売部数順に五紙[*3]を比較する。見出しは以下のとおりである。[*2]

・『朝鮮日報』政府、「慰安婦交渉」を騒々しく進める意図を知っているか（12／28）、日本が「慰安婦の責任・謝罪」を否定した瞬間に合意破棄宣言せねば（12／31）
・『中央日報』歴史的慰安婦交渉、日本の真摯さにかかっている（12／28）、韓日両国は今こそ前を向いて行こう（12／29）、慰安婦交渉妥結が韓日首脳に残した宿題（12／30）
・『東亜日報』「法的責任」なく、「日本政府の責任」で慰安婦交渉終えた（12／29）、朴大統領が直接、慰安婦被害者を抱きしめて説得せよ（12／30）
・『ハンギョレ新聞』法的責任なき慰安婦問題の最終解決はない（12／28）、「歴史の正義」に反する慰安婦屈辱外交（12／30）、少女像と境遇が似ていくばかりの元慰安婦たち（12／31）
・『京郷新聞』韓日間「慰安婦妥結」評価するが、火種も多い（12／28）、慰安婦合意に説得されない市民と政府の責任（12／29）これ以上謝罪しないというのが日本の意図だったのか（12／30）

各紙の主張を整理したのが表2である。韓国の報道に対する日本の見方は、「韓国主要紙、合意を評価」（『朝日』）、「韓国メディア一定評価　一部で「外交の失敗」批判」（『毎日』）、「韓国紙は一定評価　支援団体は反発」（『読売』）とされている（各紙一二月三〇日付）。しかし詳しく見れば、保守系三紙は、『東亜』が評価、『朝鮮』『中央』は留保付き評価、リベラル系の『ハンギョレ』『京郷』は「法的責任」があいまいな点、「当事者無視」を批判。とくに『ハンギョレ』は「合意」の再協議まで言及し批判している。その後『朝鮮』以外は、被害者、市民社会の反発を報道し、そのトーンは変化する。「少女像撤去が10億円拠出の前提」であるかのような日本の報道を五紙すべてが批判した（この点は次節②で触れる）。

	12／28〜29		12／30〜31
	「合意」への評価	問題点	問題点
東亜	「軍の関与」と「日本政府は責任を痛感」，謝罪と反省を明らかにした 「現実的な限界は認識する必要」「少女像は，国際法や国内法上の議論の余地があるのは事実」「韓米日3各協力体制を堅固にするためにも役立つ」		一部の被害者，市民団体，野党の「反発がすさまじい」と紹介 「最終的かつ不可逆的に解決されることを確認」や国連など国際社会で今後「互いに非難，批判することを控える」という表現への世論の反発は強い ユネスコの登録や少女像も，「民間レベルでの問題提起を阻止できない」
ハンギョレ		慰安婦制度という“国家犯罪”に対する日本政府の法的責任が明確でない 法的責任を認めない案を両国政府が「最終」と判断する権利もない 被害者たちの意見を聞く手続きさえ経なかった韓国政府の姿勢も批判 「外交的解決法」として国民に強要してはならない 少女像の移転は「市民権を侵害する越権」「合意を無効にし，再協議に臨むしかない」	亡くなった「慰安婦」被害者の写真を掲げた水曜集会のようすを伝えながら，被害当事者を無視した韓国政府を批判
京郷	「明らかに謝罪と反省の意を示したのは初めて」 「一歩進んだものと評価」	日本の法的責任はあいまい，「当事者であるハルモニの立場がほとんど排除されたのは，決定的な欠陥」 韓国政府が被害者と国民を説得するしかない 被害者，野党，市民社会の反発 「少女像は，民間が設立したもので，政府は問題に関与することができない」	安倍首相の「もう謝罪ない」，「韓国が約束を破れば，国際社会の一員として終わる」，「少女像撤去が10億拠出の前提条件」などの報道に，「誤解を引き起こす可能性がある，日本側の言動」に警告

表2　韓国の主要全国紙「合意」社説比較

	12／28～29		12／30～31
	「合意」への評価	問題点	問題点
朝鮮	未来に進むことができる事実上の最後の席	「合意」前からの日本のリーク報道を批判し，日本主導の「合意」を警戒	安倍首相発言「約束を破れば，韓国は国際社会の一員として終わる」（産経），「少女像撤去が10億円拠出前提」（朝日）と報じたことに触れ，日本の責任と謝罪への真摯な態度の維持を求める 20世紀最悪の女性人権蹂躙事件だからこそ法的責任と謝罪を求めてきた立場を放棄したのは，韓米関係を重視した韓日関係を考慮したから 合意内容を国民の前に明らかにし，合意に毀損する内容があれば合意自体を廃棄すべき
中央	「長い間の難題が処理」，残ったのは「国民感情の壁」 法的責任は認めずとも，日本政府の責任を公式に求めた 「補償金」が日本政府予算から出る	「最終的・不可逆的な解決宣言，慰安婦少女像の移転，国際社会での相互非難・批判を控える」の３点は国民的な反応を憂慮	国内で評価が分かれていることを紹介 両国政府が「一緒に解決すべき宿題」 安倍首相の行動で示すこと 日本の歴史教科書に反映すべき 安倍首相「もう謝罪しない」，世界記憶遺産登録を見送る，「合意」当日の安倍夫人の靖国神社参拝などの日本の報道は納得いかない

注）韓国の場合，各紙が「合意」について複数の社説を掲載しているため，合わせて取り上げる。

出所）筆者作成。

2　「合意」以降の日本の報道

「合意」をめぐる日本メディアの報道の問題点を次の四点に整理して具体的に見ていきたい。

①被害当事者たちの声を聞いているか
②「少女像撤去」をめぐって、多様な意見を伝えているか
③日本政府の主張に対する検証をしているか
④「合意」では「解決されていない」とする日本市民・識者、国際社会の多様な意見を伝えているか

結論を先に述べると、「日韓関係の行き詰まりの原因がもっぱら韓国側にある」という偏った見方が繰り返し報道されるという現状になっている。具体的に見ていこう。

①被害当事者たちの声を聞いているか

一二月二九日、被害者らが共同で暮らすナヌムの家で六人の被害者が日韓外相による共同記者会見をテレビで見たあとの発言は、世界各国で報道されている。[*4]『朝日』の記事には「『結果的に不満は残るが、解決しようと努力してくれた政府に従いたい』と話す女性（87）もいた」とある。NHK夜七時のニュースも同様に「政府に従う」という部分だけを報じた。この女性は複数の報道記事をつきあわせると、柳《ユ》喜男《ヒナム》と考えられる。ところが、韓国では、「柳喜男ハルモニは、満足はできないが、政府の意思に従うとしながらも、日本政府の基金の提案に対しては拒否の意思を明らかにしました」（YTN放送）、などと報

じられ、ドイツ第二公共放送では、柳喜男は「私はこれでは満足できません。こんなに長い間、権利を認められずに生きてこなければならなかったのに」「人間として扱われてこなかったのですから」と語っている。つまり、『朝日』やＮＨＫは「政府に従う」という前半の発言だけを伝えたことになる。

以降、「合意」に異議を唱える被害者に比べて、「合意」を評価する被害者の声に重きをおいた記事が目立つ。二〇一六年二月二九日付の『朝日』では、一面・三面を使って「『謝罪をしてくれた。ありがたい』合意評価の元慰安婦も　日韓合意2ヵ月反発も根強く」という大見出しで報じた。その後、「和解・治癒財団」(日本では「和解・癒し財団」と訳された)からの慰労金を受け取った人が増えるたびにカウントダウンするかのように報道しながら、「現金支給事業を受け入れた三四人の声が韓国で報じられていない」と『朝日』の現地特派員が批判しつづけている。しかし、同紙も報じたように、「慰安婦問題の日韓合意に好意的な被害者(元慰安婦)が圧倒的に多い」という政府の主張を実証する記事を書くよう求める指示もあった」ことなどに抗議して、韓国の通信社・聯合ニュースの記者らが声明を出してもいる(『朝日』二〇一七年一月三日)。一方、被害当事者が知らないうちに、同財団が甥に現金を渡し、当事者が返金要求をしたにキム・ボクトゥクのケース(『ハンギョレ』二〇一七年一月二三日)などは報じない。

二〇一六年一月、「合意」後初めて、韓国からサバイバーの李玉善《イオクソン》(八八歳)と姜日出《カンイルチュル》(八七歳)が来日し、「私たちを無視した『合意』は受け入れられない。まず被害者に会って、内容を説明してからするべきだ。ここまで来ても安倍晋三首相は会おうとしない」(李)、「中身のある謝罪が必要」(姜)と述べ、安倍首相に公式謝罪、補償を求めた。同年一一月二日と五日には、フィリピンのエステリータ・バスバーニョ・ディ(八六歳)、インドネシアのチンダ・レンゲ(八四歳)、東ティモールのイネス・マガリャンイス・ゴンサルベス（八〇代後半）、韓国の李容洙《イヨンス》（八七歳）が来日。韓国以外の被害者の来日は「合意」後初めてだった。同月七日、安倍首相と岸田文雄外相に対し、「（二国間の）日韓『合意』は『慰安婦』問題の解決にならないと認め、すべて国の、すべての被害者が受け入れられる解決策を改めて示す」ことを要請した。[*5] だが、このような被害当事者の声がマスコミできちんと取り上げられることはなかった。

②「少女像撤去」をめぐって、多様な意見を伝えているか

「合意」発表翌日の一二月三〇日、日本のメディアから「少女像の撤去」が財団への一〇億円拠出の前提条件であるような報道がなされた。『朝日』は朝刊一面トップで「10億円『少女像移転が前提』日本政府、内諾と判断」という見出しで、「複数の日本政府関係者によると、少女像を移転することが財団への拠出の前提になっていることは、韓国と内々に確認している」と報じた。『読売』も『共同通信』も同様の報道をした。これを受け、韓国の五紙の社説は日本の姿勢を疑う内容に変わった。ちなみに、『朝日』は翌三一日、「複数の韓国政府関係者は『我々が交渉の場で移転を約束したことはない』という」と続報を流し、さらに「日本側が合意の前提として移転を重視していることは、今後、両国が合意を履行するうえで重要だと考えて記事にしました」（二〇一六年一月一六日）と国際報道部次長がわざわざ解説しているが、リークという疑念はぬぐえないし、日本の世論への影響がなかったとは言えないだろう。

「合意」一年を迎えた二〇一六年一二月二八日、釜山の日本総領事館前に平和の少女像が設置された（一時強制撤去されるも、抗議が殺到し三〇日に再設置）ことに対し、一月六日、安倍政権は駐韓日本大使の一時帰国、日韓通貨スワップ協議の中断など四項目の強力な外交措置を発表した。民間レベルの行為に

対してここまでの対抗措置が適切なのか、検証記事は見当たらない。

「少女像反対派と守る側」「もみ合う」としながら故朴正熙《パクチョンヒ》などの銅像をもった男性だけのコメントを載せた記事（『朝日』二〇一七年四月二二日）などの一方、釜山の少女像を建てた主体や経緯の詳しい報道はほとんどない。日本で「少女像撤去」に疑問を呈する声は、投書欄でしか見つけられなかった。[*6]

この事態のさなか、二〇一七年一月一二日、在日本韓国民団中央本部の呉公太《オゴンデ》団長が、「合意」を「英断と評価」し、「撤去すべきだというのが、私たち在日同胞の共通した切実な思い」と述べ、これに対し在日朝鮮人のなかから撤回を求める声明が出された。[*7] 問題は発言内容だけでなく、「少女像撤去」に反対する意見や動きを伝えない日本のマスコミがこの団長の発言をこぞって大きく取り上げたことだ。

③日本政府の主張に対する検証をしているか

日本のマスコミの致命的な問題は、日本政府の主張を検証していないことだ。たとえば、「少女像撤去」をめぐって日本政府が必ず持ち出す、相手国公館の安寧と品位を守る責務を規定した「ウィーン条約第二二条」違反だという主張があるが、これについての批判的検証を見たことはない。[*8]

一方、韓国メディアでは、『ハンギョレ』『東亜』『京郷』『韓国日報』、ＪＴＢＣ放送、アリランＴＶ、ＫＢＳ放送など、「合意」直後から国際法の専門家などの見解、実例、判例を参照しながら日本政府の主張の根拠を問い、それに追随する韓国政府を批判している。たとえば、『韓国日報』（二〇一七年二月六日）はイ・ギボム牙山《アサン》政策研究院研究委員の「造形物設置と関連しては判例がないので、現在では明確な答えがない」「国際裁判所に付託しても国際法違反という結論が出る可能性はほとんどない」という見解を紹介。ＫＢＳは、複数の専門家の意見を引用しながら、「一九九六年七月、東京にある韓国大使館に日本の右翼が車で突進した事件や、二〇一二年七月、ソウルにある日本大使館に韓国人が車を突進させた事件は明らかなウィーン条約違反だが、事実上少女像が公館の安寧や領事館の平穏を妨害するかは疑問が呈されるだろう」とした（二〇一七年三月二九日）。こうした韓国メディアの報道は、日本の新聞各社のソウル特派員なら必ず目にしているはずだが、日本メディアはなぜ独自に判例や基準などを調査し検証しないのだろうか？

また、「合意」そのものに法的拘束力があるかといった問題や、「合意」をめぐって日本政府に国際人権基準にもとづく措置を促す国連人権機関のたび重なる勧告を検証する記事もほとんどない。

④「合意」では「解決されていない」とする日本市民・識者の多様な声を伝えているか

次に、「合意」発表直後から二〇一七年七月まで、『朝日』『毎日』『読売』の三紙で、「合意」へのコメントが掲載された識者をみてみよう（表3）。

このなかで「合意」に異議を唱えているのは、弁護士・崔鳳泰《チェボンテ》（Ｍ１）と写真家・安世鴻《アンセホン》（Ａ１）のみで、ともに韓国人である。たとえば、日本軍「慰安婦」研究の第一人者である吉見義明中央大学名誉教授は、「合意」に関して「被害者が受け入れ難い内容で、結果的に合意履行は不可能」（『ハンギョレ』二〇一六年一月八日）と発言しているが、日本の全国紙からは一社も取材依頼はなかったという。ちなみに『朝日』と『毎日』に吉見の名前が登場するのは、シンポジウムの告知記事で地域版である。

さらに、「慰安婦」問題解決に長年取り組んできたいくつかの運動団体は「合意」に対して抗議声明を出したが[*9]、取り上げられていない。『朝日』『毎日』には、一言コメントが引用された記事がこの一年八か月間で三〜四つ、集会告知がベタ記事で地域版に出る程度だ。

「合意」翌日の『朝日』社説にはすでにこうある。「韓国の支援団体は合意について『被害者や国民を裏切る外交的談合』と非難している」。その言葉どおり、「合意」に反対するのは韓国挺身隊問題対策協議会、一部の「慰安婦」被害者、韓国野党のみで、日本社会には「合意」では解決しないと考えている

表3　朝日新聞，毎日新聞，読売新聞に出た識者一覧

和田春樹	東京大名誉教授（A4）（M3）
趙世暎	韓国・東西大日本研究センター所長，元韓国外務省東北アジア局長（A4）（M1）
浅羽祐樹	新潟県立大教授（Y5）
秦郁彦	現代史家（M1）（Y1＋連載）
小此木政夫	慶大名誉教授（A2）（M1）
八木秀次	麗沢大教授（M3）
安田浩一	ジャーナリスト（M2）
深沢潮	在日コリアン2世　作家（M2）
木村幹	神戸大学大学院教授（Y2）
武貞秀士	拓殖大学大学院特任教授（Y2）
ビクター・チャ	米ジョージタウン大学教授（A1）（Y1）
東郷和彦元	外務省条約局局長・京都産業大学教授（A1）
小倉紀蔵	京都大教授（A1）
奥薗秀樹	静岡県立大准教授（A1）
薮中三十二	元外務事務次官（M1）
辺真一	「コリア・レポート」編集長（M1）
金時鐘	在日コリアン作家（M1）
朴一	大阪市立大教授（M1）
小倉和夫	元韓国大使（A1）
呉公太	在日本大韓民国民団中央本部（A1）
古家正亨	韓国大衆文化ジャーナリスト（A1）
伊豆見元	静岡県立大名誉教授（A1）
西岡力	東京基督教大教授（Y1）
宮家邦彦	元外交官（Y1）
谷野作太郎	元内閣外政審議室長（A1）
南基正	ソウル大日本研究所副教授（A1）
李柱欽	元外交官・韓国外大客員教授（A1）
鄭鉉柏	韓国成均館大教授（A1）
朴寛用	元韓国国会議員（A1）
柳明桓	官民合同タスクフォース共同座長（A1）
朴喆熙	ソウル大教授（A1）
徐永娥	東亜日報東京支局長（A1）
鮮于鉦	朝鮮日報論説委員（元東京特派員）（M1）
李元徳	韓国・国民大教授（Y1）
シーラ・スミス	米外交問題協議会・上級研究員（A1）
崔鳳泰史	韓国・弁護士（M1）
安世鴻	韓国・写真家（A1）

注）『朝日』＝A，『毎日』＝M，『読売』＝Yとする。数字は掲載回数。地方版含む。「合意」直後から2017年7月まで。掲載回数多い順。
出所）筆者作成。

市民も識者も運動もまるで存在しないかのような言説状況がつくられている。

韓国の場合、先述した全国紙だけでも、「合意」をめぐる多様な言説が行き交っている。たとえば『中央』では、「外部執筆者のコラムは中央日報の編集方向と異なる場合があります」と但し書きをしたうえで多様な意見を掲載している。全国紙で完全に排除されている言説は、活字メディアでは『週刊金曜日』が継続的に取り上げているほか、『世界』(岩波書店)などの雑誌では多少は掲載されている程度だ。

3　検証：NHK「クローズアップ現代＋」の「韓国　過熱する〝少女像〟問題〜初めて語った元慰安婦」

前節①〜④の問題点すべてを含み、「日韓関係の行き詰まりの原因がもっぱら韓国側にある」という偏った報道が、二〇一七年一月二四日に放映されたNHK「クローズアップ現代＋」の「韓国　過熱する〝少女像〟問題〜初めて語った元慰安婦」である。以下、筆者と金富子が共同で行ったファクト・チェック[*10]をもとに検証する。

①被害当事者たちの声を聞いているか

番組では、「当事者にも多様な声」があり「それを置き去りにしない」と何度も繰り返したが、「支援金」を受け取った被害者一人と家族三組を紹介する一方、「合意」に反対し「支援金」を拒否している当事者の声は一つも出てこなかった。

②「少女像撤去」をめぐって、多様な意見を伝えているか

少女像について番組は、「まさに当事者の思いとは異なる形で少女像が設置されている」とまで断定したが、少女像を自分と重ねあわせ愛情を注ぐ被害者たちもいる。たとえば、二〇一六年一月に来日した「当事者」姜日出は「〈少女像〉を撤去するのは私たちを殺すこと」と数百人の日本市民、記者たちの前で語った。[*11] ほかにも「自分の分身」だ、「どれほど慰められたかわからない」などという「当事者」もいる。[*12] しかし番組では一切報道されなかった。さらに、日本でも、少女像設置に賛同する市民の「さまざまな意見や見方」があるのに、伝えられることはない。

釜山の少女像について、二〇一六年一一月から始まった朴槿恵《パククネ》大統領への抗議デモの映像を流し、「こうした政治的な空気の中で、釜山の日本総領事館前に少女像は設置されました」と、大統領スキャンダルが背景にあるように構成している。しかし、釜山では「合意」直後から、「合意」に反対する若者を中心に一年かけて設置運動が展開されてきたのであり、大統領スキャンダルが直接的な理由ではない。

③については、「合意」後の日本政府の姿勢や対抗措置への検証は一切ない。また、④「合意」では「解決されていない」とする日本市民・識者、国際社会の多様な意見を伝えていない。

時期も内容も異なるデモ写真を使った市民運動批判

以下、「日韓関係の行き詰まりの原因はもっぱら韓国側にある」という偏った見方の例をあげる。

番組は、「元慰安婦」たちが「口を閉ざす背景には、日本からの支援を受けたことで、厳しい世論にさらされた過去」があるとして、その前例として「一九九五年に日本政府が発足させたアジア女性基金」

時期も内容も異なるデモ写真を使った市民運動批判の場面（イラスト：壱花花）

をあげ、ナレーションで「韓国では、支給を受けた一部の元慰安婦たちが痛烈な批判にさらされました」としつつ、デモの映像を流した（上のイラスト）。しかしこのデモは、一九九六年八月一四日の水曜デモであることを筆者らの調べで特定した。つまり、「慰安婦」被害者が、女性のためのアジア平和国民基金（以下、「国民基金」）から「償い金」を支給された一九九七年一月の半年前の映像なのだ。しかもプラカードに書かれているのは、国民基金や日本の政治家・首相の暴言への批判であり、元「慰安婦」を批判したものではない。これは明らかに映像の誤用である。

二度も使われる男性のシーン、翻訳しないワケは？

釜山の少女像の場面では、「日本と良好な関係を維持すべきだという男性が現れました」というナレーションに続き、右手に「LOVE JAPAN」と書いたプラカードを持った男性が登場する（次ページイラスト右）。男性の発言として「もう憎しみ合うのはやめましょう」というテロップが出る。ところが肉声では「이제는 이제는 미워하지 마세요」で、直訳すると、「もう憎むのはやめてください」なのだ。この場面は番組冒頭でも使われ、字幕が「(日韓で) もう憎しみ合うのはやめましょう」と「(日韓で)」が追加され、日韓間の問題にされているが、肉声ではそうではない。

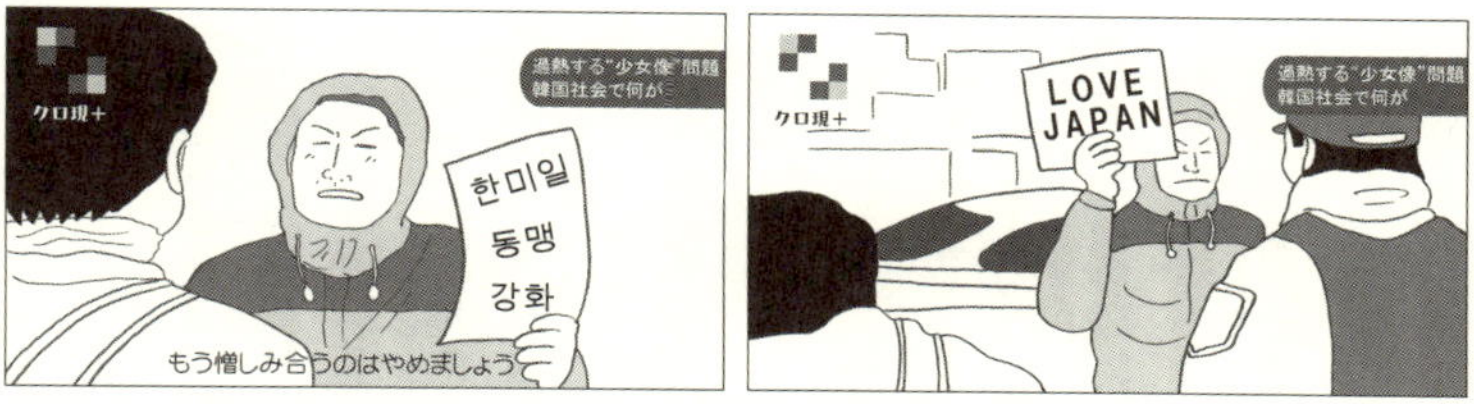

右手に「LOVE JAPAN」，左手に「韓米日同盟強化」のプラカードをもつ男性

さらに、左手に持っている「한미일 동맹 강화」と書かれたプラカードは（イラスト左）翻訳されていないが、「韓米日同盟強化」と書かれている。次に「これに対し、学生グループのメンバーは非難を浴びせました」とナレーションが流れ、〈少女像〉を設置した学生の一人が「〈少女像〉の横に立たないでください」「恥ずかしくないんですか」と真剣な表情で問いかけるカットが入る。つまり、「「LOVE JAPAN」を掲げる、「日本と良好な関係を維持すべきだという男性」を学生が「非難」するという流れだ。しかし、平和運動をする韓国市民からすれば米日韓三国軍事同盟を支持する男性の趣旨を批判しているのだ。

唯一紹介された韓国の超保守派メディアだけ「冷静」？

番組では、「過熱する」世論に「冷静さを呼びかける論調」として、『韓国経済新聞』の論説だけを取り上げ、「韓国だけが、日本との関係において、過去から一歩も抜け出せないでいる」と字幕付きで映した。そのうえ、論説を書いた同紙主筆の鄭奎載《チョンギュジェ》インタビューを映像付きで放送。この人物は、当時、朴槿恵大統領単独インタビューを自身が運営するインターネットTVで公開し、多くの批判をあびた保守論客だ。つまり、唯一この超保守派メディアの保守論客の主張だけを「冷静」とし、多くの韓国メディアが「極端な主張」を報道していると印象づけていることになる。

　筆者ら有志は二月二日に抗議記者会見[*13]をしたが、マスコミ報道は一切なかった。二月二八日、金富子と筆者は『〈平和の少女像〉はなぜ座り続けるのか』（世織書房）の編著者として、ＮＨＫおよび番組制作担当ほか宛てに公開質問状を送付した。三月九日付で番組編集長から回答が届いたが、私たちが具体的な立証、反証資料を添えて尋ねた質問に応答したものではなく、映像誤用についての事実確認すら無視したものだった。「ＮＨＫを監視・激励する視聴者コミュニティ」の公開質問状とあわせ、ＮＨＫからの回答も添え、有志により三月二三日に、ＢＰＯ（放送倫理・番組向上機構）に対し厳正な審議をするよう申請した。問題はＮＨＫだけではない。官製報道を日本のマスコミが黙認していることが事態の深刻さを表している。

おわりに

「合意」をめぐって日韓のメディアが何を伝え、何を伝えなかったのかを見てきた。「合意」の発表から二年の間、日本のマスコミは保守・リベラルともに「〈少女像〉撤去」や「合意」を不動の前提とし、安倍政権の主張に対する検証もないまま、「合意」を批判する被害当事者、市民や国際社会からの多様な意見を伝えてこなかった。その結果「日韓関係の行き詰まりの原因がもっぱら韓国側にある」という偏った見方が繰り返し報道されるという事態になっている。[*14]一方、韓国の全国紙五社では保守系三紙と、リベラル系二紙では主張が異なるものの、自国政府の姿勢への検証も含め、日本と比べて多様な意見が報じられていることがわかる。被害者と「合意」に抵抗する市民の声が継続して伝えられている点は大きな違いである。[15]

日本政府の姿勢への検証報道がないことは結局、「合意」内容と同様、真相究明措置も再発防止措置も不問に付すという日本マスコミの姿勢を表している。「慰安婦」問題を記述する中学歴史教科書は「学び舎」たった一社で、しかも、採択した学校に「反日極左」だとして採択中止を求める抗議のはがきが大量に送られた事件が起きたのは記憶に新しい。学校教育で「慰安婦」問題がタブー化されているなかで、被害当事者や市民、国際社会の多様な声を伝えず、安倍政権の主張への検証を怠ることは、日本社会の認識に大きな影響を与え、日韓ひいては国際社会との認識のギャップが広がりつづけることになる。日本のメディアは、権力監視・批判という社会的役割を自ら放棄しているように見える。

安倍政権によるメディア介入、保守・右派による「朝日新聞バッシング」は、たしかに厳しい。しかし、事実を積み重ねる調査報道と、被害者、日韓市民と国際社会の多様な意見、研究成果を取材して伝える報道、それを支えるメディアの連帯を願うとともに、筆者としては、歴史修正主義言説に抗して生まれた日本軍「慰安婦」問題webサイトFight for Justiceを通して、今後も「慰安婦」問題報道をウォッチングし、比較検証して提供していきたい。

〔注〕

＊1　韓国の世論調査では、よく使われるリアルメーターと韓国ギャラップの調査でも、「合意」に対する否定的評価は「合意」直後も一年後も五割を超えている。

＊2　日本の全国紙朝刊販売部数（二〇一七年前期）は、『読売』八八三万部、『朝日』六二六万部、『毎日』

三〇二万部、『日経』二七二万部、『産経』一五六万部（日本ＡＢＣ協会「新聞発行社レポート　半期」）。

＊3　韓国の全国紙一〇社の朝刊販売部数は、『朝鮮日報』一五四万部、『中央日報』九六万部、『東亜日報』九一万部、『ハンギョレ』二四万部、『京郷新聞』二二万部、『韓国日報』二〇万部、『国民日報』一八万部、『文化日報』一七万部、『世界日報』一六万部、『ソウル新聞』一六万部（二〇一六年ＡＢＣ発表）。

＊4　『ｗａｍだより』VOL32（二〇一六年三月）掲載の池田恵理子論考と梶村道子論考参照。ドイツ第二公共放送の番組は、https://www.youtube.com/watch?v=0XjNHfg_cK8 を参照。

＊5　拙稿「当事者ぬき日韓『合意』批判」『週刊金曜日』一一一三号（二〇一六年一一月一八日）参照。

＊6　加藤敦美（八八歳）「少女像に涙　予科練だった私」『朝日新聞』大阪版二〇一七年一月一四日。武市一成（五三歳）「韓国の少女像撤去には反対」『東京新聞』二〇一七年一月一一日。

＊7　「民団中央・呉公太団長の『少女像撤去賛同』の暴言に抗議する!!!」民団中央・呉公太団長の暴言に抗議する在日同胞有志　二〇一七年一月一八日（http://hiroponkun.hatenablog.com/entry/2017/01/22/050139）。

＊8　ＮＨＫ番組「クローズアップ現代＋」抗議記者会見での醍醐聰作成資料（二〇一七年二月二日）に複数の判例が紹介されている。「中華民国大使館前を通る集団的示威行動の進路変更を許可条件とした東京都公安委員会の執行停止が申し立てられた事件」では、東京地裁は申立てを許容する判決を下した（一九六七年一一月二三日）。憲法が保障する集団的示威運動による表現の自由は、外国人であっても日本国にあって、その主権に服している者には保障される。被申立人（東京都公安員会）は、ウイーン条約二二条二項をあげて、外交使節団が存在する地点を進路に含む本件集団的示威行動は公館の安寧の妨害、威厳の侵害にあたるとする。しかし、許可申請された集団的示威行動は一部過激なスローガンを記載したプラカードがあったとしても整然とした秩序を保つものとなっており、「公館に安寧、威厳の侵害」を生じるものとは認められない。判決全文：第一法規法情報総合データベース（判例ID 27603116）。

＊9　「戦争と女性への暴力」リサーチ・アクションセンター（ＶＡＷＷ ＲＡＣ）、日本軍「慰安婦」問題解決全国行動、女たちの戦争と平和資料館（ｗａｍ）の抗議声明は各団体のサイトで閲覧できる。

＊10　岡本有佳・金富子「間違いだらけのNHK番組『クローズアップ現代＋』『バウラック通信』NO.11（二〇一七年六月）。

＊11　拙稿「被害者の声を無視」『週刊金曜日』一〇七四号（二〇一六年二月五日）参照。

＊12　岡本有佳・金富子責任編集『増補改訂版　〈平和の少女像〉はなぜ座り続けるのか』（世織書房、二〇一六年）七六―七七頁、参照。

＊13　一月三一日、「戦争と女性への暴力」リサーチ・アクションセンター（VAWW RAC）が抗議文を、同日、日本軍「慰安婦」問題解決全国行動が公開質問状をNHK宛に送付。二月二日、記者会見動画と各種資料は、日本軍「慰安婦」問題webサイトFight for Justice参照。両団体共催で記者会見を行った。

＊14　二〇一七年七月四日にフジテレビで放映された第二六回FNSドキュメンタリー大賞ノミネート作品『交わらぬ視線――きしむ日韓の現場から』（制作：テレビ西日本）も同様のコンセプトだが、取材拒否する私人を執拗に追うなど放送倫理上の問題もはらむ。問題点はいくつもあるが、重大な誤報として、尹美香挺対協代表の発言で、在韓日本大使館前の少女像は「約一〇〇億円の寄付で建てられた」とテロップが出るが、実際の肉声は「一〇〇〇ウォン（約一〇〇円）ずつ出して建てた」と言っている。筆者が局に問合せたところ、肉声で一〇〇〇ウォンと言っていることは認めたが、「約一〇〇億円の資金を集めた」との情報を得て「意訳」したという。取材対象者の肉声にかぶせて、異なる数字（しかも根拠提示なし）を字幕で示すことは、日本民間放送連盟の報道指針に照らしても問題のある表現手法だろう。筆者が挺対協に確認したところ、「そんな事実はない」との回答を得ている。

＊15　権力から独立性を一定確保している市民株主制の『ハンギョレ』と社員株主制の『京郷』の存在が大きい。さらに、保守系の『中央』とリベラル系の『ハンギョレ』は二〇一三年から社説を比較・解説するコーナーを設置。情報を読む力を育む試みとして注目したい。また、一九八九年に創刊したメディア批評専門紙『メディア・オヌル（今日）』は主にマスコミの問題点を批評し、メディア関係者に信頼をもって読まれているという。恒常的にメディアの相互批評があることも日本との違いである。

第5章　国連人権機関による日韓「合意」の評価
——女性差別撤廃委員会を中心に

渡辺　美奈

二〇一五年一二月二八日、日本軍「慰安婦」問題について、日韓両政府は「最終的・不可逆的に解決」するとの「合意」を発表した。これに対し、女性差別撤廃委員会をはじめとした国連人権機関が日韓「合意」の問題点を指摘し、国際人権基準にもとづいて日本政府がなすべき措置を次々と勧告した。本稿ではこれらの動きについて報告する。

1　女性差別撤廃委員会の審査と勧告

審査の概要

二〇一六年二月一六日、ジュネーブの国連欧州本部で開催されていた第六一会期女性差別撤廃委員会は、女性差別撤廃条約の履行状況に関する日本の報告書審査を行った。この審査は定期的に実施されてきたもので、日本の審査は今回で五回目となる。女性差別撤廃委員会は、一九九四年、人権条約の履行監視機関として初めて「慰安婦」問題を取り上げて総括所見で言及、それ以降は継続して勧告を出してきた。

今回の女性差別撤廃委員会は、はからずも、日韓「合意」後に初めて、「慰安婦」問題に関する日本の対応を国連人権機関として審査する場となった。女性差別撤廃委員会の委員は、二国間合意の法的性格や、他国の被害者に対する日本の国際人権法上の義務等について質問したが、日本政府代表団長として登壇した杉山晋輔外務審議官はこれらの質問には答えず、今までの政府の説明からも大きく後退する返答をした。すなわち、「日本政府が発見した資料のなかには軍や官憲によるいわゆる強制連行というものを確認できない」「二〇万人という数字に裏付けがない」「性奴隷といった表現は事実に反する」、さらにはこれらの「誤解」の原因をすべて『朝日新聞』に帰すなど、日本軍「慰安婦」に関する事実を否定する主張を委員会の場でも繰り返した。日韓「合意」で「責任」を認めて首相の名ですべての「慰安婦」にお詫びしたと主張しながら、それはあまりに不誠実な態度だった。

総括所見の内容

三月七日、女性差別撤廃委員会は五七項目にわたる総括所見を公表、「慰安婦」と題した二八－二九項では、これまでになく詳しい見解を示し、締約国日本がなすべき措置を勧告した（章末資料参照）。

特筆すべきは、第一に、総括所見が日韓両政府による外交的「合意」の評価に踏み込んだことである。所見第二八項でまず、日韓「合意」は努力の一つとして「留意」するものの、「被害者中心のアプローチを十分に取らなかった」ことを遺憾であるとした。そのうえで、第二九項（c）では、「合意」の実施にあたっては被害者の意向を考慮し、真実、正義、被害回復の権利を保障することを強く要請した。二〇一二年に国連人権理事会は「真実、正義、被害回復および再発防止に関する特別報告者」[*1]を任命しているが、こういった重大な人権侵害を受けた被害者の権利に関する国際人権法の発展をふまえていない今回の日韓「合意」は、国際人権基準から見てきわめて不十分であることを示したと言えるだろう。

第二に、過去の人権侵害であっても、被害回復がなされなければ、現在の人権侵害を発生させるとの見解をはっきり表明したことである。女性差別撤廃条約を日本が批准したのは一九八五年のため、日本政府は、効力発生前の事件に条約は遡及して適用されないのだから、「慰安婦」問題を委員会が取り上げるのは適切ではないと主張してきた。今回、委員会はこの主張を「遺憾」として正面から反論、効果的な救済がとられていなければ、「被害者・生存者の権利に継続的な影響を及ぼす深刻な侵害」を引き起こすため、時間的な管轄権を妨げないとの判断を示した。「慰安婦」問題は現在進行形の人権侵害との指摘は他の委員会でもなされていたが、今回、初めて総括所見のなかに明記されたことになる。

第三に、日本軍「慰安婦」に対する人権侵害は複数国にまたがっているため、当然ながら日韓「合意」では解決しない。そのことを、委員会としても明確にしたことである。所見第二八項（c）でまず、他の関係国の被害者に対して国際人権法上の義務を果たしていないのは遺憾であるとし、第二九項（b）では、被害者の救済を受ける「権利」を認め、補償、満足、公式謝罪など十分で効果的な救済と被害回復措置を提供するよう勧告した。加えて、第二九項（e）では、被害者の権利を保障するために行った協議等を報告するよう求めており、「未解決の問題である『慰安婦』」（第二八項）に関する委員会の監視は続く。

第四に、教科書問題で、厳しい判断を示した。まず、第二八項（d）で、「慰安婦」問題に関する記述は、「締約国が削除した」と断じた。これまで教科書の記述については、実質的には政府が削除させていても、「国定教科書ではない」との日本政府の主張があった。そのため「記述がなくなったことを遺憾に思う」といった表現にとどまることが多かったが、今回は踏み込んだ表現と言えるだろう。そのうえで、第二九項(d)で教科書に「慰安婦」問題を「適切に」組み込むことを求めた。

その一方で、政治家のなど公人の否定発言については慎重な文言となった。第二八項(a)では、締約国の責任に関する公職者・指導者の発言の増加を遺憾とするものの、具体的な例は示さず、第二九項(a)で、公人による「責任を過小評価」する発言を「やめるよう確保すること」と勧告した。しかし、他の委員会勧告にあるような否定発言に対して「制裁」を求める勧告や、日本社会に広がる歴史修正主義を考えると、物足りない印象は否めない。委員会審査でも「日本政府は歴史を否定している」旨の発言をした中国の委員に日本政府が強く反発しており、日本政府の圧力の強さがうかがえる文言となった。

総括所見の評価

女性差別撤廃委員会の勧告は、自由権規約委員会や拷問禁止委員会に比較して、どちらかと言うと法的に強力な文言を用いず、「ゆるい」印象があった。しかし今回は、時間的管轄権の問題についても具体的に反論し、二国間「合意」の評価に踏み込むなど、これまでになく厳しいものになった。前回の五倍の長さにもなる所見を読むと、旧日本軍による性暴力の実態を認めず、「責任を過小評価」するような発言を委員会の場で繰り返した日本政府の態度に、委員たちが怒りを表現したとも感じられる。

なお、委員会の総括所見が「慰安婦」との用語で統一したことを受け、記者会見で菅義偉官房長官が「事実関係や政府の取り組みはしっかり説明できた」[*2]と発言し、「慰安婦は性奴隷ではない」との主張が受け入れられたかのような印象を与えているが、女性差別撤廃委員会はこれまでも「性奴隷」という表現を使ってこなかった。「強制連行」の有無にかかわらず、また「性奴隷」と明記せずとも、「第二次世界大戦中に締約国の軍隊により行われた侵害の被害者・生存者」（第二九項）が救済を求めている、その事実で十分、締約国の義務について勧告できるという委員会の判断ではないだろうか。そして、次に見るように、国連では「慰安婦」は「性奴隷」であるとの認識が繰り返し確認されている。

2　他の国連人権機関の見解

女性差別撤廃委員会の総括所見が公表された直後、人権分野の国連関係者が「慰安婦」問題に関して重要なコメントを立て続けに発表した。これらの見解は女性差別撤廃委員会の勧告履行を促し、また触れられていなかった点を補足する内容も含まれるので、一連の動きとして以下、簡単に紹介する。

ザイド・フセイン国連人権高等弁務官のコメント

二〇一六年三月一〇日、ジュネーブ国連欧州本部で開かれていた第三一会期人権理事会の場で、ザイド・フセイン国連人権高等弁務官が、「慰安婦」問題について以下のように言及した。

私は昨年、第二次世界大戦中の日本軍による性奴隷を生き抜いた女性たちの解決されていない苦しみ、正義への要求について取り上げました。その後、二〇一五年一二月には、日本と大韓民国の政府がこの問題に取り組むとの二国間合意を発表しました。この中身については、さまざまな国連人権機関によって、そして最も重要なことにサバイバー自身から疑問が呈されています。基本的に重要なのは、関連する当局が勇気と品位あるこれらの女性たちに協力を求めることです。結局のところは、本当の償いを受け取ったかどうかは、彼女たちだけが判断できるのです。[*3]

年次報告の場でなされたこの短い発言には、多くのメッセージが込められている。注目すべきはまず、「第二次世界大戦中の日本軍による性奴隷を生き抜いた女性たちの解決されていない苦しみ、正義への要求」と、課題の本質を冒頭に指摘したことだ。「慰安婦」という言葉も、「問題」といった言葉も安易に使わず、「性奴隷を生き抜いた女性たち」の「苦しみと正義への要求」の課題と規定した。これは日本軍「慰安婦」の課題は、性奴隷として甚大な性暴力被害を受けた女性たちの人権の問題であることを明確にし、同時に「慰安婦は性奴隷ではない」と主張する日本政府への反駁である。また、日韓「合意」については、被害当事者から異が唱えられていること、「勇気と品位ある」被害者の声を聞くことの重要性、そして被害者こそが判断の主体であることを指摘した。これらは、被害者不在のままに国家間でなされた「合意」プロセスに対する批判であり、また、女性差別撤廃委員会の勧告にある「被害者中心アプローチ」の中身を具体的に示したとも言えるだろう。

国連人権理事会の特別手続の報告者等

翌一一日には、国連人権理事会が任命した特別手続の任務保持者が、日本軍性奴隷制に関する見解を国連ウェブサイトで発表した。[*4] 名を連ねたのは、「法律および慣習における女性差別問題ワーキンググループ」報告者代表のエレノーラ・ジェリンスカ、「真実、正義、被害回復および再発防止に関する特別報告者」のパブロ・デ・グレイフ、「拷問および他の残虐、非人道的または品位を傷つける取り扱いまたは刑罰に関する特別報告者」のファン・E・メンデスである。[*5]

ウェブサイトの記事はレポーターによる文章と任務保持者のコメントで二ページほどの長さである。まず地の文で、「『慰安婦』という言葉は、第二次世界大戦中、日本帝国軍により拉致され性奴隷にされたアジア数か国からの多数の少女や女性を指す」と定義を明確に示している。この定義は、のちに紹介する事務総長の報道発表でも同じ文言で繰り返されており、これからも、「慰安婦」という言葉の基本的な説明として国連で使われていくであろう。

日韓「合意」に関して任務保持者らは、「サバイバーの要求を満たしていない」こと、適切な協議手続がなかったこと自体が、「真実、正義を求める運動や努力を傷つけるもので、当然ながらサバイバーに相当な苦痛を与えている」と、日韓「合意」のプロセス自体が再び被害者を苦しめたと厳しい指摘をしている。在韓日本大使館前の「平和の碑」についても言及し、「碑はサバイバーの長きにわたる正義への闘いを象徴する像」であるとして、韓国政府が撤去することに深い懸念を示した。

そして「日本政府と軍の責任を認めた曖昧でない公式な謝罪や十分な被害回復措置」こそが、被害者の真実、正義、被害回復の権利を保障すると、具体的になすべき措置を指摘し、「被害者の傷口が広く開いている限り、解決とは捉えられない。そのことを日韓両政府は理解すべきである」と釘を刺した。

潘基文国連事務総長のコメント

同日、潘基文《パンギムン》国連事務総長（当時）が、吉元玉《キルウォノク》さん（韓国の「慰安婦」サバイバー）、尹美香《ユンミヒャン》さん（韓国挺身隊問題対策協議会常任代表）と面会した。潘基文氏が国連事務総長という立場で「慰安婦」被害者と面会するのはこれが初めてで、当初の「合意」を「歓迎」するとしていた見解を修正するのではないかと期待された。面会は非公開だったが、潘基文国連事務総長は「両国の解決への努力を歓迎したもので、合意内容を歓迎したものではないとの趣旨だった」[*6]と支援者に説明したとの報道があった。「歓迎」したのは外交的な一歩を踏み出したことのみだったようだ。

面会後に国連のウェブサイト上に発表された見解と、「合意」直後の見解を比べてみると、潘基文国連事務総長の捉え方は大きく変わっていることがわかる。一二月二八日、日韓政府が「合意」した当日の見解は、「両国が慰安婦問題で合意に達したこと」を「歓迎」するとともに、「北東アジアの国々が、歴史を認めたうえで未来志向の関係をつくる重要性を強調」するなど、外交的な成果を強調していた。[*7]これに対し、吉元玉さんと面会したあとのコメントでは、被害者が経験した苦しみと痛みに同情し、「被害者／サバイバーの声を聞くことはきわめて重要」であると指摘、日韓「合意」についても「歓迎」という言葉はなく、「人権基準に則して誠実に実行されること」、「被害者を中心」にして、「対話を続けること」などの注文をつけた。[*8]捉え方が外交課題から人権アプローチにシフトしており、今や「合意」をそのまま「歓迎」できないことを示したと言える。

自由権規約委員会フォローアップ審査

三月二一日には、自由権規約委員会による日本のフォローアップ審査も行われた。自由権規約委員会には、フォローアップ制度といって、委員会が重要だと考える最大四つの勧告についての履行状況を一年以内に報告をするよう締約国に求め、審査する制度がある。二〇一四年の前回総括所見に「慰安婦」問題がフォローアップ項目として含まれていたため、三月の委員会でちょうど審査することになったのだった。日本政府は、二〇一五年に報告を出していたが、審査直前の三月一七日に日韓「合意」について報告書を提出、NGOに反論する隙を与えなかった。そして四月一九日、フォローアップの特別報告者、サラ・クリーブランドの名で以下の見解が公表された。

パラグラフ一四：

【評価B2】：委員会は締約国が提示した情報に留意するが、二〇一四年七月二三日付けの日本に関する総括所見（CCPR/C/JPN/6）の採択のあとにとられた措置に関するさらなる情報を求める。その中には、日本の首相が謝罪を行い、締約国は元慰安婦への支援として一〇億円の償いを約束したと伝えられている、締約国と韓国政府との間で二〇一五年一二月に交わされた合意も含まれる。委員会はまた以下の事項のための措置に関する情報を要求する、（a）すべてのケースを調査し、加害者を訴追して処罰する、（b）被害者とその家族に最大限の被害回復を提供する、（c）入手可能な証拠のすべてを開示する、（d）被害者の名誉棄損や起きた事実の否定の企てを非難する、（e）教科書に取りあげて生徒を教育する。[*9]

自由権規約委員会は、日韓政府の「合意」を「留意」したが「歓迎」はしなかった。そして二〇一四年の勧告にあった加害者処罰、被害回復、証拠の開示、事実否定に対する非難、教育についてあらためて情報提供を求めた。「B2」評価はAからEの五段階評価では高すぎる印象だが、評価基準の説明には「初期段階の対策はとられたが、さらなる対策と情報が必要」とあり、まったく何もやっていないわけではなければ「B2」評価が通常だという。前回勧告にあった「公的な謝罪表明及び締約国の責任の公認」に言及はないが、日韓「合意」に関してさらなる情報を要求しており、日韓「合意」で人権条約上の義務を果たしたとは捉えられていないと言えるだろう。

おわりに

二〇一六年三月から四月にかけて公表された、国連の日本軍「慰安婦」問題に関する見解の特徴は、第一に、日韓「合意」は国際人権基準をふまえていないとの判断を示したこと、第二にその他の国の被害者にも被害回復措置を実施しなければ、国際法上の責任を果たしたことにならず人権侵害は続くということ、そして第三点目を付け加えるとすれば、日本政府の歴史修正主義への対抗として、「慰安婦」は性奴隷であるとの認識をあらためて示したことだろう。

しかし、これらの国連からの勧告に対する日本政府の受けとめは不誠実で、「遺憾」としか言いようがないものだった。三月八日(国際女性デーでもある)、女性差別撤廃委員会が総括所見を公表した翌日の記者会見で、菅義偉官房長官は、委員会の最終所見は「日韓合意を批判するなど日本政府の説明内容を十分に踏まえておらず、極めて遺憾で受け入れられない」、さらには英国や米国が「合意」を歓迎したことを引き合いに出して、「最終見解は国際社会の受け止めと大きくかけ離れており、批判は全く当たらない」と、まるで国連よりも英米が国際社会を体現しているかのような発言をし、駐ジュネーブ代表部を通じて委員会側に遺憾の意を伝えたと発表した。[*10]「性奴隷」との見解をはっきり示したザイド・フセイン国連人権高等弁務官に対しては、遺憾よりも強い「抗議」をすると語っている。[*11]

日本軍「慰安婦」問題は日韓のみの課題ではなく、「日韓合意の着実な履行」を韓国側に押し付けても「解決」には至らない。最終的に、日本政府の施策が「本当の償い」に値するかの判断は、政府ではなく、被害者にしかできないとの言葉を重く受けとめなくてはならない。そして、国連に加盟し、女性差別撤廃条約の締約国である日本は、重大な人権侵害を受けた被害者には「真実、正義、被害回復の権利」があることを認めたうえで、すべての国の被害者、そしてすでにこの世を去った被害者の思いを引き継いで活動している各国の支援団体の意見を聞く、誠実な協議の場をつくることが求められている。

付記

本稿は雑誌『季刊　戦争責任研究』(二〇一六年夏季号)に掲載されたものに若干の追加訂正を加えたものである。二〇一六年春以降、日本政府が「慰安婦」問題について国連人権機関から公式に審査等を受ける機会はなく、次は二〇一七年一一月に人権理事会・普遍的定期レビュー(ＵＰＲ)が予定されるのみである。一方で、二〇一七年五月に新たな展開があった。韓国における拷問禁止条約の履行状況が審査され、拷問禁止委員会が総括所見で日韓「合意」の見直しを勧告したのである。

拷問禁止条約は第一四条で拷問の被害者が救済を受ける権利を定めており、二〇一二年には第一四条を実施するための一般勧告三号も公表した。委員会はこれらの規定に従って、賠償とリハビリテーションの権利、真実、被害回復、再発防止の確保への権利を含む救済が提供されるためにも、日韓「合意」を見直すよう勧告したのだ。同条約を完全に履行するためには、韓国政府は勧告に真摯に応えて「合意」を見直す義務が生じたわけで、国際人権機関から「見直し」への後押しを与えられたとも解釈できるだろう。

これに対し、日本政府は五月二二日付で反論の文書を同委員会に送付した。「一部の市民団体等の意見のみを受けて」このような勧告を出したのは、「公正さを欠き、また、手続的に不適切である」と主張している。「慰安婦を『性奴隷』と称することは事実に反する」と付け加えることも忘れていない。今や国連人権機関にとって市民社会による情報提供は不可欠である。さらに、「慰安婦」にされた女性たちが受けた被害を否定、矮小化する主張はさらなる失笑を買い、人権意識の低さを印象づけたに違いない。

日本政府の焦りを象徴するかのように、アントニオ・グテーレス国連事務総長の日韓「合意」の評価をめぐる誤報事件も起きた。二〇一七年五月二七日、イタリアでのG7首脳会議の際に安倍晋三首相とグテーレス事務総長が会談し、事務総長は日韓「合意」を歓迎したと報道された。しかし翌日、国連事務総長のスポークスマンが訂正し、日韓が合意（an agreement）して解決すべきであるが、日韓「合意」（the agreement）について言及したわけではないと説明、「歓迎」という言葉も見当たらない。[*12] 通訳の外務官僚が「a」と「the」を聞き取れなかったのか、意図的な誤訳なのかわからない。しかし国連がすぐに発言の意図を訂正したにもかかわらず、いまだに外務省のウェブサイトで、グテーレス事務総長が「同合意につき賛意を示すとともに、歓迎する旨述べました」と掲載しつづけていることは、意図的だと言えるだろう。[*13]

国連においては、日韓「合意」をこのままのかたちで「高く評価」することはない、それはこの間の数々の勧告や発言から明らかである。日本国内では、「合意を反故にしたら韓国政府は国際的に恥をかく」という論調も散見されるが、自国の加害の歴史を書き換え、現在進行形の女性の人権侵害を無視し、とにかく終わらせようとする日本政府の態度こそ、国際的に恥ずかしい行為であることをあらためて指摘したい。

資料　女性差別撤廃委員会最終所見（全五七項）

文書番号：CEDAW/C/JPN/CO/7-8、「慰安婦」関連部分〈二八－二九項〉抜粋、政府仮訳（http://www.gender.go.jp/international/int_kaigi/int_teppai/pdf/CO7-8_j.pdf）。

「慰安婦」

二八　委員会は、前回の最終見解（CEDAW/C/JPN/CO/6, パラ37及び38）を想起するとともに、未解決の問題である「慰安婦」について、人種差別撤廃委員会（CERD/C/JPN/CO/7-9）、自由権規約委員会（CCPR/C/JPN/CO/6）、拷問禁止委員会（CAT/C/JPN/CO/2）、社会権規約委員会（E/C.12/JPN/CO/3）、国連人権理事会の特別手続のために任命された任務保持者数名及び普遍的・定期的レビュー（ＵＰＲ）（A/HRC/22/14/Add.1, パラ１４７－１４５以下参照）などの他の国連人権メカニズムが行った数多くの勧告にも注意を向ける。委員会は、締約国が「慰安婦」の問題を解決しようとする試み、ごく最近では２０１５年12月28日に発表された締約国と韓国との間の二国間の合意を通じたものに留意する一方、締約国が上述の勧告を実施してこなかったこと及び「慰安婦」の問題については主張されている侵害が、1985年に締約国について本条約が効力を発生させる以前に生じたものであるので本委員会のマンデート（管轄権――引用者）の範囲内ではないとする締約国の立場は遺憾である。さらに、委員会は、以下について遺憾に思う。

（a）最近、「慰安婦」への侵害に対する締約国の責任に関して公職にある者や指導者による発言の数が増加していること、及び「慰安婦」の問題は「最終的かつ不可逆的に解決される」とする韓国との合意の発表が被害者中心のアプローチを十分に取らなかったこと、

（b）「慰安婦」の中には彼女たちが蒙った深刻な人権侵害に対して締約国による公式で明白な責任の承認を得ることなく亡くなった者もいること、

（c）締約国がその他の関係国の「慰安婦」被害者に対し、国際人権法上の義務を果たしてこなかったこと、並びに

（d）締約国が教科書から「慰安婦」の問題に関する記述を削除したこと。

二九　委員会は、前回の勧告（CEDAW/C/JPN/CO/6, パラ37及び38）を改めて表明するとともに、「慰安婦」の問題は、被害者のために効果的な救済策が引き続き取られていないことを考えると、第二次世界大戦中に締約国の軍隊により行われた侵害の被害者・生存者の権利に継続的な影響を及ぼす深刻な侵害を引き起こしていると見ている。委員会は、したがって、このような人権侵害への対処が時間的管轄によって妨げられることはないと考え、締約国に以下を要請する。

（a）締約国の指導者や公職にある者が、「慰安婦」問題に対する責任を過小評価し、被害者を再び傷つけるような発言はやめるよう確保すること、

（b）被害者の救済の権利を認め、補償、満足、公的謝罪、リハビリテーションのための措置を含む、十分かつ効果的な救済及び賠償を提供すること、

（c）2015年12月に締約国が韓国と合同で発表した二国間合意の実施に当たっては、被害者・生存者の意向をしかるべく考慮し、被害者の真実、正義、賠償を求める権利を確保すること、

（d）「慰安婦」の問題を教科書に適切に組み込むとともに、歴史的事実を生徒や社会全般に客観的に伝えら

れるよう確保すること、並びに

（e）被害者・生存者の真実、正義、賠償を求める権利を確保するために行われた協議やその他の措置について、次回の定期報告の中で情報提供すること。

〔注〕

＊1 国際人権法でreparationは、原状回復、金銭による賠償、リハビリテーション、満足、再発防止等を含むため、本稿では、reparationの訳語は「賠償」ではなく「被害回復」または「被害回復措置」を使うが政府仮訳等の引用ではその限りではない。

＊2 『毎日新聞』二〇一六年三月八日。

＊3 Statement by Zeid Ra'ad Al Hussein, United Nations High Commissioner for Human Rights, to the Human Rights Council's 31st session, on March 10, 2016. (http://www.ohchr.org/en/NewsEvents/Pages/DisplayNews.aspx?NewsID=17200&LangID=E 二〇一六年五月五日閲覧)。仮訳は筆者。

＊4 Japan / S. Korea: "The long awaited apology to 'comfort women' victims is yet to come" – UN rights experts, on March 11, 2016. (http://www.ohchr.org/EN/NewsEvents/Pages/DisplayNews.aspx?NewsID=17209&LangID=E 二〇一六年五月五日閲覧)。

＊5 特別手続の任務保持者は、国別またはテーマ別に国連人権理事会から任命される独立した専門家。いかなる政府や団体からも影響を受けず、国連職員として給与を受け取っていないことが同記事に書かれている。

＊6 『産経新聞』二〇一六年三月八日。

＊7 UN chief welcomes agreement between Japan and Republic of Korea on 'comfort women' (http://www.un.org/apps/news/story.asp?NewsID=52910#.VyyBHfmLTIU 二〇一六年五月五日閲覧)。

＊8 Voices of survivors must be heard, UN chief says after meeting 'comfort women' victim (http://www.un.org/apps/news/story.asp?NewsID=53428#.VwyxnfmLSUk (二〇一六年五月五日閲覧)。

＊9　国連文書番号 INT_CCPR_FUL_JPN_23627_E の「慰安婦」関連部分全文。仮訳は（一財）アジア・太平洋人権情報センター。なお、（b）の reparation の訳は「賠償」から「被害回復」に筆者が変えている。

＊10　内閣官房長官記者会見（二〇一六年三月八日午前。http://www.kantei.go.jp/jp/tyoukanpress/201603/8_a.html）。

＊11　内閣官房長官記者会見（二〇一六年三月八日午後。http://www.kantei.go.jp/jp/tyoukanpress/201603/11_p.html）。

＊12　https://www.un.org/sg/en/content/sg/note-correspondents/2017-05-28/note-correspondents-response-questions-meeting-between（二〇一七年七月一六日閲覧）。

＊13　日本語は http://www.mofa.go.jp/mofaj/fp/unp_a/page3_002116.html、英語は http://www.mofa.go.jp/fp/ipc/page3e_000683.html（二〇一七年七月一六日閲覧）。

コラム　「和解」という暴力――トランスパシフィック・クリティークの視点から

米山 リサ

「和解」という暴力

支配的なシステムを温存するための「和解」には、暴力がともなう。

　中世ヨーロッパにおいてカトリック教会との「和解」と言うとき、それは異端者へ差し伸べられる神の慈悲と恩恵であると同時に、悔悛する者に与えられる処罰や収監を意味したという。哲学者ジャック・デリダが二〇世紀末の「真実和解委員会」にキリスト教的要素を見出し、グローバル産業とも言えるその広がりを危惧した背景には、「和解」という言葉のそなえもつこのような西欧の歴史があった。キリスト教会の支配する社会にとっての異端者は、暴力を介して「和解」へと導かれねばならなかったのである。

　「和解」というものが仮に、相容れない立場の者どうしが歩み寄るという行為にとどまらず、不均衡な歴史の積み重ねによって反目しあう人びとを切り結ぶものであるとすれば、世界観、他者との関係性、常識など、自己の拠って立つ考え方や情動を社会の根底から覆すような過程を経ることで初めて真の和解について考えられるのではないか。根本的な変革をともなわない「和解」は、異端者とされる人びとを新たに名指し、暴力を再生産する危険をともなう。

　以下、「慰安婦」問題をめぐる「和解」の暴力について、トランスパシフィック《太平洋を貫く》批判の視座から考えてみよう。*1

日韓「合意」の既視感

　二〇一五年の日韓「合意」は、まさに上に述べた意味での「和解の暴力」とも言うべき仕組みを露呈した。日本による軍事侵略や植民地支配によってもたらされたさまざまな損傷に対するリドレス（償い・補償）を封じ込め、真の和解を妨げる要因となってきた、その仕組みである。

今なぜ唐突に政府間合意なのか、というタイミングの衝撃とは裏腹に、古い映画の一場面を見ているような既視感にとらわれた人びとも多くいたに違いない。五〇年前の日韓請求権協定の際も、日本政府は当事者不在の国家間処理というかたちでリドレスに終止符を打とうとした。以来、日本政府は法的な賠償責任は「完全かつ最終的に解決した」という立場をとってきた。一九九一年の金《キム》学順《ハクスン》さんの証言をきっかけに、日本軍慰安所制度の非人道性が広く問題視されはじめたなかで「河野談話」から「女性のためのアジア平和国民基金」設立へと続いた一連の動きも、やはり法的責任を追及することなく謝罪と和解を模索するものだった。

しかし国家間の協定によって個人の請求権は消滅しない。日本政府が頑なにこれを否認しても、日本の法的責任を明らかにする謝罪と補償を求める声を封じ込めることはできなかった。新しい合意もまた、同じ経緯をたどることは想像に難くない。問題が解決しない原因を一部の過激派のせいだとし、これを制御できない韓国社会に落ち度があるとする日本の保守政治家やリベラル知識人の物言いもまた、「合意」に加勢された「和解」の暴力だと言えよう。

トランスパシフィック《太平洋を貫く》批判とリドレス

さらに既視感を誘ったのは、日韓「合意」に深く関与していたアメリカの存在である。

当時の国務長官ジョン・ケリーは、日韓「合意」を「画期的（landmark）」と称賛した。合意の履行は「慰安婦」問題に終止符を打つ「最終的かつ不可逆的“final and irreversible”」な解決を意味するとし、米国の重要な同盟国である韓国と日本が勇気をもって歩み寄ったことを高く評価する、という主旨の公式見解を発表した。これに先立ち国務省の報道官は記者会見で詳細な説明を行い、合意は韓国と日本が「非難の応酬よりも和解（reconciliation over recrimination）」を望んでいる姿勢の表れであり、「和解と協力（reconciliation and cooperation）」という新たな日韓関係に向けた信頼を築くものとなることを米国は期待する、と述べた。さらに、今後国際的な舞台で「非難の応酬」はしないという両国の合意が、市民の「和解」への動きを後押しし、「問題解決の妨げになるような要因を取り除いてゆく」ものとして重要な意味をもつことを忘れてはならない、との見解を示した。

日韓「合意」はこのように、「慰安婦」問題は当事国日本の問題であると同時に、アメリカをぬきにしては語れないことをあらためて示すものであった。

第二次世界大戦終結後、米国は旧植民地を米軍基地として再植民地化し、その一方で日本をはじめとする独立国は、米国の恩寵にあずかる従属国として核の傘への批判を控え、沖縄をはじめとする太平洋諸地域に基地という負担を課すことで冷戦レジーム（体制）を支えてきた。日本政府が戦後補償は処理済みだとする根拠となってきたサンフランシスコ講和条約や二国間条約の法的枠組みの多くが、この冷戦レジームに組み込まれていたのである。

一方、歴史研究が明らかにしているように、アメリカ主導の冷戦の力学は日本の戦争犯罪の多くを不問にし、あるいは隠蔽した。日本軍慰安所制度も長く不問にされてきた侵害行為の一つだった。基地を中心に展開する冷戦レジームが戦時日本の慰安所制度を踏襲する必要があったからだという研究者の見方もある。トランスパシフィック批判から見えてくるのは、アジアと北米との密に絡まりあった「和解と協力」の系譜である。

一方でトランスパシフィック批判が明らかにするのは、リドレスの法的責任を問うことのリスクであると同時に、その無限の可能性である。

法自体は、歴史の正義を保障するものではない。償いを確かなものとするわけでもない。しかし、日本の免責とリドレスの法的不備は、二〇世紀後半の冷戦システムの矛盾そのものに深くかかわってきた。したがって、その具体的な地理歴史状況においてリドレスの法的不備を追及することは、歴史の正義を法や国家に託してしまうという危険をもたらす一方で、それ以上に、冷戦の力学そのものを根底から揺るがし、太平洋を通じて構築されてきたさまざまな関係性をつくりかえる力を備えもっている。「慰安婦」問題を「解決済み」として封じ込める動きに抗うことは、当事者に寄り添うことであるとともに、第二次世界大戦後の支配的なシステムと、それを支えてきた私たちの常識を根底から見直すことでもある。

誰が、何について、誰に対して、どのように償うのか、というリドレスをめぐる問いは、いかに過去に向き合い責任を果たすかという点にとどまらない。それはどのような社会を求め、他者とどのような関係性を築いてゆくかという、「いま・ここ」、そして未来への問いと分かちがたく結びついている。その意味で、「慰安婦」問題を終わらせない力は、ありえたかもしれない過去、そして今とは違った現在から生まれるかもしれない、別の未来への、新しい道を求める力そのものなのだと言えるだろう。

注

＊1　トランスパシフィック批判についてより詳しくは、拙著 *Cold War Ruins: Transpacific Critique of American Justice and Japanese War Crimes* (Duke University Press, 2016) を参照。

II

強まる「加害」の無化

——新たな歴史修正主義に抗する

中国雲南省松山で捕虜となり中国軍人の尋問を受ける「慰安婦」たち。アメリカ国立公文書記録管理局（NARA）が保存する映像史料から発見され2017年に公表された。（提供：ソウル大学・鄭鎮星教授研究チーム）

第6章　破綻しつつも、なお生き延びる「日本軍無実論」

永井　和

はじめに

一九九〇年代初めに、旧日本軍の慰安所制度の犠牲者である元「慰安婦」たちが自ら名乗り出て、日本政府に対して謝罪と補償を求める一連の訴訟を提起した。現在につながる「慰安婦」問題は、このとき登場したと言ってよい。「慰安婦」訴訟はいずれも原告の敗訴に終わったが、九二年から九三年にかけて当時の自民党政権による政府調査が行われた結果、「当時の軍の関与の下に、多数の女性の名誉と尊厳を傷つけた」として、元「慰安婦」に対し謝罪と反省の意を表明した「河野談話」が公表された（一九九三年八月四日）。と同時に、日本政府は、戦後補償問題はすでに解決済みであるとの立場を堅持し、元「慰安婦」の要求する政府補償には応じられないとした。

一九九四年成立の村山内閣は、民間の募金に政府の支援金をあわせて「女性のためのアジア平和国民基金」（以下、「国民基金」）を発足させ、基金から「償い金」を元「慰安婦」に支払うことで、公的な補償に代えようとした。それに対する元「慰安婦」(およびその支援者)の反応は二つに分かれた。日本政府の対応をひとまず評価して、「償い金」を受領したケースと、あくまでも日本政府による公式の謝罪と国家による補償を求めて、受け取りを拒否したケース、とに。つまり、「河野談話」と「国民基金」の「償い事業」は「慰安婦」問題の完全解決にはつながらなかったのである。

他方で、日本国内では「慰安婦」制度に対する日本軍の責任を否認し、元「慰安婦」や支援団体の要求はもとより、「河野談話」に代表される日本政府の措置をも非難する言説、すなわち「日本軍無実論」が声高に唱えられるようになった。「日本軍無実論」は、政治家や言論人、マスメディアの支持のもと、インターネットなどを通じて急速に広がり、日本国内に深く根をおろすに至った。さらに、二度にわたる安倍晋三内閣のもとで、「日本軍無実論」は政権中枢において隠然たる支持を得るようになり、「河野談話」の見直し論が浮上するまでに至った。しかしながら、「河野談話」に示された過去の日本政府の姿勢を評価する国際社会の圧力により、安倍内閣の「河野談話」見直しは中途半端に終わった。その安倍内閣の手によって結ばれたのが、二〇一五年末の日韓「合意」である。本章では、「日本軍無実論」に対する批判を中心にしつつも、日韓「合意」と「日本軍無実論」の関係についても考察したい。

1　「日本軍無実論」

「日本軍無実論」の主張

「日本軍無実論」の主張は次のようにまとめられる。

①慰安所＝戦地公娼施設論

慰安所は軍の要請によってつくられたとしても、基本的には民間の売春施設であり、軍が必要とするサービスを提供したにすぎない。当時は公娼制度が存在しており、売春は公認され、合法であった。慰安所は戦地・占領地に拡張された公娼制度であり、決して違法なものではない。

②軍の「よい関与」論

軍は民間の戦地公娼施設である慰安所の利用者にすぎず、慰安所に対して軍の関与があったとしても、それは戦地という特殊な状況のもとで、公娼制度を維持するために必要な措置だったのであり、当然のことをなしたにすぎない。総じて軍の関与は、日本国内で警察が行っている風俗営業取締りと同等以上のものではなかった。しかも、軍および政府は慰安所業者が違法な行為を行わないように、取り締まっていたのである。

③性奴隷否定論

「慰安婦」は自己の意志によって就業したのであり、その性的労働に対してきちんと対価を得ており、平均すれば高収入であった。決して性奴隷などではない。身売りされた者もいるが、それは合法的な契約によるもので、本人も納得づくである。また悪い業者にだまされて誘拐された者や拉致された者もいたかもしれぬが、それら犯罪行為は民間業者の仕業であり、軍の責任は問えない。

④「強制連行はなかった」論

仮に国や軍が法的責任を負わなければならないとすれば、それは政府や軍中央の命令によって、組織的に「慰安婦」の「強制連行」（官憲や軍隊による組織的な人さらい的連行）を行った場合のみであるが、そのような政策がとられた事実や、実行を命じたことを示す公文書は見つかっていない。

⑤国や軍の責任否定論

よって国や軍に罪はなく、問われるべき法的責任もない。非難されるべきは慰安所を経営していた民間業者である。また、政府や軍中央の命令や許しがないにもかかわらず、人さらい的な「強制連行」を行った軍の下部組織や将兵個人である。

⑥「悪いのは日本だけではない」論

軍隊が売春業を利用するのは、古今東西の歴史につきものである。慰安所をつくったのは日本軍だけではない。他国にも存在し、どこでも同じことをやっていたのだから、日本だけが責められる理由はない。また自国も同じことをやっておりながら、それを棚にあげて他国を非難するのはダブル・スタンダードである。

「慰安婦」問題が登場して以来、日本軍の慰安所制度についての歴史学的な研究は飛躍的に進んだ。それらの成果の多くが、上記のような「日本軍無実論」が誤りであることを示している。その驥尾に付して、私自身も「慰安所＝戦地公娼施設論」（その代表的な主張者は秦郁彦氏である）に対して批判を行い[*1]、慰安所が軍の後方施設であることを軍や警察の史料を用いて実証した。その内容を紹介する前に、一つだけ確認しておきたい。

軍隊と売春業

一般的に軍隊と売春業との関係は、以下のように類型化できる。

類型I：軍隊の構成員が私人として民間の売春業を利用するケース。民間の売春業を規制する風俗警察権は一般の文民警察に属し、軍が直接それを行使することはない。風俗行政の方針として公娼制がとられる場合も、とられない場合もある。

類型II：軍隊の構成員が私人として民間の売春業を利用するが、民間の売春業を規制する風俗警察権の全部または一部を軍が行使するケース。営業の許認可のほか、性病検査を軍が実施する。また、軍隊の構成員に対して使用すべき売春施設を軍が指定し、それ以外の利用を禁止することもある。基本的に公娼制がとられる。日本では日露戦争時の占領地軍政で、その例が見られる。

類型III：軍がその構成員の「福利厚生」のために、軍の組織内に売春施設（性欲処理施設）を設置するケース。この場合、性欲処理施設は軍組織の一部であるから、それに対して行使される軍の権力は、行政的風俗警察権ではなくて、軍事指揮権の一部である軍事警察権に属する。施設の経営は、民間の売春業者に業務委託する場合と、軍が直営する場合とに分かれる。

日本軍の慰安所を類型Iの戦地版である類型IIとみなすのが「戦地公娼施設論」であり、それを類型IIIと見るのが「軍の後方施設論」である。類型Iおよびその戦地版である類型IIと類型IIIでは、国家権力と売春業との関係が大きく異なる。「戦地公娼施設論」はそのことを理解しないか、そうでなければ、わざと曖昧にしているのである。類型Iで公娼制度がとられる場合、確かに売春業は合法的なものとして社会的に是認されている。しかし、売春が合法だからといって類型IIIも同様に社会的に是認されるかと言えば、そんなことはない。

現在の日本では売春防止法により売春は禁止されている。しかし風俗営業法によって、ある種の性風俗営業が合法的なものとして容認されている。風俗営業の取締りを行う地方自治体の職員が私人としてそれらを利用したとしても、道徳的には非難されるかもしれないが、公的責任を問われたりすることはない。しかし、その地方自治体が、職員の「福利厚生」のため、性風俗営業の業者と特約を結んで、職員向け保養施設に指定し、利用させたとすればどうなるだろうか。そんなことを是認する有権者が多数を占めるとはとても思えない。そのような措置を容認した地方自治体の長は、その責任を政治的・社会的に厳しく追及されるであろう。

慰安所を文科省の建物内に設けられた職員食堂と同じだとする説が唱えられたが、文科省の建物内に、たとえ風俗営業法で認められた合法的なものであっても、職員向けの「福利厚生」施設として風俗営業施設が設けられたとしたら、それだけで文科大臣の首は飛ぶであろう。公的機関にはやってはいけないことがあるからである。類型Ⅰ・ⅡとⅢとの間には大きな違いがあり、その違いをわれわれは直観的に認知している。

2　軍慰安所は軍の後方施設

「皇軍慰安所酌婦三千人募集」

日本軍が大々的に軍慰安所を設置しはじめるのは、日中戦争中の一九三七年末のことであった。旧内務省警保局の警察史料から、中支那方面軍が軍慰安所を設置し、そこで働く女性を募集した経緯を知ることができる。[*2] そのなかに含まれる、在上海日本総領事館警察署長より長崎水上警察署長宛「皇軍将兵慰安婦女渡来ニツキ便宜供与方依頼ノ件」（一九三七年一二月二一日付）なる文書の写しによれば、中支那方面軍において「将兵ノ慰安方ニ付関係諸機関ニ於テ考究中ノ処、（中略）施設ノ一端トシテ前線各地ニ軍慰安所（事実上ノ貸座敷）ヲ（中略）設置スルコトトナリ」、その開設に向けて陸軍特務機関と憲兵隊および日本総領事館の間で任務分担が定められたこと、さらに軍の指示を受けて「稼業婦女（酌婦）」を募集するため日本内地と朝鮮に要員が派遣されたことがわかる。

彼らは上海総領事館発行の身分証明書と同館が定めた「臨時酌婦営業許可願」「承諾書」「酌婦稼業者ニ対スル調査書」などのひな形を携えて内地に戻ると、知り合いの売春業者や女衒《ぜげん》に「皇軍慰安所酌婦三千人募集」への協力を求めた。北関東から南東北では、「今回支那事変ニ出征シタル将兵慰安トシテ在上海陸軍特務機関ノ依頼ナリ」と唱えて、神戸の売春業者が「約三千名ノ酌婦ヲ募集シテ送ルコトトナツタ」「該酌婦ハ年令十六才ヨリ三十才迄、前借ハ五百円ヨリ千円迄、稼業年限二ヶ年、之ガ紹介手数料前借金ノ一割ヲ軍部ニ於テ支給スルモノナリ」と同業者や女衒にふれてまわり、募集活動を行った。*3勧誘にあたってこの業者が提示した一件書類の写しから、この契約が、前借金で拘束して二年間売春に従事させる、典型的な「身売り」であったことがわかる。就業地が日本国外であり、「廃業の自由」の保証が明確でないことから、このような契約は、当時の刑法第二二六条第二項の「帝国外ニ移送スル目的ヲ以テ人ヲ売買」する犯罪に該当するおそれがあった。

これらの募集活動を察知した地方警察にとり、軍内に将兵向けの性欲処理施設がつくられ、軍がそこで働く女性を募集するなどという話はにわかに信じられないことであった。山形、群馬、茨城、高知県の各警察は「軍部ノ方針トシテハ俄《にわ》カニ信ジ難キノミナラス」「一般婦女身売防止ノ精神ニモ反スルモノ」「銃後ノ一般民心殊《こと》ニ応召家庭ヲ守ル婦女子ノ精神上ニ及ホス悪影響尠《すくな》カラス」と内務大臣宛の報告書で語り、「公序良俗ニ反スルカ如キ事案ヲ公々然ト吹聴スルカ如キハ皇軍ノ威信ヲ失墜スルモ甚シキモノ」と断じた。

一部の県では募集活動を厳しく取り締まることとし、「軍ノ威信ニ関スル言辞ヲ弄《ろう》スル募集者ニ就テハ絶対之ヲ禁止シ、又醜業ニ従事スルノ目的ヲ以テ渡航セントスルモノニ対シテハ身許証明書ヲ発給セザルコト」との指令を下した。犯罪を防止するため警察としては当然の措置といえよう。しかし、これでは「慰安婦」を戦地に送れなくなってしまうから、軍の慰安所計画は絵に描いた餅となりかねない。

内務省の容認と隠蔽

憂慮した内務省は、軍の計画を支援するために、売春目的の中国向け渡航を容認するよう各府県の警察に通達し、満二一歳以上ですでに娼妓稼業を営む者で、性病に罹患していないとの条件を満たす場合には、本人および親族の承諾があることを確認し、婦女売買や略取誘拐などの事実がないよう留意したうえで、渡航を認めるよう指示した。同時に、軍の威信を保持し、出征兵士の留守家族の動揺を防止するため、募集にあたっては軍との関係を公然と流布させないように指導するよう命じた。[*4] つまり内務省は、一方において「慰安婦」の募集と渡航を容認しながら、軍との関係については隠蔽するよう、業者に義務づけたのである。

「野戦酒保規程」

中支那方面軍が「将兵ノ慰安」のために設置した軍慰安所は、陸軍の制度から言えば、野戦酒保に付属する「慰安施設」と位置づけられる。これより先、一九三七年九月二九日に陸軍大臣が「野戦酒保規程」を改正した。[*5] 野戦酒保とは、戦地または事変地において軍人軍属およびその他従軍者に日用品や飲食物などを販売する物品販売所であるが、このときの規程改定で、野戦酒保に「必要ナル慰安施設ヲナスコトヲ得」との条項が追加された。つまり、たんに物品を販売することができるだけでなく、軍人軍属等のために「慰安施設」を付属させることが認められたのである。

酒保は軍隊内務書にも規定されているれっきとした軍の福利厚生施設であり、野戦酒保も陸軍大臣が定めた軍制令規（陸達）に規定された軍の施設である。それに付設された「慰安施設」も軍の福利厚生施設にほかならない。規程には、ただ「慰安施設」とあるだけで、軍慰安所のような性欲処理施設に特定されているわけではないが、中支那方面軍が軍慰安所の設置を定めたとき、それが「慰安施設」とみなされていたことが、中支那方面軍隷下の上海派遣軍司令部の幹部の日記から明らかとなる。

上海派遣軍参謀長飯沼守少将は、その陣中日記に「慰安施設の件方面軍より書類来り、実施を取計ふ」（一九三七年一二月一一日）、「迅速に女郎屋を設ける件に就き長中佐に依頼す」（同年一二月一九日）と記しており、[*6] 参謀副長上村利通陸軍大佐も「南京慰安所の開設に就て第二課案を審議す」（同年一二月二八日）と書いている。[*7] つまり、このとき上海派遣軍に設置された「慰安施設」は「女郎屋」であり、「南京慰安所」と呼ばれたのだった。飯沼日記の「慰安施設」が「改正野戦酒保規程」の「慰安施設」をさすのは間違いないから、上海派遣軍の「南京慰安所」は「改正野戦酒保規程」にもとづいて設置された

「慰安施設」だったと結論できる。

なお、「改正野戦酒保規程」の第六条によれば、野戦酒保の経営を酒保請負人に請け負わせることができた。これを応用すれば、軍慰安所の経営を民間の売春業者に委託することができたわけだが、逆に言えば、軍慰安所を経営していた民間の売春業者は軍の「請負商人」であったことになる。

「慰安所ノ設置」は兵站業務

慰安所業務が兵站業務の一つに位置づけられていたことを示す史料も存在する。陸軍経理学校教官が経理将校教育のために執筆した教材において、[*8]「慰安所ノ設置」が「酒保ノ開設」とならんで経理将校が行うべき「作戦給養業務」の一つとされているのがそれである。同じころ陸軍経理学校で教育を受けた鹿内隆（元産経新聞社主）は、「そのときに調弁する女の耐久度とか消耗度、それにどこの女がいいとか悪いとか、それからムシロをくぐってから出て来るまでの〝持ち時間〟が、将校は何分、下士官は何分……といったこと」を記した経理将校向けのマニュアルが存在していたと証言している。[*9]

同時代史料や戦後の回想などから明らかになるのは、日本軍が慰安所を設置し、管理・経営し、指導監督下においていたという事実である。軍慰安所は、軍事上の必要から、所属将兵の性欲処理のために設置された将兵向けの「慰安施設」（福利厚生施設）であり、軍の編成の一部となっていた。慰安所が軍の施設であるかぎり、そこでなされた「慰安婦」に対する強制や虐待の最終的な責任は軍に帰属することになる。それは何人も否定できない理屈であろう。

3　軍慰安所と「性奴隷制」「強制連行」

人身売買と軍慰安所

二〇一五年四月の訪米の折に、安倍首相は「人身売買の犠牲となって筆舌に尽くしがたい思いをした方々のことを思うと、今も私は胸が痛い」と発言し[*10]、「慰安婦」が「人身売買の犠牲者」であることを認めた。「日本軍無実論者」も同様であって、秦郁彦氏も「慰安婦」の大多数は「前借金の名目で親に売られた娘だったかと思われる」としている[*11]。しかも「戦地公娼施設論」に立つ秦氏自身が、当時の公娼制度について「まさに『前借金の名の下に人身売買、奴隷制度、外出の自由、廃業の自由すらない二〇世紀最大の人道問題』（廓清会の内相あて陳情書）にちがいなかった」と述べている[*12]。

公娼制度に対しては、すでに戦前において「人身売買ニ依ル奴隷制度ニシテ人道ニ反ス」という批判が寄せられていた。それに対して内務省は、前借金により身体の自由を拘束するような契約は、そもそも民法第九〇条により法的に無効であり、また娼妓取締規則によって娼妓登録時の本人の意思確認や廃業の自由の法的保障がなされているとして、公娼制度は奴隷制度ではないと反論していた[*13]。

ところが、軍慰安所についてはそのような逃げ口上すら主張できる余地がなかった。慰安所の設置者であり、管理者である軍は、内務省の定めた娼妓取締規則程度の「慰安婦」保護規則すら作成しなかった。しかも、「慰安婦」の調達にあたって、「公序良俗に反する」民法上無効な「身売り」契約で女性が集められるのを軍は黙認していた。戦前の内務省の論理に従っても、軍慰安所は「人身売買ニ依ル奴隷制度」と非難されても、弁解しようのない制度だったことになる。軍は人身売買に加担しており、その勧進元とも言うべき存在であった。軍が前借金や仲介手数料の資金を業者に融通していたふしさえ見られる。[*14] 軍は人身売買から大きな利益を得ていた。もっとも、その利益は金銭的なものではなかった。

帝国外移送目的拐取罪の不処罰

さらに、「慰安婦」の募集にあたり、「いい仕事がある」とだまして、国外の慰安所に連れ出して働かせる就業詐欺や誘拐が頻繁に行われていた。つまり、軍慰安所は犯罪行為（帝国外移送目的拐取罪）によって支えられていた。就業詐欺や誘拐が行われていたことは「日本軍無実論者」も認めている。たとえば、秦氏はその著書において「私が信頼性が高いと判断してえらんだ」九つの証言・回想を引いているが、そのうちの六つが就業詐欺や誘拐によって「慰安婦」とさせられた例である。[*15]

問われるべきは、そのようにして集められた「慰安婦」に対して軍がどのような対応をとったのかであるはずだが、不思議なことに秦氏はそれをまったく問題にしない。六例の一つである華南に派遣された憲兵隊の元憲兵曹長（鈴木卓四郎）の回想を例に検討してみよう。この元憲兵は、一九四〇年夏に南寧附近にあった「陸軍慰安所北江郷」という名の慰安所を毎日巡察していた。その経営者は黄という朝鮮人で、十数人の若い朝鮮人「慰安婦」を抱えていた。朝鮮を出るときの契約では、陸軍直轄の喫茶店、食堂に勤めるとの話だったが、実際に来てみるとそうではなかった。若い女性に売春を強いることに経営者の黄も深く責任を感じているようだったと、元憲兵は記している。[*16]

一九三八年制定の「作戦要務令」第三部第七編第二八〇条によれば、野戦部隊の憲兵の任務に「酒保及用達人等軍従属者の監視」がある。[*17] 軍慰安所は野戦酒保付属の「慰安施設」だから、それを監視するのは憲兵の務めである。だから、毎日巡察していたのである。さらに第二八三条によれば、「軍人、軍属及軍従属者の非違及反則の取締」も憲兵の任務とされている。両条に現れる「軍従属者」とは「部隊に随従し部隊の長の監督下にある者例えは従軍記者、酒保商人等」を指す。[*18] 軍慰安所は野戦酒保付属の「慰安施設」だから、その受託経営者は「酒保商人」と同等と見てよい。よってその「非違及反則の取締」も憲兵の任務である。

先の回想を残した元憲兵は、軍慰安所を監視し、犯罪を取り締まる立場にあった。しかし、被害者の女性を解放して帰国させたり、犯罪を摘発したりはしていない。そのまま放置しているのである。憲兵として当然なすべきことを行っていないにもかかわらず、とくに後ろめたい気持ちを抱くこともない。慰安所が戦地の軍に不可欠な施設だったために、たとえ違法な方法で「慰安婦」が集められていても、やむをえないと黙認する体制が軍の内部にできあがっていたのであり、[*19] そのためこのような事態になったのだと思われる。

しかしながら、ここでより問題にすべきなのは、秦氏が「日本軍無実論」特有の視野狭窄を示している点であろう。秦氏は、信頼できる証言としてこの元憲兵の回想を選択したのだから、この回想に記されているようなことが実際に起こったのだと、考えているわけである。つまり、慰安所が犯罪行為によって支えられていたことを事実としては認めているわけである。にもかかわらず、憲兵が犯罪行為を放置し、就業詐欺の被害者の救済もしないという異様な事態を、まったく問題にしない。考えれば、じつにおかしなことである。なぜ、そのようなことになるかと言えば、秦氏がこの回想を信頼できるとして採用した理由が、もっぱら「官憲による組織的な『強制連行』はなかった」ことを裏づけるためだったからである。

「戦地公娼施設論」および「強制連行はなかった」論に立つ秦氏は、日本軍が法的責任を問われるのは、「官憲による組織的な『強制連行』」が行われた場合のみであるとの枠組みから「慰安婦」問題に接近してきた。この枠組みからすれば、元憲兵の回想に見られるような就業詐欺のケースは、最初から軍の責任が解除されたものとして見えてしまう（「悪いのは民間の業者であり、軍に責任はない」）。その結果として、軍が刑法第二二六条や二二七条の犯罪を放置し、それに加担していたことがまったく見えなくなり、問題にできないのである。

軍中央が拉致・誘拐を命じたり、それを容認するような指示を出していなかったとしても、軍から軍慰安所の経営を委託された民間業者や女性の調達を依頼された募集業者が詐欺、誘拐によって女性を慰安所に連れてきて働かせ、しかも慰安所の設置者であり、管理者である軍がそれを摘発せずに、事情を知っても、なおそのまま働かせた場合には、日本軍が「強制連行」を行ったと言われても、抗弁のしようがない。そのような犯罪の被害者である女性が、自分は日本軍によって「強制連行」されたと感じても、少しも不思議はない。

軍慰安所制度と「人さらい的強制連行」

中国や東南アジアの占領地では、一部の部隊による組織的な拉致・誘拐、すなわち文字通りの「人さらい的強制連行」が起きたことが、戦犯裁判の記録などで明らかになっている。このことと、慰安所が日本軍の編成に深く組み込まれていたこととは無関係ではない。

日中戦争開始後、軍慰安所は戦地の軍隊にとり必要不可欠な後方組織とされ、軍の編成に深く組み込まれるようになった。日本軍の兵士に対する福利厚生はいたって貧困であったが、そのなかで目玉になる施設が軍慰安所であった。一度そういう制度ができあがってしまうと、慰安所のない部隊は、明らかに福利厚生面で他の部隊に比べて悪い待遇を受けていることになり、兵士が不満をもつことになる。自分たちのところにも慰安所があって当然だ、と。また、指揮官も兵士の不満をなだめるために、慰安所の設置を考えざるをえない。海軍の設営隊での中曽根康弘主計中尉がそうであったように。[*20]

慰安所を軍の後方組織の一部に組み込んだ以上、軍の指導部としては、慰安所で働く女性の供給に意を払わねばならないが、末端の部隊まで手がまわらないことも多々あったと思われる。そうすると、末端の部隊は、自分たちのための慰安所を自力でつくろうとして、女性を「現地徴発」つまり「人さらい的強制連行」や「威しによる売春強要」をすることになる。このように考えれば、末端部隊による「人さらい的強制連行」も、日本軍の慰安所制度が生み出したものと言わざるをえない。なお、「日本軍無実論」はこのような末端部隊の行った「人さらい的強制連行」を軍は容認せず、取り締まっていたと言うが、政府調査の報告書に見られる憲兵の報告や軍法会議の要録からは、そのような軍規違反の犯罪行為が処罰された記録は見出せない。処罰の記録として残っているのは、戦後連合国が行った戦争犯罪裁判のものだけである。

「日本軍無実論」は、慰安所制度が事実上の人身売買によって支えられていた管理売春制度であったこと、就業詐欺や誘拐などの犯罪によって支えられていたこと、末端部隊では「人さらい的強制連行」

で女性を集めたことなどを、事実問題としてはすべて認めている。しかし、「戦地公娼施設論」および「強制連行はなかった」論にもとづいて、それらは民間の業者の犯罪、末端部隊の軍規違反にすぎず、軍中央の命令によるものではないとして、日本軍の責任を否認するのである。しかし、慰安所が軍の編成に組み込まれた後方施設であったとすれば、そのような論理は維持できない。

4　「日本軍無実論」と日韓「合意」

二〇一五年末に成立した日韓「合意」は、かつて日本政府が実施した解決策（「河野談話」と「国民基金」の「償い事業」）の延長線上にあり、それを補完するものと言える。その意味では、「国民基金」の「償い金」の受け取りを拒否した元「慰安婦」たちの主張と批判に応えうるものとは言えない。これで解決できるのであれば、十数年前に解決していたはずである。

もっとも、今回の合意には一九九〇年代にはなかった新しい要素が含まれている。それは韓国政府のコミットメントである。韓国政府は提示された日本側の解決策を受け入れ、それを元「慰安婦」に受け入れてもらうよう説得する義務を負った。日本政府からすると、反対派を説得する役割を韓国政府に引き受けさせることに成功したことになる。もともと「河野談話」に対して否定的であった安倍政権が、軍の関与と政府の責任を認め、謝罪と反省の意を明確に示したのは、それと引き替えに韓国政府から上記のような約束をとりつけるためであったと考えられる。日韓「合意」は、「慰安婦」問題解決の責任を韓国政府に肩代わりさせ、日本に対する批判を押さえる役割を担わせるのをねらった、巧妙な外交的措置と言えるのである。その側面を象徴しているのが「少女像」撤去要求にほかならない。

だとすれば、「日本軍無実論」にとって、日韓「合意」の成立は、その敗北や後退を意味するものではないことになる。「日本軍無実論」は「河野談話」を激しく非難してきたが、一部の強硬論者を除けば、彼らの批判の焦点は「河野談話」が「強制連行を認める文言」を含んでいるという点にあった。大多数の「日本軍無実論」者は、「強制連行を認めた」として「河野談話」を非難する一方で、「河野談話」と「国民基金」で謝罪と補償は済んでおり、「慰安婦」問題はすでに解決済みであるとの立場をとってきた。「慰安婦」問題が長引いた責任は、日本側の解決策を拒否してきた韓国の反対派とそれに同情的な韓国政府にあるというのである。日韓「合意」が、日本政府が一〇億円拠出する代わりに、「慰安婦」問題解決の責任を韓国政府に肩代わりさせ、反対派の押さえ込みを韓国政府に期待するという取引だったとするならば、「日本軍無実論」にとっても、それは大いに歓迎すべきものと言えるであろう。

しかも安倍内閣は、日韓「合意」成立後の二〇一六年二月に、国連の女性差別撤廃委員会において「日本政府が発見した資料の中には、軍や官憲によるいわゆる『強制連行』を確認できるものはなかった」「『20万人』という数字も、具体的裏付けがない数字である」「『性奴隷』といった表現は事実に反する」と公式に表明し[*21]、日韓「合意」と「日本軍無実論」が両立するものであることを示した。すなわち、安倍政権から見れば、日韓「合意」は「河野談話」を「日本軍無実論」の線にそって解釈し直したものと言えるのである。

日韓「合意」を成立させた、当時の韓国政府の意図について論じる能力を私はもたないが、朴裕河《パクユハ》氏の『帝国の慰安婦』は、日韓「合意」を成立させた理論的背景と思われる認識を象徴的に示しているように見える。毀誉褒貶の激しい同書であるが、女性をだまして連れてきた朝鮮人の民間業者に「法的責任」はあるが、「慰安婦」の需要を生み出した日本という国家の行為には、それを批判できても、その「法的責任」を問うのは難しいと論じている点で[*22]、「日本軍無実論」ときわめて親和的であると言わざるをえない。

〔注〕

＊1　永井和「日中戦争と陸軍慰安所」『日中戦争から世界戦争へ』思文閣出版、二〇〇七年、永井和「日本軍の慰安所政策について」「戦争と女性への暴力」リサーチ・アクションセンター編／西野瑠美子・小野沢あかね責任編集『日本人「慰安婦」──愛国心と人身売買と』現代書館、二〇一五年。なお、秦郁彦氏の議論は秦郁彦『慰安婦と戦場の性』（新潮社、一九九九年）を参照されたい。

＊2　内務省警保局「支那渡航婦女ノ取扱ニ関スル件」「内務大臣決裁書類・昭和一三年（上）」国立公文書館所蔵。アジア歴史資料センターのレファレンスコードA05032040800。また、女性のためのアジア平和国民基金編『政府調査「従軍慰安婦」関係資料集成　第1巻』（龍溪書舎、一九九七年）にも収録され、同基金の作成した「デジタル記念館慰安婦問題とアジア女性基金」の「文書庫」においてオンラインでも見ることができる。

＊3　「十六才ヨリ」の年齢条件は婦女売買禁止の国際条約はもちろん、当時の日本国内の公娼規則にも違犯している。

＊4　警保局長通達「支那渡航婦女ノ取扱ニ関スル件」（一九三八年二月二三日付）吉見義明編『従軍慰安婦資料集』大月書店、一九九二年、一〇二－一〇四頁。

＊5　「野戦酒保規程改正ニ関スル件」「大日記甲輯」昭和一二年、防衛省防衛研究所所蔵、アジア歴史資料センターレファレンスコードC01001469500。なお、改正野戦酒保規程は九月二九日付で陸達第四八号

として陸軍部内に令達された。
＊6　「飯沼守日記」南京戦史編集委員会編纂『南京戦史資料集Ⅰ』偕行社、一九八九年、一五三、一六二頁。
＊7　「上村利道日記」南京戦史編集委員会編纂『南京戦史資料集Ⅱ』偕行社、一九九三年、三七一頁。
＊8　清水一郎陸軍主計少佐編『初級作戦給養百題』陸軍主計団記事発行部、一九四一年、一四、三七一頁。
＊9　櫻田武・鹿内信隆『いま明かす戦後秘史　上巻』サンケイ出版、一九八三年、四〇－四一頁。
＊10　『朝日新聞』二〇一五年四月二八日付。
＊11　前掲、秦『慰安婦と戦場の性』三八六頁。
＊12　同前、三七－三八頁。
＊13　内務省警保局「公娼制度ニ関スル件」『種村氏警察参考資料　第三集』国立公文書館所蔵。アジア歴史資料センターレファレンスコードA05020103300。
＊14　中支那方面軍の依頼で慰安所従業婦の募集に従事していた女衒は、知り合いの紹介業者に、紹介手数料として前借金の一割を軍部が支給すると触れてまわっていた(本書一一八頁)。ことの真偽は確かめようがないが、中支那方面軍の計画では、三〇〇〇人の「慰安婦」を募集することになっていた。必要な資金は前借金だけでも巨額になる。一人平均五〇〇円程度としても、一五〇万円にのぼる。売春業がいかに儲かるものだとしても、短期間にこれだけの金額を調達するのは容易ではない。何らかのかたちで軍からの支援なり、融通があったのではないかと思われる。また少しあと(一九四二年)の話だが、内地で芸妓をしていた山内馨子と鈴本文は、それぞれ四〇〇〇円と二三〇〇円の借金を、軍に肩代わりしてもらって、トラック島の慰安所に志願したという(小野沢あかね「日本人『慰安婦』の徴集と近代公娼制度」前掲『日本人「慰安婦」——愛国心と人身売買と』二五頁。広田和子『証言記録　従軍慰安婦・看護婦——戦場に生きた女の慟哭』新人物往来社、一九七五年、一八、四二頁)。
＊15　前掲、秦『慰安婦と戦場の性』三八二－三八六頁。
＊16　同前、三八三頁。回想の原著は鈴木卓四郎『憲兵下士官』新人物往来社、一九七四年、九一－九三頁。
＊17　『作戦要務令　第三部』尚兵館、一九四〇年、一二九、一三〇頁。

＊18　日高巳雄『陸軍軍法会議法講義』良栄堂、一九三四年、二九頁。

＊19　当時南寧を占領していた第二二軍が慰安所を必要不可欠の施設とみなしていたことは、第二二軍隷下の第五師団長今村均の回想録からもわかる（今村均『今村均回顧録』芙蓉書房、一九八〇年、三二六－三二七頁）。

＊20　松浦敬紀編『終わりなき海軍』文化放送開発センター、一九七八年、九八頁。

＊21　「女子差別撤廃条約第7回及び第8回報告審査の質疑応答における杉山外務審議官の発言概要」（http://www.mofa.go.jp/mofaj/gaiko/josi/）。

＊22　朴裕河『帝国の慰安婦——植民地支配と記憶の闘い』朝日新聞出版、二〇一四年、四六頁。同書と「日本軍無実論」の親和性については、鄭栄桓『忘却のための「和解」——『帝国の慰安婦』と日本の責任』（世織書房、二〇一六年）を参照のこと。

（初出：「『慰安婦』問題　破綻した『日本軍無実論』」『世界』二〇一五年九月号。掲載にあたって一部改稿した。）

第7章　『帝国の慰安婦』と消去される加害責任
——日本の知識人・メディアの言説構造を中心に

金《キム》富《プ》子《ジャ》

はじめに

二〇一五年一一月一九日にソウル東部検察庁が『帝国の慰安婦』の著者・朴裕河《パクユハ》を、ナヌムの家在住の「慰安婦」被害女性九人の告訴にもとづき、名誉毀損の容疑で在宅起訴（刑事）[*1]したことをきっかけに、同書をどう見るのか、刑事起訴をどう考えるのかに関して、同年末から二〇一六年前半にかけて日韓の知識人やメディアの間で緊迫した論争に発展した。

まず、二〇一五年一一月二六日に日米学者ら五四名が「朴裕河氏の起訴に対する抗議声明」（以下、「五四人声明」）を、一二月二日に韓国の知識人一九四名が「〈帝国の慰安婦〉の刑事起訴に対する知識人声明」を出した。「五四人声明」の若宮啓文・上野千鶴子らは記者会見を開き、メディアでも取り上げられた。同声明は、刑事起訴は言論や学問の自由への侵害だと批判する一方で、同書は「多様性を示すことで事態の複雑さと背景の奥行きをとらえ」た（傍点引用者、以下同じ）と高く評価したが、「元慰安婦の方々の名誉が傷ついたとは思えず」の一文は波紋を呼んだ。韓国の一九四人声明も、学問と表現の自由に対する抑圧への憂慮を示した。

これに対し、同年一二月九日に韓国内外（日本含む）の研究者・活動家三八〇名が声明「〈帝国の慰安婦〉事態に対する立場」を表明した。日韓三八〇人声明は、刑事責任を問うのは適切ではないが、被害女性の訴えにより検察の起訴がなされた点を考慮すべきであり、問題の本質が被害女性への人権侵害ではなく学問と表現の自由へと焦点が移ったことを憂慮し、同書を「充分な学問的裏付けのない叙述によって被害者たちに苦痛を与える本」と批判した。この声明の中心となり、日韓「合意」を批判した金昌禄《キムチャンロク》などは、韓国で翌一六年一月に日本軍「慰安婦」研究会を立ち上げた（本書、第3章参照）。

これらの声明は日韓のいわゆるリベラル系知識人が中心だった点、刑事起訴は適切でないと批判した点で共通しつつも、同書への評価は真逆だった。留意したいのは韓国＝批判派vs日本＝賛同派という単純な図式ではないことだ。朴を支持する韓国知識人一九四人声明はそれを示している。しかし、同書の擁護派が日本の知識人やメディアに多いのも確かだ。

以上の経緯のうえで、第三者とする外村大の呼びかけによって、二〇一六年三月二八日、「『慰安婦問題』にどう向き合うか――朴裕河氏の論著とその評価を素材に」と題する研究集会が開かれた（以下、「3・28研究集会」）。3・28研究集会では「『慰安婦』問題について議論の深まりをもたらす」「朴裕河氏の論著について異なる見解を持つ論者たちが、意見を表明した上で対話する」（呼びかけ文）ことを目的に、研究者や活動家、市民、ジャーナリストら約一五〇名が約五時間半にわたり意見を交換した。筆者はここに実行委員・発言者としてかかわった。

筆者は、朴裕河の前著『和解のために』や『帝国の慰安婦』を批判し[*2]、さらに後者に対しては鄭栄桓や韓国の知識人による全面的批判も出版された[*3]ので、批判は繰り返さない。『帝国の慰安婦』と名誉毀損裁判（刑事・民事。以下、裁判）への評価には日韓の知識人の知的・思想的状況が反映されていると考え、本稿では日本のメディアの裁判報道のあり方、「3・28研究集会」で同書を絶賛した日本人知識人の言説構造を考察したい。

1　『帝国の慰安婦』名誉毀損裁判と日本の報道

日本では、同書の日本語版出版後すぐに、作家の高橋源一郎が、『朝日新聞』紙上で「不動の恒星」と絶賛したのをはじめリベラルとされる知識人が高く評価し、第二七回アジア・太平洋賞特別賞、第一五回石橋湛山記念早稲田ジャーナリズム大賞を受賞した。前者は毎日新聞社が主催である。強調したいのは、知識人だけでなく、『朝日新聞』『毎日新聞』などマスメディア自身が、『帝国の慰安婦』称賛・擁護の当事者であり、主体だったことだ。二点指摘したい。

第一に、日本のメディアは朴裕河の主張を取り上げる一方、名誉毀損で訴えた被害女性九人の声を無視した。それどころか、メディアは組織的に朴の主張を応援していると言っても過言ではない。その理由は、裁判が「言論の自由」にかかわるからだが、それだけではない。裁判がなくても、メディアは朴の主張を高く評価してきたからだ。

朴裕河が日本で注目されたきっかけは、『朝日新聞』が前著『和解のために』に大佛次郎論壇賞（二〇〇七年）を与えたことだった。同賞の選考委員としてこの受賞を後押ししたのが、『朝日新聞』論説主幹の若宮啓文だった（先述の五四人声明でも中心的役割を果たした）。しかも被害女性が名誉毀損裁判を起こしたなか、『帝国の慰安婦』日本語版が二〇一四年一一月に朝日新聞出版から出版されたのである。その後の『朝日新聞』の朴への応援ぶりは、尋常ではない。

表1は、二〇一五年一一月一九日の『帝国の慰安婦』刑事起訴から、判決が下った二〇一七年一月末日まで、『朝日新聞』が取り上げた裁判関連の記事（民事も含む）を整理したものである。

裁判を取り上げた記事は、紙面・デジタル版合わせて一四か月で三五本だった（重複含む）。そのうち朴裕河本人のコメント（インタビューや記者会見）を含む記事は、一二本（3、4、6、10、12、13、24、25、29、30、31、32）である。刑事起訴直後の朴本人へのインタビューは、紙面・デジタル四本（3、4、6、10。四四一〇字）であった。これに対して、原告の声は（14）の民事裁判結審の記事で「元慰安婦の一人も出廷し、『日本人や日本の学者の言葉だけを聞いている。私たちが幼いときに受けた苦痛を知っているのか』と批判した」（六三字）の一文だけである。報道量では朴の圧勝であり、原告の声はほとんど伝えられていない。

先述の日米「五四人声明」も、記者会見の写真入りで声明文全文が報道された（7）。社説二本（5、34）、社説余滴（箱田＝9、22、23）、特派員レポート（8、15）は「五四人声明」と同じ論調だ。知識人へのインタビューでも同様である（21。「五四人声明」賛同者）。「多様性」を描いたと同書を擁護し「学問・言論の自由」を封圧したと裁判を批判する点で論調が共通するのは、「五四人声明」の中心人物である若宮の存在が大きい。若宮を引き継ぎ朝鮮半島に関する論調を主導するのが、箱田哲也国際社説担当なの

(17)	◇2016年1月14日	朴教授に慰謝料命令　ソウルの地裁「帝国の慰安婦」訴訟　592字　＊民事裁判判決
(18)	◆2016年1月20日	「帝国の慰安婦」朴教授が無罪　主張ソウル地裁で初公判　768字（ソウル＝東岡徹）
(19)	◇2016年1月20日	朴教授，無罪を主張「帝国の慰安婦」名誉毀損初公判　565字
(20)	◇2016年1月21日	「著作，慰安婦問題解決のため」国民参加の裁判申請　朴教授初公判　864字
(21)	◇2016年2月16日	（インタビュー）慰安婦問題の明日　京都大学教授・小倉紀蔵さん（箱田哲也）　3662字
(22)	◇2016年5月13日	（社説余滴）日韓で壮絶に闘った言論人　（箱田哲也）　942字
(23)	◇2016年7月8日	（社説余滴）自由な空間で冷静な議論を　（箱田哲也）　918字
(24)	◇2016年7月12日	国民参与裁判，取り下げ検討　「帝国の慰安婦」著者の教授
(25)	◇2016年7月20日	朴裕河教授が申請取り下げ　「帝国の慰安婦」訴訟　206字
(26)	◆2016年8月30日	「帝国の慰安婦」朴教授の公判　検察「名誉を傷つけた」（ソウル＝牧野愛博）　399字
(27)	◇2016年8月30日	「帝国の慰安婦」公判　183字
(28)	◇2016年8月31日	名誉毀損の有無，著者と検察対立　「帝国の慰安婦」公判　392字
(29)	◆2016年12月20日	韓国検察，「帝国の慰安婦」著者に懲役3年求刑（ソウル＝東岡徹）　1113字
(30)	◇2016年12月21日	「帝国の慰安婦」懲役3年求刑　韓国検察，名誉毀損で著者・朴教授に（ソウル＝東岡徹）　737字
(31)	◆2017年1月25日	「帝国の慰安婦」朴教授に無罪判決　ソウル東部地裁（ソウル＝東岡徹）　1244字
(32)	◇2017年1月26日	「帝国の慰安婦」著者に無罪判決　ソウルの地裁，名誉毀損認めず（ソウル＝東岡徹）　874字
(33)	◆2017年1月27日	「帝国の慰安婦」訴訟，韓国検察が控訴　無罪判決に不服　166字
(34)	◇2017年1月27日	（社説）朴教授の判決　学問の自由侵した訴追　951字
(35)	◇2017年1月27日	「帝国の慰安婦」無罪判決で控訴　韓国検察　166字

注）◇は紙面，◆はデジタル版に掲載されたもの。波線は朴氏のインタビューを含む記事。

出所）岡本有佳「〈表〉『帝国の慰安婦』裁判朝日新聞報道（2015.11～2016.2）」（2016年4月7日，韓国の中央大学で開かれた日韓共同シンポジウム「日本軍『慰安婦』問題・Fight for Justice」発表）の了承を得て，筆者が2017年1月末日までの報道を加筆し作成。

表1　『帝国の慰安婦』刑事起訴以降の名誉毀損裁判（刑事・民事）関連の朝日新聞報（2015.11〜2017.1）

(1)	◆2015年11月19日	韓国検察,「帝国の慰安婦」著者を在宅起訴　名誉毀損罪　463字（ソウル＝牧野愛博）
(2)	◇2015年11月19日	「帝国の慰安婦」著者・朴教授，名誉毀損の罪で在宅起訴韓国検察　463字（ソウル＝牧野愛博）
(3)	◆2015年11月20日	在宅起訴された慰安婦本著者「考え受け入れられず残念」1196字（ソウル＝牧野愛博）
(4)	◇2015年11月20日	「考えが受け入れられず残念」在宅起訴された「帝国の慰安婦」著者　736字（ソウル＝牧野愛博）
(5)	◇2015年11月21日	（社説）歴史観の訴追　韓国の自由の危機だ　984字
(6)	◆2015年11月27日	「帝国の慰安婦」著者に聞く「史料に基づき解釈した」（ソウル＝牧野愛博）　1808字
(7)	◆2015年11月27日	日米の学者ら抗議声明「帝国の慰安婦」著者の在宅起訴（編集委員・北野隆一）　2754字＊「朴裕河氏の起訴に対する抗議声明」全文掲載
(8)	◇2015年11月27日	民主化の理想，道半ば金泳三元韓国大統領の告別式に7千人　2392字（ソウル＝牧野愛博）
(9)	◇2015年11月27日	（社説余滴）韓国覆う窮屈さと不自由さ（箱田哲也）947字
(10)	◇2015年11月27日	「帝国の慰安婦」史料に基づき解釈　在宅起訴された朴教授　670字（ソウル＝牧野愛博）＋◆韓国，著書に否定的反応も（編集委員・北野隆一）あわせて　1840字
(11)	◇2015年11月29日	「帝国の慰安婦」を「恣意的」と批判　明治学院大准教授（編集委員・北野隆一）492字
(12)	◇2015年12月3日	「起訴は非人権的」「帝国の慰安婦」朴教授が会見　715字 うち＊韓国知識人190人声明118字，日韓380人声明（第1次声明）　109字
(13)	◆2015年12月4日	慰安婦　本の著者「非人権的起訴に強く抗議」朴氏が会見（ソウル＝東岡徹）　719字 うち＊韓国知識人190人声明118字，日韓380人声明（第1次声明）　128字
(14)	◇2015年12月17日	「帝国の慰安婦」巡る民事訴訟が結審　ソウルの地裁　365字
(15)	◆2015年12月24日	（@ソウル）「○○○」と言論の自由　特派員リポート　1593字　東岡徹（ソウル支局）
(16)	◆2016年1月13日	「帝国の慰安婦」著者に賠償命令地裁「人格権を侵害」　759字（ソウル＝東岡徹）＊民事裁判判決

だろう(22は若宮の追悼記事)。

一方、裁判や同書への異なる声は伝えられたのか。(12)(13)の朴裕河の会見にともなって、日韓三八〇人声明第一次声明(それぞれ、一〇九字、一二八字)が報道されたが、声明の全文が掲載された「五四人声明」に比較すると、圧倒的に少ない。記事として成立したのは、(11)二〇一五年一一月二九日付「『帝国の慰安婦』を『恣意的』と批判　明治学院大准教授」だけである。これは、「戦争と女性への暴力」リサーチ・アクションセンター(VAWW RAC)が主催した集会で鄭栄桓《チョンヨンファン》が同書を批判した講演内容だが、四九二字なので量的なバランスがとれていない。箱田は「異論を排除しようとする空気」(22、9)と韓国社会を批判したが、紙面を見るかぎり、同書や裁判への「異論を排除している」のは『朝日新聞』であることがわかる。日本のメディアは通常、両論を併記するが、それすら実現していない。

これ以外にも、朝日新聞系のハフィトンポストに東郷和彦「慰安婦合意と『帝国の慰安婦』」(二〇一六年七月一九日)を、朝日新聞系のWEBRONZAには中沢けいの「『帝国の慰安婦』が問いかけるもの」(二〇一六年一月一九日、同年四月二〇日)が二回にわたって掲載された。二人とも「五四人声明」の賛同人である。ハフィトンポストは朴裕河を何度も登場させるが、批判が掲載されたことはない。そもそもWEBRONZAに朴が「今ふたたび『慰安婦』問題を考える」(二〇一一年一二月から)を掲載したことが『帝国の慰安婦』出版につながった。

以上のように、朝日新聞社は社をあげて、裁判の一方の当事者の主張だけを伝える応援団となっている。『朝日新聞』に限らない。『毎日新聞』や、「慰安婦」問題を熱心に報道してきた『北海道新聞』、あるいはNHKなど放送局も同様である。何よりも問題なのはメディアが、被害女性九人が名誉毀損で訴えた事実と彼女たちの声を無視していることだ。二〇一六年一月に被害女性二人とナヌムの家所長が来日し集会で裁判の説明があり、記者も来ていたが、マスメディアでは一切報道されなかった。[*4]

メディアの役割が第三者の立場から多面的に事実関係を検証することなら、原告の被害女性九人の声を伝えない裁判報道は、その役割を放棄したものと言えるだろう。

第二に、日本のメディアは、名誉毀損裁判の原告と裁判内容に関して、間違った情報を伝えている（以下は民事）。その最たるものが、裁判を提訴したのが韓国挺身隊問題対策協議会（挺対協）という誤報だ。一例をあげると、図1は二〇一五年に流れたBS朝日のニュース番組の映像だ。挺対協の尹美香《ユンミヒャン》代表の映像とともに、「挺対協　朴教授を名誉毀損で告訴」とナレーションとテロップで流した。[*5]もちろん訴訟を起こしたのは被害女性九人であり、挺対協は事前に提訴を知らなかった（挺対協に確認済み）。

朴裕河が「慰安婦支援者に訴えられて」と題する記事で、被害女性が主体的に訴えたことを認めない[*6]ことも関係するだろう（もちろんメディアが独自調査すれば、判明することだ）。ハフィトンポストの記事も「韓国の慰安婦支援団体から刑事告訴されている」という誤報を流した。[*7]なお、最近でも『時事通信』記事で、尹美香代表が「（和解・癒やし財団から被害者がお金を）受け取ってはならない」と発言したとする記事を流したが、誤報だった。[*8]と

図１　挺対協が朴裕河を「告訴」したという誤報の事例

出典）BS朝日「いま世界は」2015年６月14日放映。

りわけ尹美香代表は、日本のメディアで「反日の急先鋒」などと名指しされている。[*9]

図2　『帝国の慰安婦』の争点を誤報した事例

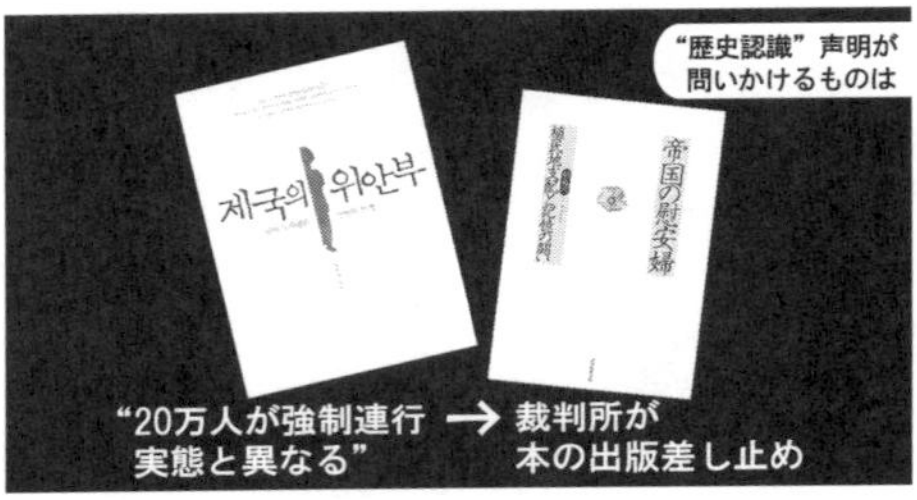

注）実際の映像を作画した（イラスト：壱花花）。

また、裁判内容についての報道にも問題があった。二〇一五年六月の朝のNHKニュース番組の放送では、韓国語版・日本語版『帝国の慰安婦』の映像（図2）とともに、「韓国では、『二〇万人の少女が日本軍に強制連行された』という認識は実態とは異なると主張した大学教授が大きな反発を受け、裁判所が本の出版を差し止める決定を下しました」とナレーションを流した。[*10] しかし、裁判では「二〇万人が強制連行　実態と異なる」というのは、争点ではない。また、この報道では、被害女性が起こした名誉毀損裁判というのもわからない。つまり、NHK番組は、裁判に関して誰が原告でどんな裁判なのかも伝えずに、事実でない報道をしたのである。

以上のように、朴の応援団と化した日本のメディア（リベラル系含む）は、朴と同調者の主張を無批判に報道する一方、名誉毀損裁判であることを軽視し被害女性九人の主張を伝えないまま、挺対協にかなりの予断と偏見をもって、原告や裁判内容も調べずに、歪曲・偏向した報道をしているのである。

2　「3・28研究集会」の概要と論点

こうした日本の言論状況のなか、二〇一五年末に外村大から、筆者と板垣竜太に対話集会の申し入れがあったことから、筆者、中野敏男、西成彦、本橋哲也が実行委員となり、「3・28研究集会」を開催するに至った。同書に対し、擁護的な「西・本橋推薦枠」（当日はAグループと呼ばれた。以下、擁護派）から西、岩崎稔、浅野豊美、同書に批判的な「金・中野推薦枠」（Bグループ。以下、批判派）から鄭栄桓、梁《ヤン》澄子《チンジャ》、小野沢あかねが報告・コメントをした。まず報告を西・岩崎、鄭がそれぞれ行い、コメントを後者に対して浅野が、前者に対して梁澄子・小野沢が行い、それぞれリプライがあった。その後、指定発言者各五名を出し、「西・本橋推薦枠」から木宮正史、太田昌国、上野千鶴子、李順愛、千田有紀、「金・中野推薦枠」から吉見義明、韓国から金昌禄、北原みのり、筆者、中西新太郎が意見を述べたうえで、報告者・コメンテーター含めて、総合討論が行われた。司会は、蘭信三、板垣竜太が行った。なお、当日の集会に対して、金・中野は公開を主張したが実現できず、人数制限をして両者それぞれが参加案内を出すかたちの事前登録制をとった。

結論を先に言うと、両者の主張は交わらないまま終わった。[*11]「当日の会場での発言記録」（以下、発言記録）は、当日の資料（参加者含む）・集会後の参加記とともに「記録集」として二〇一六年六月二六日付でインターネット上に公開されている。[*12]当日の論点は三つあった。(1)『帝国の慰安婦』の評価、(2)同書の支援運動（とくに挺対協）の評価、(3)名誉毀損裁判である。集会の目的は(1)にあったが、当日に(2)(3)の論点が派生した。ここでは(1)と(3)を見よう。

まず(3)から述べると、指摘できるのは、擁護派の知識人も日本のメディアと同様に裁判を誤解していたことだ。以下は、「3・28研究集会」で報告した岩崎稔の事前配布論文の一節である。

韓国では、『帝国の慰安婦』の出版差し止めを求める訴訟が起こされた。それほどに挺対協が特別な権威を与えられてしまっていること自体が不健全であるとした問いかけは今もけっして十分には受け止められていない。[*13]

これでは名誉毀損裁判という肝心の点が伝わらず、挺対協が裁判を起こしたかのように読めるだけでなく、挺対協への予断もわかる。それだけではない。「3・28研究集会」の最終討論のなかで、上野千鶴子が「刑事告訴は不適切という合意をしたい」（前掲の発言記録六六頁）と提案したうえで、さらに、「刑事告訴をしたのは、韓国の司法ですから。司法というか、検察ですから」（同上七一頁）と発言したため、場内は騒然となった。上野が、被害女性九人の告訴から韓国検察の朴への在宅起訴が始まったことを理解していなかったことが判明したからだ。この発言の前に、梁澄子が、民事裁判の仮処分審議に朴が一度も参席しなかったこと、刑事起訴前の調停案を朴自身が拒否したという経緯（和解の可能性を蹴ったことになる）をていねいに説明していたにもかかわらず、である。裁判を批判する擁護派が、裁判の核心部分を誤解していたことを露呈したのである。

次に、(1)に関してはさまざまな争点があって言い尽くせないが、批判側は同書に描かれた事実関係や朝鮮人「慰安婦」像の致命的な問題点を具体的かつ実証的に指摘して批判した（鄭栄桓、小野沢、吉見、金昌禄、筆者、当日配布資料の永井和、能川元一など）。

これに対して、擁護側はそれらを同書の「つめの甘さ」（木宮）、「脇の甘さ」（上野）、「書き方がかなり乱暴」（千田）などと認めつつも、具体的な事実関係への反証はなく、感覚的な評価が多かった。「被害者でなく協力者だった可能性という二項対立の止揚」（西）、「韓国社会からの歩み寄りが必要」という「新たな試みの意図」を評価すべき（木宮）、「植民地支配の罪を突きつけた」（上野）などがそれである。

3 消去される加害責任――「3・28研究集会」に見る日本人知識人の言説構造

では、擁護派は同書の何をどう具体的に評価したのか。実行委員で擁護派の報告者だった西成彦の「『帝国の慰安婦』の『善用』に向けて」（前掲「記録集」所収）を見ていこう。この論考は、擁護派の思考と言説構造を理解する最適なテキストの一つだ。

西は、「現在もなお東アジアの地域平和を脅かしている『民族主義的な暴言』に温床を提供しているのは、たとえば『慰安婦問題』を、民族間の『懸案』としかみなさない思考」であるが、同書は「韓国国内の『民族主義的な暴言』を抑制するための工夫に満ちた著作」であり、「『加害者と被害者』・『協力者と抵抗者』といった二項対立に『日本人と韓国・朝鮮人』を対応させてしまうことで、不可視化されてしまう部分を問おうとした」と高く評価した。よくある二項対立止揚論である。同書を「多様性を示した（先述の「五四人声明」）、「多様な慰安婦像」（上野千鶴子）[*14]などと称賛したのと同じ思考様式だ。

その事例として西は、朴が述べた①朝鮮人「慰安婦」と日本兵士の〈同志的関係〉、②朝鮮人「中間業者」の存在の二つをあげる。①に関して、西は以下のように評価する。

《朝鮮人慰安婦と日本兵士との関係が構造的には「同じ日本人」としての〈同志的関係〉だったから

です》（日本語版、p.83）という一文があります。この直後には、《そのような外見を裏切る差別を内包しながらも》という一文が添えられていて……「被害者」であったはずの慰安婦の方々を、あたかも「協力者」であったかのように見せかけてしまう「構造」を生み出したのが「帝国日本」の暴力性（要するに「民族浄化」）の本質だったという論旨です。

こう解説して、朴の言う〈同志的関係〉の真意が誤解されていると擁護する。西は、「日本兵士と『朝鮮人慰安婦』の〈同志的関係〉（という一種の幻想・錯覚）」と述べて、この〈同志的関係〉が、朴によって「文学作品などを含む日本や韓国側の叙述」によって再構成された「一種の幻想・錯覚」だと認めたうえで、

> こうした「幻想・錯覚」を彼女が敢えて強調するのは、「日韓・日朝対立のパラダイム」を超え、むしろ日本軍の戦争遂行の「協力者」としての役割を強いられた男女が、それぞれに「被害者」であったかもしれないという新しい認識の可能性を視野に入れるためであった

とする。ここに西が同書を評価する理由が最も凝縮されていると考えられる。韓国人側（朴裕河）から、「被害者」であった朝鮮人「慰安婦」が実は「協力者」でもあったという認定を通じて、日本兵士も「被害者」だったという認定がほしかったのではないだろうか。逆に言えば、日本兵士を「被害者」と認定させるためには、言説構造的に朝鮮人「慰安婦」が「協力者」でなければならなくなる。この〈同志的関係〉が「一種の幻想・錯覚」であったとしても。それは、次の「提案」にもよく現れている（以下の

（A）（B）（C）は筆者がつけたものである）。

（A）「慰安所制度」が日本兵による慰安婦の「レイプ」を常態化させる仕組みであったという見方からすれば、日本軍兵士と慰安婦は、「加害者」と「被害者」というふうに、截然と分かたれる存在だったということになるでしょう。（B）しかし、両者がともに「帝国日本」の戦場へと送られた「協力者」であり「被害者」でもあったことによって、「境界横断」的な「同志感覚」を抱きえた可能性（《私たちが徴兵を拒むことができなかったように、彼女たちも徴用から逃げることはできなかったのだ》――p.90）とは、（C）「日本人〈対〉韓国・朝鮮人」という二項対立を超えて、むしろ「帝国日本〈対〉『徴兵』や『徴発・徴用』から逃げられなかった内地、および外地の民衆」という図式にこれを置き換えることを提案するものです。

西にとって、（A）は日本軍兵士＝加害者 vs「慰安婦」＝被害者とする二項対立論、（B）は日本軍兵士も「慰安婦」もともに「帝国日本」による「協力者」「被害者」なので（A）の図式を乗り越える二項対立止揚論となる。さらに西は、（B）の日本軍兵士―「慰安婦」の「同志」的な関係性（ともに「協力者」「被害者」）の図式を、（C）日本「内地」民衆―朝鮮民衆という民族間の関係性の図式に「置き換えること」を「提案」する。注意すべきは、（B）で日本軍兵士の加害が消え、（C）では日本民衆＝日本人一般の加害が消去されてしまうことだ。

そのうえで、西は、『帝国の慰安婦』の読みの延長に、「『靖国』に祀られている元日本軍兵士を『被害者』として認める」ことによって、「民族を超えた『連帯』」が生まれるとも提唱する。つまり、西にとっては、韓国人によって（『靖国』を含む）日本軍兵士が「被害者」として認定されるためにこそ、朝鮮人「慰安婦」を〈同志的関係〉であり「協力者」として描いた『帝国の慰安婦』は絶賛の対象になるのである。

　このように、朝鮮人「慰安婦」と日本軍兵士との〈同志的関係〉、「協力者」という、ナヌムの家の被害女性九人が最も傷ついたと語った名誉毀損の核心に関して、西は、被害女性たちとは真逆の、最も高い評価を与えているのである。その意味で、西を含む「五四人声明」の「元慰安婦の方々の名誉が傷ついたとは思えず」の一文は、必然的に書かれたことになる。西は、被害女性の苦しみ（人権侵害）を見ようとしないし、関心もない。関心があるのは、二項対立を止揚して日本軍兵士と日本人を救うことだ。しかし、「慰安婦」を「協力者」と位置づけるには実証が必要だが、朴は肝心の実証ができていないため、西の言う二項対立止揚論自体が虚構にすぎない。

　次に、西は、朴が②朝鮮人「中間業者」を繰り返し強調する理由を次のように解説する。

> 彼女は、元慰安婦に対する支援運動が長くこだわってきた日本政府の「法的責任」を追及する枠組みを一旦、解除すべく、もしそうであれば「業者」の責任は不問に付したままでよいのかという形で、主張を組み立てておられます。／「中間業者」について考えることは、「韓国・朝鮮人」は、あくまでも「被害者」そして「抵抗者」のカテゴリーに属さねばならないという考え方を、一旦は「宙吊り」にすることを要請します。そして、そうした二項対立的思考では捕捉できない部分こそが、

> 「帝国日本」の植民地支配を、その内部にまで分け入って究明するためには避けては通れない要素であるというわけです。

注目すべきは、「日本政府の『法的責任』を追及する枠組みを一旦、解除すべく」の一文だ。西は、二項対立では捉えられない「帝国日本」の植民地支配の内部を究明するために、二項対立をもたらす日本政府の法的責任追及の枠組みを解除し、二項対立では捉えられない朝鮮人「業者」の責任を追及する必要があると解説して、朴を擁護する。つまり西は、植民地支配の内部を究明するためにこそ、日本政府の法的責任を解除するという、論理の飛躍としか思えない驚くべき主張をする。ここでは、被害者や支援運動が求めてきた日本政府の法的責任は二項対立だからと免除され、残るは朝鮮人内部の問題（業者、「慰安婦」）になる。こうして西は、日本政府の加害責任をも解除してしまうのである。

したがって、西は、批判派が重視する学問的手続きに関しても、次のように述べる。

> 日本兵士と慰安婦との「連帯可能性」もろとも、まさに戦後の日本、そして解放後の韓国において「看過」され、「忘却」されてきたことの全体を可視化するために、アイロニカルにそうしたエピソードを選択されているのです。

西は、「日本兵士と慰安婦との『連帯可能性』」を「可視化」するために、朴によって「エピソード」が「選択されている」ことを肯定する。だからこそ、引用の学問的手続きに関して、批判側の鄭栄桓などが「愛国」的存在や「同志意識」「同志的関係」を論じる部分の証言・史料の読解が恣意的で破綻しており、初歩的な読み方の誤りの例を具体的に指摘・批判しても、西にはまったく響かない。むしろ西は、朴による「再構成」が「一種の幻想・錯覚」であることを承知のうえで、「エピソード」が「選択されている」こと、つまり朴の恣意的引用を称賛さえしているのである。これは、研究者による研究の放棄ではないか。

おわりに

擁護派の西成彦は、『帝国の慰安婦』に、学問的手続き上の致命的な問題点を承知のうえで、朝鮮人「慰安婦」を「被害者」から「協力者」にスライドさせることで、日本軍兵士・日本人を「加害者」ではなく、「慰安婦」と同じ「協力者」かつ「被害者」として認めさせ、日本政府の加害責任を解除する論理を読み込んだのである。日本のメディア・知識人が自らの職業的な役割を放棄してまで、なぜ同書に過度に高い評価を与えたのかは明らかだろう。多様性、二項対立の解体と称して、「協力者」としての朝鮮人「慰安婦」像をつくりだし、「加害者としての日本（日本軍兵士・日本人・日本政府）を救った」からである。こうして加害責任が消去されるのである。しかし、朝鮮人「慰安婦」に対する「協力者」言説は、レイプ裁判において加害男性がつねに持ち出す被害女性の「合意」言説に該当する。共通するのは、加害の事実に向き合わず、被害者に責任を転嫁し、加害責任から逃れたいという欲望である。その結果、被害女性がさらに傷ついてもおかまいなしだ。まさに、セカンドレイプ言説だと言えよう。

また、西の言う「二項対立の解体」とは本当か。植民地支配とは民族間の支配／被支配、抑圧／被抑圧という非人間的で非対称な構造だが、朝鮮支配では、国籍・戸籍制度を通じて「日本人／朝鮮人」という二項対立が強いられ、かつその解体は不可能だった。被支配側に「協力者」を設定しても、二項対立を解体できるわけではない。さらに、西の述べる「〔韓国では〕『慰安婦問題』を、民族間の『懸案』としかみなさない思考」とは、西の思い込みでしかない。西は、朴が「慰安婦」問題の「本質のひとつに家父長制を挙げて」いるのは「じつに妥当」などと述べるが、一九九〇年代に「慰安婦」問題を提起した尹貞玉《ユンジョンオク》（当時、挺対協共同代表）が「慰安婦」問題の本質は家父長制だと述べていたことを知らないらしい。一九九〇年代から現在まで、被害女性も「慰安婦」問題解決運動も自己変革を遂げてきた。二〇〇〇年の「日本軍性奴隷制を裁く女性国際戦犯法廷」を例に出すまでもなく、「慰安婦」問題解決運動や研究はとっくに「二項対立」を乗り越え、「慰安婦」問題を人種民族、ジェンダー、家父長制、階級（貧困）などの重層的な権力関係によって生じた問題と捉えてきた。日本軍兵士の「被害性」に関しても、一九九四年に被害女性と挺対協が日本の検察に責任者処罰を求めたときに「慰安所に通った個々の日本軍兵士の責任を問うのではない」「末端にいた彼らは被害者」と述べ、兵士とは区別される「慰安婦」制度を設置した日本軍指導者の責任を問うたのである。また、「慰安婦」制度研究は、すでに朝鮮人「中間業者」の存在を明らかにしてきた。

仮に『帝国の慰安婦』が西らの言う重要な問題提起をしていたとしても、朴の言う朝鮮人「慰安婦」像（未成年徴集や性奴隷の否定、兵士との同志的関係、愛国など）や日本軍・政府の責任を軽視する業者主犯説は、その根拠が薄弱で事実誤認だらけだからこそ批判されているのだ。「慰安婦」問題とは、どんな被害があり、誰が加害者かという事実にもとづき、被害女性が加害国政府に責任を求めて立ち上がった問題だという原点に戻るべきではないか。

〔注〕

＊1　二〇一三年八月に出版された同書（韓国語版）に対し、二〇一四年六月にナヌムの家に住む被害女性九人がソウル地方検察庁に名誉毀損で告訴状を提出した（刑事）。翌日九名がソウル東部地方法院に出版差し止め等の仮処分を申請して著者と出版社に対し損害賠償の訴訟を提起した（民事）。つまり①名誉毀損（刑事）、②出版等禁止と被害者らとの接近禁止の仮処分、そして③名誉毀損による損害賠償（民事）を提訴したことになる。

＊2　金富子「『慰安婦』問題と脱植民地主義――歴史修正主義的な『和解』への抵抗」『インパクション』五一八号、二〇〇七年七月、中野敏男・金富子編著『歴史と責任――「慰安婦」問題と一九九〇年代』青弓社、二〇〇八年（韓国語版『역사와 책임 : 위안부 문제와 一九九〇년대』선인、二〇〇八년）。金富子・板垣竜太責任編集／日本軍「慰安婦」問題webサイト制作委員会編『Q&A朝鮮人「慰安婦」と植民地支配責任』御茶の水書房、二〇一五年（韓国語版は배영미외옮김『「위안부」문제와 식민지역사책임』삶창、二〇一六년）。

＊3　鄭栄桓『忘却のための「和解」――『帝国の慰安婦』と日本の責任』世織書房、二〇一六年（韓国語版임경화 옮김『누구를 위한 화해인가 ~제국의 위안부의 반역사성』푸른역사、二〇一六년）。また손종업외『제국의 변호인 박유하에게 묻다 ~제국의 거짓말과 위안부의 진실』말、二〇一六년。

＊4　「ナヌムの家」の李玉善《イオクソン》、姜日出《カンイルチュル》、安信権《アンシングォン》所長が来日し、二〇一六年一月二六日に衆議院会館で証言集会が開かれた。記者がいる場で安所長から『帝国の慰安婦』裁判に至る経緯の説明があったが、マスコミ報道はなかった。

＊5　BS朝日「いま世界は」の特集「日韓の〝深い溝〟！　慰安婦問題」（二〇一五年六月一四日放映）の映

像。岡本有佳がテレビ局に訂正を求め、翌週の番組でお詫びと訂正が読み上げられた。同Facebook二〇一五年六月一五日付。

＊6　朴裕河「慰安婦支援者に訴えられて」（「ハフィトンポスト」二〇一四年八月一四日）で、ナヌムの家被害女性から訴えられたと述べつつも、タイトルが示すように中心人物は安所長だと強調した。

＊7　「慰安婦問題から『日韓ともに売春差別への自覚を』朴裕河教授に聞く」「ハフィトンポスト」二〇一五年一月六日付より。その後、訂正された。なお、犯罪被害者が申告する場合が告訴、第三者が申告する場合は告発である。

＊8　『時事通信』二〇一六年八月二四日付で「日本の一〇億円『受け取るな』＝元慰安婦支援で韓国挺対協」という記事を掲載したが、日本軍「慰安婦」問題解決全国行動が尹代表の発言を文字起こししたところ、そのような発言はしていないとして、訂正を要求した。

＊9　フジテレビ系FNSドキュメンタリー大賞ノミネート作品「交わらぬ視線～きしむ日韓の現場から～」（制作：テレビ西日本、二〇一七年七月四日放送）でのナレーション。

＊10　「〝歴史認識〟声明が問いかけるものは」「NHKニュースおはよう日本」（二〇一五年六月五日放映）で流れた映像。

＊11　『ハンギョレ新聞』に掲載された土田修（『東京新聞』）のレポートが韓国語、日本語で公開されている。

＊12　http://www.0328shuukai.net から「記録集」をダウンロードできる（五年間の期限つき）。日本軍「慰安婦」問題webサイトでも、関連資料が閲覧できる（http://fightforjustice.info）。

＊13　岩崎稔・長志珠絵「『慰安婦』問題が照らし出す日本の戦後」『記憶と認識の中のアジア・太平洋戦争』岩波書店、二〇一五年、二四四―二四五頁。

＊14　上野千鶴子「読書日記　力の非対称が生む性暴力」『毎日新聞』二〇一六年二月一六日付。また上野の「慰安婦」問題への理解を批判した拙稿「上野流フェミニズム社会学の落とし穴」（中央大学商学部『商学論纂』第五八巻五・六号、二〇一七年三月）を参照されたい。

第8章　フェミニズムが歴史修正主義に加担しないために
――「慰安婦」被害証言とどう向き合うか

小野沢　あかね

1　九〇年代フェミニズム言説と歴史修正主義

二〇〇〇年代に入り、「慰安婦」被害者（サバイバー）支援運動の被害証言聞き取り活動は、日本語で読めるものに限っても、多くの研究成果を生み出してきた。それらの研究は、被害者の経験の詳細を明らかにしていることに加えて、オーラル・ヒストリーの方法についても示唆に富むものである。しかし近年、こうした研究状況に混乱をもたらしかねない新たな現象が生じている。それは、朴裕河《パクユハ》『帝国の慰安婦』[*1]が出版され、そのなかで日本の歴史修正主義者たちと近似した論が展開されているにもかかわらず、長年フェミニストとして女性史・ジェンダー研究に携わってきた人びとのなかに、同書に同調し、ほぼ同様の論を展開している人びとがいることである。[*2]

同書は、文献・史料・証言の書き手や担い手、前後の文脈、証言時の状況を無視して、自説にとって都合のよい部分のみを恣意的に切りとって使用するという、あってはならない手法で書かれている点をまず強調したい。その内容は以下のようなものである。「慰安婦」の本質はからゆきさんであり、かつ朝鮮人「慰安婦」は準日本人にさせられたので日本人「慰安婦」と同様の存在であったとするとともに、朝鮮人「慰安婦」の強制的連行を否定する。さらに、日本兵や日本人「慰安婦」の証言によって朝鮮人「慰安婦」が日本兵を愛国的・同志的に支えたとし、日本軍「慰安婦」を戦時性奴隷とする論を批判する。そして、被害者支援運動は、その民族主義と娼婦差別から、証言のなかの都合の悪い部分を消去し、聞きたい部分のみを聞いてきたとする。また、「慰安婦」問題の主要な責任は朝鮮人慰安所業者にあるとして、日本政府の法的責任を不問に付している。

なぜフェミニストのなかにこのような『帝国の慰安婦』を支持し、ほぼ同様の論を展開する人びとがいるのだろうか。その理由の一つは、同書中に、九〇年代以来、上野千鶴子らが唱えてきたフェミニズム言説が盛り込まれているからである。[*3] その九〇年代フェミニズム言説とは、①歴史のなかの女性の「主体性・エイジェンシー」に注目し、戦争協力など支配を支える方向へ動くこともあったことを朝鮮人「慰安婦」にも適用すること、②「慰安婦」の「エイジェンシー」の強調にあたって性奴隷制概念が妨げになる、③「弱者の立場に置かれた人間は強者としての聞き手の聞きたい物語を語る傾向がある」ので、被害者支援運動は「モデル被害者」(「何も知らなかった無垢な処女」がある日無理やり「慰安婦」にさせられた)の物語をつくってしまったというものである。[*4]

『帝国の慰安婦』の論述に根拠がないこと、同書が日本政府の法的責任を否定していることから目をそらし、同書中に、約二〇年も前に提起した自説を見出して評価していると言える。その結果、歴史認識上の混乱をもたらしているが、なかでも深刻なのが、被害証言に関する二〇〇〇年代の研究成果を無視して、朝鮮人「慰安婦」の自発性を、その境遇や証言の場から切り離して過度に強調する点である。

あらかじめ以下のことを確認しておきたい。そもそも完全な「自由意思」をもつ人間は存在しないが、たとえ奴隷化されたとしても多くの人びとに意思、そして人間的感情は存在する。奴隷化された人びとも生きやすい状況を求めて苦闘するものであり、同時に愛や喜びなどの感情を抱くことがあるのは自明のことである。したがって、「慰安婦」徴集過程や慰安所で、「慰安婦」の意思や人間的感情の発露があったならば被害者ではない（性奴隷ではない）とする論法は意味をなさないし、そのことは「慰安婦」問題研究のなかで共有されてきた。しかし重要なことは、証言のなかから、「自発的」に見える部分や、「愛」に見える部分のみを切り取って、安易に「たくましい」「愛があった」としてはいけないということである。また、「エイジェンシー」という概念をあてはめてみただけでは、「慰安婦」被害者固有の経験は伝わらないし、誤ったイメージを流布することになりかねない。

出来合いの理論に証言をあてはめることをやめ、証言者が強いられた境遇、証言全体の文脈、証言が語られた際の境遇とその人のライフ・ヒストリーなどと決して切り離さずに証言を聞かなければならないのではないか。そうでないと被害者たちの発した言葉の意味、その被害の個別性や多様性を理解することはできない。このことは、女性史・オーラルヒストリー研究にとってきわめて重要な点である。そこで以下では、『帝国の慰安婦』とこれに同調する人たちの問題点を検証したうえで、二〇〇〇年代以降の被害証言に関する重要な研究成果のなかから、被害者の視点、証言を聞く際の方法と心構えについて示唆に富むものを紹介したい。

2　『帝国の慰安婦』と同調する人びと

歪められた朝鮮人「慰安婦」像

まず強調しなければならない第一の点は、朝鮮人「慰安婦」が「精神的慰安者としての役割を」「しっかり果たし」た[*5]、「『同じ日本人』としての〈同志的関係〉」[*6]が日本兵との間に存在していたとする『帝国の慰安婦』の主張の主たる根拠が、日本人「慰安婦」の証言[*7]、もしくは日本兵の証言にもとづいていることである。[*8]言うまでもないが、朝鮮人「慰安婦」は植民地支配との関係で論じられなければならない。だから日本人「慰安婦」と同列に論じることはできないので、日本人「慰安婦」の証言を朝鮮人「慰安婦」の証言として使用してはいけない。さらに、詳しくは後述するが、日本兵にとっての慰安所と「慰安婦」にとっての慰安所では、天と地ほどの差があるのだから、日本兵の証言を鵜呑みにして、それを朝鮮人「慰安婦」の境遇の実態として受けとめてはいけない。

第二に、『帝国の慰安婦』が朝鮮人「慰安婦」被害者の証言を、主として韓国挺身隊問題対策協議会・韓国挺身隊研究所編『証言集　強制的に連れていかれた朝鮮人軍慰安婦たち』(一～五、本書巻末「証言集一覧」一四頁参照、以下『証言集』)などから切り取って使用しながら、いかなる境遇にあった誰のどのような状況と文脈のなかでの証言なのかを一切示していないことである。[*9]証言者の名前は一切示さず、被害証言のなかの、好きな日本兵がいた、物をもらったなどの発言部分のみが切り取られて、朝鮮人「慰安婦」が日本兵を愛し支えた根拠とされている。証言から、自説にとって都合のよいところのみを切り取って使用している点は、本書の問題点が最も凝縮している点である。[*10]

以上のような致命的な問題点にもかかわらず、上野千鶴子は朝鮮人「慰安婦」が日本兵を愛国的に支えたとする同書の主張を、旧来の自説を持ち出して次のように評価する。「個々の女性のエイジェンシーは、抵抗から反逆のみならず、協力から共犯までの多様性を見せ」るのであり、「『犠牲者化』のマスター・ナラティブが聴こうとしなかった『第3の声』」を『帝国の慰安婦』が拾ったのだという。[*11] つまり、支援運動が「犠牲者化」のマスター・ナラティブをつくったとする。また、加納実紀代は朝鮮人『慰安婦』も協力者ひいては〈加害者〉と主張している。中国戦線での「兵士たちの〈悪行〉をも支えたということなのだ」とまで言う。[*12] さらに「『帝国の慰安婦』と『帝国の母』に共通する「被害者で協力者という二重の構造」があったとし、朝鮮人「慰安婦」と、「慰安婦」でない日本内地の女性を「被害者で協力者」という点で共通していると述べる。[*13] この点は後述するが大きな問題である。

性奴隷制批判・支援運動批判

朝鮮人「慰安婦」と日本兵に同志的関係があったとの強調は、性奴隷制批判に及ぶ。『帝国の慰安婦』は、朝鮮人「慰安婦」にも自由があったとするとともに、性奴隷という言葉が「性的酷使以外の経験と記憶を隠蔽してしまう言葉であ」り、「慰安婦の全人格を受け入れないことになる」[*14] とし、支援運動の主張してきた性奴隷認識は「『売春婦』差別につながるものでしかない」[*15] という。加納もこの意見に同調し、朝鮮人「慰安婦」被害者の「文玉珠《ムンオクチュ》の『慰安婦』生活は、『性奴隷』の語になじまない〔傍点引用者〕」とする。そしてその理由として、文さんが買い物や、貯金をしたこと、日本兵との〈愛〉をあげる。[*16]

ここでは、奴隷制についての誤解があるとともに、性奴隷という言葉が、その人の人格を貶める言葉であるかのように使用されていることに注意する必要がある。性売買が広く行われ、一方でセックスワーク論[*17]が流通している日本では、性売買批判を売春する女性への差別と取り違え、女性が売春を強いられている社会的権力関係を無視して、性を売ることの「自己決定」や自己実現の尊重こそが望ましいとみなす風潮がある。こうした風潮のなかで、『帝国の慰安婦』のような「慰安婦」の「エイジェンシー」を重視する立場からの性奴隷批判は浸透しやすいと言えるだろう。しかし、性奴隷制という言葉は、奴隷化された女性を貶める言葉ではなく、奴隷条約にもとづき支配の苛烈さを明示するために国際的に認知された言葉である。奴隷制とは人の支配であり、人の自由または自立性を重大なやり方で剝奪することなのであり、「たとえ人道的な側面が残されていたとしても、それが支配の一形態として許可されるにすぎないのであれば、奴隷制の本質が損なわれることはない」のである。[*18]だから買い物や貯金や〈愛〉や、生存のための苦闘があったからといって性奴隷制を否定することはできない。

また、加納は、「この二〇年、『慰安婦』問題は『強制連行』の有無を焦点に展開されてきた。否定派が『強制連行』を示す史料（公文書）はない、『慰安婦』は金稼ぎのための売春婦にすぎないとするのに対して、支援者たちは史料の発掘に努める一方、『強制』は募集段階だけでなく、性行為を強制される拘束的な日常そのものというように定義しなおされ、『性奴隷』という言葉が登場して現在に至っている」と言う。[*19]しかし、「強制」は、「人さらい」のようなものだけを指すのではない。詐欺的徴集や人身売買、そして慰安所での性行為の強要も強制であると支援運動は当初から主張してきた。[*20]また、性奴隷制という語は、日本の強制連行否定派に対抗するために登場したのではなく、一九九三年の第二回世界人権会議の採択したウィーン宣言および行動計画で用いられて以降、国際的に使用されている用語だということもつけ加えておかなければならない[21]。

そして、誤解を含んだこうした性奴隷制批判はさらに、支援運動への厳しい批判へ連なる。『帝国の慰安婦』は「性奴隷以外の記憶を抑圧しつつ慰安婦自身の生きた記憶より理想化された〈植民地の記憶〉を、彼女たちは代表することになって」しまったのであり、戦後の韓国で慰安婦証言を聞く人たちは、それぞれの聞きたいことだけを「選び取ってきた[22]」とする。これに関連して上野千鶴子は、「記憶とは『語り』によって『語り手』と『聴き手』の相互関係のあいだに、そのときその場で生産され、不断に再定義される経験であること。だからこそ、誰が何を誰に対して語るのか、が問われる」という二〇年前の自説[23]を繰り返し、以下のように『帝国の慰安婦』を評価する。「『帝国の慰安婦』がもたらした学問的なインパクトは、『実証』の水準にではなく、『語り』と『記憶』の水準にある」。しかし、『帝国の慰安婦』は「『語り』と『記憶』の水準」においてもまったく評価できないことを強調しなければならない。なぜなら、見てきたように、「『語り手』と『聴き手』の相互関係」や「誰が何を誰に対して語るのか」をまったく無視しているのが『帝国の慰安婦』だからである[24]。

また、加納は、「慰安婦の悲惨を『強制性』に象徴させることは、彼女たちのなかに『処女』と『非処女』の分断をもたらす恐れ」があるとし、性暴力被害は「被害者が『処女』か『非処女』かには関係ない。にもかかわらず、韓国の運動は、『慰安婦』の被害をあくまで純潔無垢な少女像として表象する」と韓国の支援運動を批判する[25]。平井和子も、「慰安婦」が軍人と一緒にピクニックへ行ったなどの事例をあげると「慰安婦」問題の犯罪性を否定するための口実を与えてしまうのではないかという危惧が「一九九〇年代、韓国で『慰安婦』の口述作業をする女性学の若手メンバーにも存在していたことを最近知った」ことを根拠に、被害者支援運動が「定型的」な被害者像をつくりあげて「慰安婦」の「エイジェンシー」を見落としてきたとする。[*26]

強制性を強調するとなぜ「処女」と「非処女」が分断されるのだろうか？　また、像が少女だからといって、支援運動が「処女」と「非処女」で性暴力被害を区別しているとなぜ言えるのだろうか？　韓国における「慰安婦」被害者支援運動は、米軍基地村で性を売ってきた女性たちとも連帯運動を行っていることからも、被害者を少女や「処女」だけに限定していないことは明らかだろう。[*27]

また、平井はなぜ二〇年も以前の九〇年代にあったかもしれない事例を根拠に、現在の被害者支援運動を批判するのだろうか？　むしろこの二〇年間の支援運動における証言聞き取り活動の研究成果を検証し、そこから多くを学ぶ必要があるのではないか。以下にそれを見てゆきたい。

3　二〇〇〇年代の被害証言聞き取り活動の成果

被害者の視点から証言を聞くとはどういうことか

『証言　未来への記憶　アジア「慰安婦」証言集Ⅰ・Ⅱ　南・北・在日コリア編　上・下』[*28]は、計二六人の朝鮮人「慰安婦」被害者の証言を収録している。これらの証言を読んだ者が誰しも気づくことは、ほぼすべての被害者が、慰安所で日本兵によるすさまじい暴力を受けたと証言していることである。西野瑠美子「証言にどう向き合うか」にあるように、その暴力は、「痛ましい」などという言葉、あるいは

「殴る・蹴る」という言葉でもとうてい事実を伝えきれない。[29]

軍刀で脅され切られて抵抗を奪われた多くの被害者、赤く焼かれたまきを脇の下に押しつけられた文《ムン》必瑾《ピルギ》、あまりに多くの軍人の相手をさせられて体を動かすことができなくなったため、軍人から腹にたばこの火を押し付けられた李桂月《リゲウォル》。軍人は、熱さと痛さでひくひくする李の様子をおもしろがった。全身をベルトで打ちつけられ、歯が折れ、耳が悪くなった李玉善《イオクソン》、腕をねじ上げられて手首を骨折した郭《カク》金女《クムニョ》。彼女によれば、乳首を噛み切られた「慰安婦」もいた。そして、当時あまりにも幼かった金英淑《キムヨンスク》は、軍人に性器を刀で切り開かれた。性器を切り開かれたのち、切り殺された少女もいたとの李玉善の証言もある。「慰安婦」は殺されることもあった。殺害するのは見せしめのためでもあった。金英淑の証言では、ある妊娠した「慰安婦」が、皆が見ている目の前で、木に吊るされ、軍刀でお腹を切り裂かれた。日本兵は、出てきた腸や胎児をめった切りにして、見ていたその他の「慰安婦」たちの首に掛けたという。[30]

こうした状況下にあって、サバイバーたちが、殺されないように苦闘していたことも読み取ることができる。たとえば、朴酉年《パクユニョン》は、「軍人をたくさんこなせば、きれいな服を着ておいしい物が食べられる、さらに将校と上手につきあえば慰問品を分けてもらえるので、私も必死に軍人の相手をしました」と述べる。[31] コンクール[32]やピクニック、映画などの出来事も時折出てくるが、そうした出来事は、軍人の支配下で行われたことであり、被害者の視点から見たときには、通常とはまったく異なった意味をもつ場合があることにも気づかされる。文必瑾は、軍医と一緒に映画『椿姫』を見に行ったことがあったが、[33] それは厳しい監視下で連れて行かれたのであった。また、李桂月は、日本軍将校の「タナカ」の誕生日に、

「タナカ」に頼んで「ピクニック」に連れて行ってもらい、隙を見て逃げ出したのである。[*34]

サバイバーたちは殺されないために抵抗をあきらめざるをえなかったわけだが、重要なことは、西野が指摘するように、あきらめたことは「合意」したことにはならないということだ。[*35]「無抵抗」は「合意」ではないし、ましてや加納や上野の言う「協力」「共犯」という言葉はとうていあてはまらない。また、前述のように、加納は、朝鮮人「慰安婦」と、「慰安婦」でない日本内地の既婚女性を「被害者で協力者」であるという点で共通しているとする構図を示したが、その構図がいかに「慰安婦」被害を軽視したずさんなものであるかがわかる。内地の女性が国防婦人会などでの活動を強制されるのと、朝鮮人「慰安婦」が直面した暴力は雲泥の違いがあるからである。また、「エイジェンシー」という語をここであてはめただけでは、朝鮮人「慰安婦」の状況の詳細はまったく伝わらない。重要なことは、被害者の言葉をその人を拘束した境遇と前後の文脈から決して切り離さずに聞き取ることである。

前掲西野論文は、被害証言と日本兵の証言の齟齬に対しても示唆に富んでいる。連行当初に被害者たちがすさまじい暴力を受けて抵抗をあきらめざるをえなかったことを知らない日本兵のなかには、「慰安婦」たちは「嫌がっているようには見えなかった」と言う者がいる。しかし、そうした日本兵の証言を鵜呑みにすると、いかに被害者の経験を捻じ曲げることになるかを、西野は自身が聞き取りをしてきた朴永心《パクヨンシム》のケースをあげて説明する。慰安所で朴永心に思い入れをした日本兵と朴永心のことを「お似合いだ」ったと話す元日本兵がいた。しかし、そのことを西野が朴永心に伝えると、彼女は、「顔を引きつらせ、『思い出したくもない奴だ』と怒りに身を震わせた」という。[*36]

「楽しい」という言葉が痛みをともなう――証言聞き取り方法の試行錯誤

金富子《キムプジャ》によれば、韓国での『証言集』の聞き取りは必ずしも一貫した方法にもとづいて行われたわけではなく、試行錯誤のなかで発展してきた。第三集では後世への重要な歴史資料となることが意識され、第四集からは、口述史専門研究者と一緒に口述史方法論に関する訓練を受けた社会学、女性学、歴史学等の多様な専攻の人びとがチームを組んで聞き取りを行った。そして第五集では、どこからどのように連行されたかより、被害者の連行時の恐怖や不安、あるいは呆然としたとか、何も考えられなかったなどの気持ちに注目するようになったという。さらに第六集では、「慰安婦」の〝経験〟に注目し、女性たちの沈黙も「自己表現の方法」の一つと認識するようになった。[*37] そして、こうした聞き取り方法の変化は韓国社会の変化に対応しているのであり、〈社会―証言―調査者〉の相互作用がもたらしたとみなされているという。二〇〇五年には、韓国口述史研究会も発足した。聞き取りの試行錯誤は日本語訳された『未来への証言』にも反映されている。吉元玉《キルウォノク》さんの証言を聞いた崔キジャは、聞き取り作業が「『慰安婦』というあるカテゴリーや枠を決めておいて口述者らにそれを証明できる〈証人〉になってほしいと要請したわけではない」[*38] と述べている。姜日出《カンイルチュル》の聞き取りを行ったオ・ヨンジュは、姜日出の語りがなぜ「よくまとまったメモを順番通りに読んでいくかのよう」なものになったのか考えをめぐらせ「ハルモニの固定化された記憶の枠は、『あなたたちがこれまで聞きたかったのはこんな話なんじゃないの？』という反問のように思われた」と言う。そして、定型化した話の流れを変えるためにさまざまな工夫をした。[*39]

さらに、第四集から『証言集』の聞き取り活動に加わった梁鉉娥《ヤンヒョナ》は、解放後も続く被害者の心身の傷、家族関係など人間関係の破たんなどについて論じるなかで、証言の聞き手にはどのような姿勢が必要とされるのかについても示唆に富む発言をしている。[*40]

梁鉉娥は、「女性の被害を露わにすることが、その女性を一〇〇%被害者化（victimization）することを意味するわけではない」という。むしろ、被害者「自身の被害を『語り』露わにすること自体が大変な勇気を要することであると同時に、自ら治癒を始めることでもある」とする。また、梁は「これを記録する記録者たちには良心と共感が必要とされる。被害を露わにするということは、被害を生んだ政治社会構造を変化させ被害者たちに治癒をもたらすという目的の下に行われるものであって、彼女たちを無力な被害者にしたてようとするものではない」と、聞き取る側に必要な姿勢を述べる。そして、「実際、『慰安婦』証言は単なる被害の言語ではない。そこには痛み、力、逆説のようなものがあり、主体の複合性が露わになる。苦痛の中でも笑い、『楽しい』という言葉が痛みを伴う、そんな逆説的な言語なのである」[*41]とする。つまり、聞き取り活動は、被害証言を定型化しないように努め、証言者を無力な犠牲者に仕立て上げないよう注意してきたこと、聞き手たちは被害を生んだ政治社会構造の変革をめざす意思をもって聞き取りに臨んだこと、被害証言のなかには力もあり、笑いや「楽しい」という言葉も出現すること、しかしそれらの笑いや「楽しい」が痛みをともなっていることが指摘されているのである。

裁判という条件——具体的な関係性の自覚

長い間沈黙してきた戦時性暴力被害者の語りが切り拓かれる条件、切り拓かれるにあたって被害者支援運動が大きな役割を担ったことを如実に示しているのが、山西省盂県の戦時性暴力被害者の証言を収めた石田米子・内田知行編『黄土の村の性暴力』[*42]である。

同書は、六年間延べ一八回にのぼる聞き取り調査と文献調査の結果をもとにまとめられた。このなかで石田は、「重い沈黙を強いられてきた被害女性たちは、最初から自らの被害を順序だてて語れたわけではな」く、「誰もが自らの被害を恥じ、自分を責め、被害の核心を語ろうとすると気分が悪くなったり失神したりした」という。それは被害女性たちと、聞き手の「過去に向き合おうとする双方向の、苦しいが相互の信頼を築いていく貴重な過程」だったのであり、被害女性たちはやがて、「自分は悪くないという自信を取り戻し」、聞き取り開始から一年半ほどのち、裁判をしたいと言いはじめた。石田は「個人を原告とする裁判という条件は、性暴力被害者の沈黙を破ってのカムアウトという重要な変化を引き出し」たという。被害女性たちが、その経験を自らの責任ではなく、被害なのであり、日本に謝罪させ、名誉の回復が可能であると考えはじめ、そのことに生きる意味を見出したからこそ、初めて聞き取り調査が可能になったということである。ただしここで重要なことは、一方で石田が、「聞き取りの内容が裁判にとって有利かどうかという配慮は全くしていない。以下の証言記録にもそのような配慮はほどこされていない。そうした配慮は語ってくれた人への二重の侮辱であり、私たち自身のやっていることの意味を低めるものであるからである」と強調していることである。[*43]

被害者の「ありのまま」を受けとめた支援運動

観念的な「慰安婦」被害者像を捨て、被害者の「ありのまま」を受けとめ、その意思を何よりも重視した努力を記した貴重な著作が、在日の慰安婦裁判を支える会編『オレの心は負けてない』[*44]である。

七年間という長期に及ぶ「慰安婦」生活と戦後の朝鮮人差別のなかを生き抜いてきた宋神道《ソンシンド》の裁判闘

争とその支援者たちとの関係が語られるこの本では、人に裏切られつづけ、ぬぐえない人間不信をもっている宋神道との信頼関係を築くことがいかに困難であったかが強調される。そして、十数年に及ぶ宋との関係のなかで、観念的「慰安婦」被害者像を捨て、その意思を尊重し、その「ありのまま」を受け入れる覚悟で宋神道と向き合うことに腐心してきた支援者たちは、その結果、彼女が受けてきたすさまじい暴力と差別、絶望、苦しみ、怒りとともに、長年寄り添った支援者にしか知りえない宋神道の豊かな語りと個性的な人間像、意外な側面を伝えることとなった。たとえば宋は、折に触れ日本の民謡や軍歌を歌い、同席する男性に愛想を振りまきサービスすることがあった。さらに、兵隊経験をもつ日本人高齢男性を嫌がるだろうと考えた支援者たちの予想を裏切り、宋は、戦場を知っている元日本兵こそが自分の過酷な「慰安婦」体験を証明してくれるかもしれないと考え、日本人高齢男性が集会に来ることをむしろ歓迎することもあった。

一方で重要なことは、十数年寄り添い続けた支援者にも、宋が決してしゃべらないことがあったということである。それは、初めて日本兵に強かんされたときのことだ。裁判を闘ううえでそれを語ることは重要だとの再三の要請に対しても、宋は苦しみ、もがきながらそのことを語ることはなかった。この沈黙は、その苦痛がはかりしれないものだったことを逆に雄弁に物語っていること、そして「慰安婦」被害の経験は、「通常の経験しかしたことのない者にはとうてい知り得ないもの」であり、「知り得ない」その闇の深さを認識しつつ、「知ろうとする努力を怠らないこと」こそが重要なのだとの同書の指摘は、性奴隷制の被害証言に向き合う研究者が肝に銘じるべき心構えと言えよう。[*45]

日本人「慰安婦」の証言の場――いまだ切り拓かれない被害証言

ところで、日本人「慰安婦」をめぐる状況は、前述の被害者たちとは決定的に違う。その違いは日本人であったこと、もともと人身を拘束されて廃業の見込みのない売春をさせられていた女性が多かったということにとどまらない。

「慰安婦」だった日本人女性たちの大半は、固く沈黙を守り、他人にその事実を知られないよう、ひた隠しに隠している。一方で、わずかに残っている元日本人「慰安婦」の証言からは、彼女たちがもともと親に売られて娼妓・芸妓・酌婦などとして廃業の見込みのない売春生活を強いられているなかで、借金返済のために「慰安婦」になった（させられた）ことがわかる。[*46] 時に「慰安婦」時代を「ましだった」「楽しかった」と証言し、将校の専用の「慰安婦」だったことをなかば自慢する女性もいた。[*47] 戦後、戦友会に出席していた女性までいる。[*48] この点について、かつて私と西野瑠美子は次のように論じた。「慰安婦」になる以前は廃業の自由のない売春生活を強いられていたが、将校相手の「慰安婦」にされてその他の民族より優遇される場合があるとともに、「お国のためになる」と言い聞かされていた。そして、戦後は貧しい暮らしと差別のなかにあったため、相対的に「慰安婦」時代がましな時代として浮かび上がってきてしまうのではないか。つまりこの「ましだった」「楽しかった」という証言は、日本社会が平時から非人道的な性奴隷制と強烈な「売春婦」差別を抱えていたことの現れなのであり、これらの言葉を、この人たちが強いられた境遇やライフ・ヒストリーと切り離してはいけないと強調した。切り離してしまうなら、彼女たちの言葉はまったく違った意味に解釈されてしまう。

これに加えて、証言がなされた場、なされた際の日本社会の状況を考慮しなければならない。民主化を成し遂げ、「慰安婦」被害を国家犯罪とする歴史認識を確立した韓国社会と、日本社会は決定的に違う。日本の戦後は、慰安所をつくったと自ら書いている中曽根康弘が首相を務めたことに象徴されるように[*49]、「慰安婦」犯罪の関係者が政治の中枢に居座りつづけたのであり、そうした政治構造が大きく転換されることはなかった。しかも「慰安婦」は売春婦であり、売春婦であれば何をされても問題ないといった発言が頻繁に政治家の口から飛び出すとともに、性を売る女性たちへの差別が社会に根をはっている。こうした社会では、「慰安婦」被害を他人に知られてしまうのは恐ろしいことであろう。

わずかに残る元日本人「慰安婦」の証言はこうした日本社会でなされたのであり、ノンフィクションライターらが聞き取って書き記したものが多く、しかも一九七〇～八〇年代に出版されたものが多い[*50]。それらのなかには、確かに優れた聞き手もいた[*51]。しかし、被害の回復をめざすことを目的に証言を聞いたわけではなかったし、言うまでもなく、元日本人「慰安婦」で訴訟を起こした人は誰もいない。つまり彼女たちの証言は、裁判支援運動によって条件づけられ、勇気づけられ、支えられてはいなかった。自己卑下することのないように支援し励ましてくれる集団の欠如した状況で、戦前の権力者が変わらずに政治の中枢にいる状況で、そして、売春する女性や「慰安婦」を貶める社会状況のなかでなされた証言なのである。こうしたなかでは、「慰安婦」経験に対する怒りがあっても、それをストレートに表現することは難しく、「慰安婦」だった過去をひた隠しに隠さなければならないので、むしろ自らの履歴を知っている旧軍関係者との戦友会に居場所を求める人がいても不思議ではない。そして、旧軍の身分の高い将校専用の「慰安婦」だったことに、慰めを見出す人がいても理解できよう。慰安所で日本兵に暴力をふるわれたと語る元日本人「慰安婦」はほとんどいない。しかしそれは、暴力が振るわれなかったことを意味するとは限らず、暴力被害をいまだ語れないという可能性もある。つまり、日本人「慰安婦」の証言を朝鮮人「慰安婦」にあてはめることは、せっかく切り拓かれた朝鮮人「慰安婦」被害証言を隠蔽することになるのだ。

筆者は、誰かを批判する目的でこの小文を書いたのではない。これまでの被害者支援運動のなかの試行錯誤と豊かな研究成果が広く伝わり、フェミニストをはじめ「慰安婦」問題に関心を寄せている方々の認識の深まりに、この小文が少しでも貢献できることを心より願っている。

〔注〕

＊1　朴裕河『帝国の慰安婦――植民地支配と記憶の闘い』朝日新聞出版、二〇一四年。ここで言う歴史修正主義とは、「慰安婦」問題をめぐる日本軍の加害責任を否定、歪曲、相対化しようとする言説を指す。

＊2　研究集会「『慰安婦問題』にどう向き合うか――朴裕河氏の論著とその評価を素材に」二〇一六年三月二八日（http://www.0328shuukai.net/）のなかの上野千鶴子発言（「三月二八日当日の会場での発言記録」五三―五五頁）、加納実紀代「『帝国の慰安婦』がひらくもの」、平井和子「集会参加記」、拙文「3・28参加記」。上野千鶴子「『帝国の慰安婦』のポストコロニアリズム」（浅野豊美・小倉紀蔵・西成彦編著『対話のために――「帝国の慰安婦」という問いをひらく』クレイン、二〇一七年）、加納実紀代「『帝国の慰安婦』と『帝国の母』と」（同前書）、平井和子「フェミニズム、ジェンダー史研究者として」（『バウラック通信』一一号、二〇一七年）を参照。

＊3　『帝国の慰安婦』の論が随所で上野千鶴子が九〇年代に発表した論と近似していることは、すでに鄭栄桓『忘却のための「和解」――『帝国の慰安婦』と日本の責任』（世織書房、二〇一六年）四三―四七頁、金富子「上野流フェミニズム社会学の落とし穴」（中央大学商学部『商学論纂』第五八巻五・六号、二〇

一七年三月）も指摘している。

＊4　上野千鶴子「『従軍慰安婦』問題をめぐって」『ナショナリズムとジェンダー』青土社、一九九八年（『新版　ナショナリズムとジェンダー』岩波書店に再録、一二三頁）、「記憶の政治学」同前、一七八―一七九頁。

＊5　前掲、朴『帝国の慰安婦』七七頁。

＊6　同前、八三頁。

＊7　千田夏光『従軍慰安婦――〝声なき女〟八万人の告発』（双葉社、一九七三年、八一―八二頁）から引用された日本人「慰安婦」の証言（前掲、朴『帝国の慰安婦』七三頁）。詳しくは、前掲、鄭『忘却のための「和解」』六四―六五頁を参照。

＊8　前掲、千田『従軍慰安婦』六五―六六頁、一八〇―一八二頁における軍人の証言（前掲、朴『帝国の慰安婦』七〇―七一頁、七六―七七頁）。また、元日本兵古山高麗雄の小説から、自説に都合のよい部分を切り取り、使用している（『帝国の慰安婦』八八―九二頁）。詳しくは、前掲、鄭『忘却のための「和解」』七〇―七八頁。

＊9　前掲、朴『帝国の慰安婦』八〇―八六頁。

＊10　詳しくは、梁澄子《ヤンチンジャ》「被害者の声に耳を傾けているか?」『Fight for Justice ブックレット3　朝鮮人「慰安婦」と植民地責任』（御茶の水書房、二〇一五年）五六―六一頁、前掲、鄭『忘却のための「和解」』七八―八〇頁。たとえば後者は、次のことを明らかにしている。『帝国の慰安婦』は、被害者黄順伊の証言から、「日本人に抑圧はされたよ。たくさんね。しかし、それも私の運命だから。（中略）私をそのように扱った日本人を悪いとは言わない」という部分のみ引用して（九二頁）、彼女が和解への道筋を示しているとする。しかし黄の証言全体を読めば、日本軍人が恨めしいと証言していることがわかるし、実際、黄は日本政府に謝罪と補償を訴えつづけた。ところが、『帝国の慰安婦』は、黄に関するこれらの事実を一切記さないだけでなく、前述の引用部分が黄順伊の証言であることすら示していない。

＊11　前掲、上野「『帝国の慰安婦』のポストコロニアリズム」二五〇頁。

＊12　前掲、加納「『帝国の慰安婦』と『帝国の母』と」二〇六―二〇七頁。
＊13　同前、二一〇―二一一頁。
＊14　前掲、朴『帝国の慰安婦』一四三頁。
＊15　同前、二七六頁。
＊16　前掲、加納「『帝国の慰安婦』と『帝国の母』と」一九八頁。
＊17　セックスワーク論とは、ごく簡単にまとめるなら、売春をその他の労働と同様の労働と捉える論である。たとえば、上野千鶴子「『セックスという お仕事』の困惑」（『発情装置』岩波書店、二〇一五年）。
＊18　阿部浩己「国際法における性奴隷制と『慰安婦』制度」『季刊　戦争責任研究』二〇一五年夏季号、三七頁。
＊19　前掲、加納「『帝国の慰安婦』と『帝国の母』と」二〇〇頁。
＊20　たとえば一九九五年に出版された吉見義明『従軍慰安婦』（岩波新書）には、「それ〔強制連行〕と同様に、あるいはそれ以上に重要なのは、慰安所における処遇や強制の問題である」（一四〇頁）と記載されていることからも、当初から慰安所での強制は問題にされてきたのである。
＊21　前掲、阿部「国際法における性奴隷制と『慰安婦』制度」三〇頁。
＊22　前掲、朴『帝国の慰安婦』一〇一頁。
＊23　前掲、上野「『帝国の慰安婦』のポストコロニアリズム」二四四頁。ほぼ同様の記述が一九九七年初出の前掲、上野「記憶の政治学」一七八頁に見られる。
＊24　前掲、上野「『帝国の慰安婦』のポストコロニアリズム」二四六頁。ところで、『帝国の慰安婦』は、慰安婦を徴集した「法的」責任は、業者たちに問われるべきであり、日本国家の「法的責任」を問うのは難しいとする（四六頁）。しかし同書に同調するフェミニストはこの点についてほとんど言及していない。日本軍が業者に指示命令を与えていたのであり、日本軍の法的責任はまぬがれない。たとえば尹明淑《ユンミョンスク》『日本の軍隊慰安所制度と朝鮮人軍隊慰安婦』（明石書店、二〇〇三年）。
＊25　前掲、加納「『帝国の慰安婦』と『帝国の母と』」二〇一、二〇三頁。

＊26　前掲、平井「フェミニズム、ジェンダー史研究者として」。
＊27　李娜榮《イナヨン》「日本軍『慰安婦』問題解決運動史――ポストコロニアルな正義のための責任の伝承（第七回）」『世界』二〇一七年九月、二三三―二四二頁。
＊28　上巻は二〇〇六年、下巻は二〇一〇年、明石書店から刊行。同書における韓国人被害証言は、前掲『証言集』（한울、一九九三年）、『証言集二』（한울、一九九七年）、『証言集三』（한울、一九九九年）、韓国挺身隊問題対策協議会附設戦争と女性人権センター研究チーム『日本軍「慰安婦」証言集六　歴史をつくる話　日本軍「慰安婦」女性たちの経験と記憶』（여성과인권、二〇〇四年）、挺身隊研究会・韓国挺身隊問題対策協議会編『中国に連行された朝鮮人「慰安婦」たち』（한울、一九九五年）、同二（한울、二〇〇三年）にもとづく。これに加えて、朝鮮民主主義人民共和国の被害証言、在日朝鮮人の被害証言も掲載されている。
＊29　西野瑠美子「証言にどう向き合うか」前掲『未来への証言　上』。たとえば沈達蓮《シムダリョン》は「さんざん殴られて、毎晩、死にそうになっては気がつくというありさま」だった（『未来への証言　下』五四頁）。
＊30　同前書・上。
＊31　同前書・下、三〇頁。
＊32　吉元玉さんは歌のコンクールに出たと述べている（同上書・下、九〇頁）。
＊33　同前書・上、一七四頁。
＊34　同前書・上、八八頁。
＊35　前掲、西野「証言にどう向き合うか」二三六頁。
＊36　同前、二三七頁。
＊37　金富子「『韓国併合』一〇〇年と韓国の女性史・ジェンダー史研究の新潮流」『ジェンダー史学』第六号、二〇一〇年、八八―八九頁。
＊38　前掲『未来への証言　下』一〇六頁。
＊39　同前、二三七―二三八頁。

＊40　「植民地後に続く韓国人日本軍『慰安婦』被害」同前書・下。
＊41　同前、三六五頁。
＊42　石田米子・内田知行編『黄土の村の性暴力――大娘たちの戦争は終わらない』創土社、二〇〇四年。
＊43　同前、二二―二三頁。
＊44　在日の慰安婦裁判を支える会編『オレの心は負けてない――在日朝鮮人「慰安婦」宋神道のたたかい』樹花舎、二〇〇七年。
＊45　梁澄子「宋さんと『支える会』の10年」（同前）、六二頁。
＊46　公娼制度と日本人「慰安婦」との関係については、小野沢あかね「公娼制度と『慰安婦』問題」「戦争と女性への暴力」リサーチ・アクションセンター編／西野瑠美子・金富子・小野沢あかね責任編集『「慰安婦」バッシングを越えて――「河野談話」と日本の責任』（大月書店、二〇一三年）、同「娼妓・芸妓・酌婦からみた戦時体制」（歴史学研究会・日本史研究会編『「慰安婦」問題を／から考える――軍事性暴力と日常世界』岩波書店、二〇一四年）を参照。
＊47　たとえば山内馨子。しかし自殺してしまった（広田和子『証言記録　従軍慰安婦・看護婦――戦場に生きた女の慟哭』新人物往来社、一九七五年）。
＊48　前掲、千田『従軍慰安婦』一九七―二〇七頁。西野瑠美子「日本軍『慰安婦』問題を再構成する――日本人『慰安婦』とジェンダー」『同時代史研究』五、二〇一二年、七〇―七六頁。
＊49　中曽根康弘「二十三歳で三千人の総指揮官」松浦敬紀編著『終りなき海軍――若い世代へ伝えたい残したい』（文化放送開発センター出版部、一九七八年）。
＊50　「戦争と女性への暴力」リサーチ・アクションセンター編／西野瑠美子・小野沢あかね責任編集『日本人「慰安婦」――愛国心と人身売買と』（現代書館、二〇一五年）を参照。
＊51　たとえば、千田夏光『従軍慰安婦　慶子』（光文社、一九八一年）、前掲、広田『証言記録　従軍慰安婦・看護婦』、川田文子『皇軍慰安所の女たち』（筑摩書房、一九九三年）、宮下忠子『思川　山谷に生きた女たち――貧困・性・暴力　もうひとつの戦後女性史』（明石書店、二〇一〇年）など。

コラム　声を上げた現代日本の被害者たち。その声に向き合うために

北原 みのり

『吉原炎上』と『帝国の慰安婦』

廃娼運動の歴史を調べているとき、映画『吉原炎上』（一九八八年）を観る機会があった。嫌な予感しかせず、避けてきたため、私にとっては公開四半世紀後の初鑑賞になったのだが、さまざま考えるよいきっかけになった。

映画は性病検査のシーンから始まる。一九一一（明治四四）年、大火災直前の吉原が舞台だ。吉原の通りを行進する救世軍、それを「商売敵」として疎ましく思う業者の視線、客の男たちの背広姿、過酷な生活に殺され捨てられていく女たち。江戸が遠い昔となった明治末期の東京の片隅で、時代に取り残されたように存在した吉原が描かれている。主人公は名取裕子演じる、親に「売られた」娘だ。自分の運命を呪い、嫌悪と恐怖を剝き出しにしていた娘はやがて官能に目覚め、いくつかの出会いを通じ吉原で生きていくことを自ら選び取る。名取裕子の花魁道中は女の意地と誇りとして描かれる、映画『吉原炎上』の名場面だ。

名取裕子の「成長と変化」の物語は私に朴裕河《パクユハ》氏『帝国の慰安婦』を何度も想起させた。『吉原炎上』と『帝国の慰安婦』の女性への視点は、とてもよく似ている。

前提がおかしい『帝国の慰安婦』への高評価

私は二〇一六年三月二八日、東京大学駒場キャンパスで行われた研究集会で「帝国の慰安婦」には過剰にエロスがあるが、痛みをもつ肉体はないと批判した。エロス的主体としての「慰安婦」像を描くために、被害当事者に最も寄り添い現場で

声を上げてきた支援団体を貶める荒技にも驚くが、日本のフェミニストやリベラルな言論人までもが、「支援団体は自分たちの主張にそう被害者像を練り上げ、その他の女性の声を塞いできた」という朴裕河氏の主張に乗ることもショックだった。

『吉原炎上』と『帝国の慰安婦』は面白いほどリンクする。エロスと残酷が交差する現実を主体的に生きぬく女の物語。さしずめ「挺対協（韓国挺身隊問題対策協議会）」は、吉原の大通りで正義を掲げて歌っているだけの「救世軍」であり、名取裕子こそは「帝国の慰安婦」であろう。

『帝国の慰安婦』を評価するフェミニストは一様に、この本が「慰安婦」問題でタブーとされてきた視点を新たに提示した等と評価する。しかし、『吉原炎上』的まなざしの「新しさ」はどこにあるというのだろう。仮に「新しい」として、そのような評価が可能になるためには、「これまでの韓国女性運動家たちは被害女性のエージェンシーを軽んじ、多様性に目を塞ぎ、同情すべき被害者とそうではない被害者を分断してきた」という前提が必要だ。そもそも、その前提は事実なのだろうか。多くの批判者が明らかにしたように、『帝国の慰安婦』は、事実ではない例（たとえば支援団体が建設した博物館の資金についてなど）を根拠に、支援団体がまるで権力側にあるような印象操作まで行っている。そのような乱暴な論に、日本人フェミニストがやすやすと乗じ、結果的に支援団体批判に加担している現実を、私はフェミニズムの危機と認識する。

ネトウヨ化する「フェミニズムの足場」

「『帝国の慰安婦』という問いをひらく」を副題にした『対話のために』（クレイン）には、「フェミニズムの足場をみつめる」という章がある。ここで上野千鶴子さんは、『帝国の慰安婦』は、支援団体が聴こうとしなかった「慰安婦」女性の声が拾われていると断言している。それゆえにこの本は価値があるらしい。まったくものは言いようだ。支援団体が聞き取った証言を、その前後の文脈から切り離し、著者の主張に沿うように編集されていることに対し批判者は声を上げてきた。その答えが〝彼女たちの声を聴かなかったのは、むしろ支援団体の側〟と、見事にすり替える無茶な力業には言葉を失うしかない。しかも上野さんは、宋《ソン》神道《シンド》さんの「命きたない」から「生き残った」という言葉を引用し、「(「慰安婦」女性が日本軍人と恋愛したからといって)誰が責められるというのだろう」と記している。上野さんに聞きたい。いったい〝誰が責めた〟というのだろう。

また加納実紀代さんは、「純粋無垢な少女像」を「慰安婦」の被害として表彰する支援団体は、「処女」と「非処女」を分断していると「思える」と批判している。少女像＝「処女崇拝」というレッテル貼りをしたうえに、四半世紀にわたり被害者たちの尊厳の回復に尽くし、女性の人権の観点から戦時性暴力を訴え、自国の加害を告発し、国内世論・国際世論を変えていった女性運動への侮辱とも言える印象批判だ。さらに加納さんは、日本の歌を積極的に覚え、ビルマの市場で服や宝石を買ったという文玉珠《ムンオクチュ》さんは「『性奴隷』の語になじまない」とし、「性奴隷」という言葉にこだわる支援者によって文玉珠さんは「二度ころされてしまう」と語っている。加納さんはご存知だろうか。二〇一五年大邱《テグ》でつくられた「慰安婦」博物館には、大邱出身の文玉珠さんが入り口近くの最も目立つ場所で紹介されていることを。文玉珠さんの発言が、右翼にとって格好のネタになっていることも理解しつつ、だからこそ悩み、それでも彼女の人生に敬意を示している支援者たちの葛藤を。

レッテル貼りに印象批判に論理の強引なすり替え。これじゃぁネトウヨなみの歴史修正じゃないか。ここが「フェミニズムの足場」だなんて、どうかしている。

当事者が語りはじめた日本の性の闇

近年、AVやJKビジネスに巻き込まれた女性たちが、自らの体験を語り、被害を訴えはじめている。背景にあるのは、女性の深刻な貧困と発展しつづけるセックス産業だ。私自身、性産業に長年従事してきた者として思うのは、この国がいかに男性の「買春」「ポルノ消費」に寛容であるかということだ。文化として歴史として社会として全方向から男性の「買う権利」を擁護し発展しつづけている日本社会で、どれだけ長期間にわたり、どれだけ多くの女性たちが搾取されつづけてきただろう。その事実に私たちは向き合ってこなかった。そのつけを、最も弱い立場の女性たちがまるごとの人生で支払わされている。

近年、ようやく、八〇年代から発展しつづけたＡＶ業界の闇を告発する女性たちが現れ、九〇年代からの「性的自己決定」だともてはやされた「援助交際」で何が行われてきたのかを、当事者が語りはじめた。歴史的に大きな意味をもつ「被害当事者の声」だ。それなのに、「表現者としての誇りを」とＡＶ出演者の表現の自由を訴える（そのこと自体を私は否定しない）団体のアドバイザリーに上野千鶴子さんが就任するなど、目の前にある被害当事者の声の頭をまたぐように振る舞うフェミニストが少なくない現実は、「慰安婦」問題を長年解決できなかった悪夢の再現のように思えてならない。

痛みを聴き逃さないフェミニストでいるために

この国のフェミニストは、多くの「声」を聴かずに、失ってきた。日本の近代化の過程で石炭船の船底に物のように詰められ外に出て行ったからゆきさんの声も、満州引揚げの女性たちの声も、ＲＡＡ（特殊慰安施設協会）の女性たちの声も、そして「慰安婦」として声を上げ一人で闘っていた城田すず子さんの声も、私たちは聴く機会を失いつづけてきた。聴く人はいたけれど、大きな声にできなかった。聴く準備がなかった、聴く力がなかった、聴ける時代ではなかった。そのようなことはいくらでも言える。だからこそ私は今、韓国の女性団体が聴きつづけ、歩み寄りつづけた運動史から学ぶべきだと考える。構造的差別に実直に抗議し、被害者の声に耳を傾け、声を上げられなかった被害者の声への想像力をもちつづけること。ていねいに、誠実に。それこそが日本に生きるフェミニストがするべきことのはずだ。

第9章　アメリカで強まる保守系在米日系人・日本政府による歴史修正主義

小山　エミ

はじめに

「日本総領事、ブルックヘイブン市の記念碑は『憎悪の象徴』と発言」。

こういったタイトルの記事が米国ジョージア州で複数の地方新聞を出版しているリポーターニューズペーパーズ社のサイトに掲載されたのは、同市の公園へのいわゆる「慰安婦」碑の設置が一週間後に迫った二〇一七年六月二三日だった。

記事は同社のダイアナ・バグビー記者が篠塚隆・駐アトランタ日本総領事に対して行ったインタビューにもとづくもので、記事によると篠塚隆総領事は「慰安婦」碑は日本人に対する憎悪と反感の象徴であるとしたほか、「日本軍が女性を性奴隷にした証拠は何もない」「女性たちはお金を受け取った売春婦だった」などと発言した。

私はこの記事を読み、ついに日本政府の歴史修正主義的な攻勢はここまできたか、と衝撃を受けた。

のちにこの発言が国際的な非難を浴びると、日本政府は「総領事は女性たちが売春婦だったとは言っていない」と公式に釈明したが、公開された取材の録音には「ご存知かもしれませんが、一部のアジアの国・文化には、家族を助けるために『この仕事』に就くことを決める少女たちがいます」という総領事の発言があった。「この仕事」が売春業を指すことは明らかだ。

言うまでもなく、総領事が批判されたのは「売春婦」という言葉を使ったこと自体ではない。「慰安婦」とされた女性たちが、暴力や詐取・債務奴隷などさまざまなかたちの強制を受けていた歴史的事実を否認し、総領事が言うところの「少女」を含んだ彼女たちが、自主的に職業として売春業を選んだかのような発言の趣旨が批判されたのだ。

私が総領事の発言に衝撃を受けたのは、その歴史認識が酷いからというわけではない。多くの日本政府要人の歴史認識がかなり恥ずかしいレベルであることとくらいとっくにわかっている。衝撃的だったのは、日本の外務省がもはやその恥ずかしい歴史認識を対外的に誤魔化す必要すら感じていない、ということだ。これは、「慰安婦」問題をめぐる米国各地でのここ数年のさまざまな動きを目にしてきた私から見て、明らかに変化している点だ。

1　「新一世」らによる反「慰安婦」碑運動と日系人社会

私が米国における「慰安婦」問題をめぐる動きに注目するようになったのは、二〇一四年七月にカリフォルニア州ロサンゼルス郊外にあるグレンデール市に「慰安婦」碑が設置される前後からだ。ロサンゼルス周辺での反「慰安婦」碑運動の中心人物となった目良浩一は、二〇〇六年から現地の日本人たちを対象とした近代史勉強会「日本再生研究会」を開いていたが、その活動は日本語のみで行われていたために、一般の米国人に知られることはなかった。しかし碑の設置をめぐってグレンデール市議会で開かれた公聴会に目良やその仲間が大挙して押し寄せ、「慰安婦問題は嘘だ」「慰安婦碑の設置は日本人に対するいじめやヘイトクライムを誘発する」と騒いだことで、日本の歴史修正主義者が米国で活動していることが初めて広く知られるようになった。

反「慰安婦」碑運動をしていたのは、アメリカ生まれの日系アメリカ人ではなく、「新一世」と呼ばれる一九八〇年代以降の移民や現地に駐在している日本人たちだったが、一部のメディアは間違って「日系人が反対運動を起こしている」と報道した。もともと現地の日系人たちは「慰安婦」問題にそれほど関心をもっていなかったが、報道によって歴史修正主義の跋扈を知り、またそれが「日系人による運動」と間違って解釈されていることを知った彼らは、碑の設置を進めていた韓国系アメリカ人団体との連帯を表明し、碑の除幕式には日系人団体の「市民権と名誉回復を求める日系人の会」(NCRR)と「日系アメリカ人市民連合」(JACL)現地支部の人たちが駆けつけた。また、のちに目良らがグレンデール市に対する裁判を起こした際は、カリフォルニア州日系アメリカ人弁護士会と同韓国系アメリカ人弁護士会がグレンデール市側を支持する共同声明を出した。

NCRRは、第二次世界大戦中の日系人収容政策に関してアメリカ政府からの謝罪と補償を求めるために一九八〇年に設立された団体だ。八八年に政府がその要求に応じてからも、アメリカや日本における民族的マイノリティの権利と人権侵害是正を推進する活動をしている。たとえば最近ではトランプ政権下において移民やムスリムに対する迫害の危険が高まるなか、かつて似たような迫害を経験した日系人たちは真っ先に彼らへの連帯を表明している。「慰安婦」碑の除幕式に招かれた同団体のキャシー・マサオカ共同代表はスピーチで、アメリカ政府による公式な謝罪と個人賠償が強制収容政策の被害を受けた日系人たちにとってどれだけ大きな意味をもったか語り、日本政府が元「慰安婦」に対してより明確な謝罪と個人賠償を行うよう訴えた。

そもそもアメリカにおいて日米開戦とともに日系人収容政策がとられた背景には、日系人は当時の大日本帝国および日本軍の手先であり、アメリカ国籍であっても信用に足らない、という人種的偏見があった。戦後の調査により、そうした偏見にはなんの根拠もなかったことが明らかになったが、それから何十年もたった今もアメリカへの忠誠心を疑われることが日系人にとって歴史的トラウマとなっている。あとからやってきた保守系日本人たちが、そうした事情も理解せずに「日系人」代表のようなふりをして大日本帝国を擁護する運動を始めたことに、日系人たちが反発するのは当然だった。

2　グレンデール「慰安婦」碑裁判と否定論者への対抗運動

二〇一四年二月、目良らがグレンデール市に設置された「慰安婦」碑の撤去を求めてロサンゼルスの連邦地方裁判所で訴えを起こす二週間前に設立した団体が、「歴史の真実を求める世界連合会」（GAHT）だ。この団体には、日本再生研究会以来の目良の仲間に加え、藤岡信勝（新しい歴史教科書をつくる会理事・前会長）、山本優美子（なでしこアクション代表、在特会元副代表・事務局長）、加瀬英明（史実を世界に発信する会代表）ら、日本の保守論壇でよく知られた「慰安婦」否定論者がＧＡＨＴ幹部に名を連ねた。

グレンデール「慰安婦」碑裁判における目良やＧＡＨＴの主な主張は、グレンデール市という一自治体が「慰安婦」問題を取り上げたことは、アメリカ合衆国憲法において連邦政府のみがもっている外交権限を侵害するものだ、というものだった。日本の支援者に向けては「裁判を通して歴史的事実を明らかにしていく」と言いながら、訴状には歴史的事実に関する主張は一切ない。また当時、一部の保守系メディアでは「『慰安婦』碑設置により日本人の子どもたちがいじめられている」というデマが宣伝されていたが、裁判では目良らはそのような具体的な被害も主張もしなかった。

裁判は連邦裁判所とカリフォルニア州裁判所で同時に行われ、三年続いたが、原告の目良らは結局五か所の裁判所において全面的に敗訴した。さらにカリフォルニア州裁判所は、原告の訴えは「連邦主義と民主主義の根本的な原理に反するものだ」として、なんの正当性もなく自由な言論を封殺する恫喝訴訟（ＳＬＡＰＰ）だと認定し、原告に被告グレンデール市への裁判費用の弁償を命じた。

目良や日本の保守派は、裁判闘争と並行してアメリカ各地に住んでいる日本人たちの組織化も続けている。ロサンゼルスのほかにもサンフランシスコやニューヨークなど多数の都市では、繰り返し「慰安婦」否定論を宣伝するイベントが開かれている。頻繁に登壇するのは、目良に加え、前述の山本優美子、「テキサス親父」として知られるアメリカ人ユーチューバーのトニー・マラーノ、そのマラーノの「日本事務局」を名乗る企業経営者の藤木俊一、宗教団体「幸福の科学」系の「論破プロジェクト」代表の藤井実彦らだ。ほかに、元衆院議員の杉田水脈や、日本会議に深いつながりをもつ教育学者の高橋史朗、「日本近現代史研究会」事務局長でＧＡＨＴ理事にもなった細谷清、「新しい歴史教科書をつくる会」の藤岡信勝らが参加することもある。これらの集会の多くは、幸福の科学の米国支部によって会場の予約などが行われていることが確認されている。

こうした集会のほとんどは日本語で開催され、告知も日本語でしか行われないので、日系アメリカ人を含め一般のアメリカ人にはそれが行われていることすら知られることはなかった。しかし、二〇一四年末にサンフランシスコ近郊で開かれた「慰安婦」否定イベント以降、こうした動きに反対する現地の日本人やアメリカに移住した在日韓国・朝鮮系の人たちによってその動向が明らかにされ、さまざまなアジア人やアジア系アメリカ人のグループ、反戦団体、女性団体などが連携して「慰安婦」否定論者への抗議運動が展開された。

二〇一五年の三月にニューヨークでマラーノ・山本・高橋らが登壇した「慰安婦」否定イベントは、もともとニューヨーク日系人会館での開催が予定されていたのだが、「歴史についての学習会をする」としか聞かされていなかった日系人会館は開催直前になってその実態に気づき予約をキャンセルした。主催者らは急遽近くのレストランを借りて集会を開いたが、そこにもニューヨークの団体「核国家に反対するナマケモノの会」をはじめ、国連女性の地位委員会に参加するために現地を訪れていた日米の平和・人権活動家らによる抗議デモが押しかけた。

「慰安婦」否定派への抵抗運動として圧巻だったのは、二〇一五年四月にシアトルから二時間ほど内陸に行ったところにあるセントラルワシントン大学で行われた「慰安婦」否定イベントに対抗する動きだ。このイベントは、アメリカ人に訴えかけることを目的に英語で開催され、アメリカの大学のキャンパスにおいておそらく初めて行われるという点で、それまでのほとんどすべての「慰安婦」否定イベントとは一線を画していた。

セントラルワシントン大学での「慰安婦」否定イベントを主催したのは、同大学で日本語講師をしている岡田コリンズまり子だ。このイベントはもともと、二〇一一年の東京都知事選に出馬した泡沫候補として知られる谷山雄二朗が制作した「慰安婦」否定論を訴える映画の上映と谷山の講演として企画されたが、谷山のメッセージはアメリカ人には伝わらないという懸念から、直前になってシンポジウム形式に変更され、目良らの講演がプログラムに追加された。また、谷山の三時間を超える映画は急遽四五分に編集されたうえで上映された。

「慰安婦」否定論の映画をつくった日本人映画監督が自分たちのキャンパスに来ると知った学生や教員・スタッフたちはこれに憤慨し、さまざまな人たちがさまざまなかたちで対抗する動きを始めた。このような反応が学内から起きたことには、谷山が自分の映画の予告編を動画サイトで公開していたため、多くの人がその内容がどれだけ酷いものなのか事前に知ることができたことが大きい。さまざまな対抗する動きのなかで一番大きなものは、人類学部准教授のマーク・アウスランダーが企画した、人類学・歴史学・政治学・文学などさまざまな分野の専門家によるパネルで、これには数百人の学生たちが参加した。また、これとは別に歴史学部は、学部に所属する全教員による連名で、日本政府に「慰安婦」問題の公正な解決を求める声明を発表した。

学生たちの企画としては、元「慰安婦」たちの証言を伝える短いドキュメンタリー映画の上映と、演劇学部の学生によるそれとは別の証言の朗読が行われた。また、中国人留学生のグループは岡田が企画した否定派側のイベントの会場の外で静かにメッセージを記したプラカードを掲げる抗議活動を行った。

3　サンフランシスコ市での「慰安婦」碑設置をめぐる攻防
――日本政府の圧力に揺れる日系人コミュニティ

二〇一五年七月、サンフランシスコ市で立ち上がった「慰安婦」碑設置の動きは、在米日本人を中心とする「慰安婦」否定派と、それに対抗するさまざまなグループの全面衝突の場となった。これまでもアメリカではグレンデール市をはじめいくつかの街に「慰安婦」問題に関連した碑が設置されているのだが、サンフランシスコ市ほどの大都市に設置されるのは初めてのこととなる。

市議会が碑設置を認める決議をしようとしている、というニュースはなでしこアクションらによって大々的に拡散され、主に日本から何百通もの反対意見が市議会に殺到した。はじめ市議会はこの決議がそれほど反発を浴びるとは思ってもいなかったようだが、GAHTの目良、幸福の科学の田口義明、セントラルワシントン大学の岡田ら、多くの在米日本人が市議会に押しかけ反対意見を述べた結果、委員会で公聴会を開き夏休み明けの九月に採決をとることになった。

サンフランシスコ市で「慰安婦」碑の設置を求めて二年ほど前から活動していたのは、中国系アメリカ人を主体とする「南京大虐殺賠償請求連合」（RNRC）という団体だ。しかし在米日本人たちによる反対運動に対抗して、前年の「慰安婦」否定派集会に対する抗議活動を行った平和団体やアジア系アメリカ人団体などが集結し、「慰安婦公正連盟」を発足させた。この連盟に参加したのは、RNRCをはじめとする中国系アメリカ人団体のほか、NCRRなどの日系人団体、「日本多文化救援基金」のような在米日本人や被差別日系（アメリカに住んでいる在日韓国・朝鮮人や沖縄やアイヌの人びと、被差別部落出身者など、在米日本人コミュニティの内側にいるマイノリティ集団のこと）の団体、韓国系やフィリピン系やその他のアジア系アメリカ人団体、「平和を求める退役軍人の会」や「コード・ピンク」のような平和団体、国際的な連帯行動に取り組んでいる労働運動、人権や平和の問題に取り組む宗教関係者や学者たち、その他さまざまな団体や運動にかかわる人たちだ。

しかしサンフランシスコ市では、これまで「慰安婦」碑をめぐって論争が繰り広げられてきたほかのどの街でも見られなかった問題が浮上した。それは、在米日本人ではなく日系人社会からの組織的な反対論だ。すでに述べたとおり、それまでアメリカにおいて「慰安婦」碑設置に反対してきたのは主に「新一世」の在米日本人や移民であり、数世代前からアメリカに住んでいる日系人たちではなかったのだが、サンフランシスコでは市内のジャパンタウンの有力者たちのうち数人が反対に回った。たった数人とはいえ、彼らは日系人社会のリーダー格であり、選挙運動などを通した市議たちとの関係も深いため、無視できない影響をもった。

サンフランシスコの「慰安婦」碑
（撮影：山口智美）

念のため言っておくと、ジャパンタウンの反対論者たちは、目良らとは違い、「慰安婦」問題の歴史的事実に異論があるわけではない。彼らはアメリカ社会ではリベラルと呼ばれる立場であり、数年前にサンフランシスコ市と姉妹都市の関係にある大阪市の橋下徹市長（当時）

が「慰安婦」制度を正当化するような発言をした際には、大阪市長を非難する決議に率先して賛成していた。しかし今回彼らは、「慰安婦」碑設置の動きが、再び第二次世界大戦のときのような日系人排斥・日系人差別の風潮を引き起こさないか懸念している、というのだ。

「慰安婦」碑に賛成している日系人たちが反対派の日系人たちと対話を続けていくうちにわかったのは、山本ら日本の右派や目良ら在米日本人だけでなく、在サンフランシスコ日本総領事館自体が、ジャパンタウンの有力者たちに対して強力に働きかけていた、という事実だ。それまでにも「慰安婦」に関する決議を審議している自治体に対して日本の外交官が出向いて「日本政府の立場を説明する」というような働きかけはあったが、サンフランシスコ市では日本政府が直接ジャパンタウン有力者に働きかけ、「慰安婦」碑に反対の運動を起こすよう促したという点で、これまでより数段踏み込んだかたちだ。

ジャパンタウン有力者たちの話によると、彼らは「碑が設置されたグレンデール市では日本人や日系人の子どもたちがいじめやヘイトクライムの被害にあっている」という説明を受けたという。また、「慰安婦」碑設置運動の裏には中国政府がいて、日米分断を画策している、との「真相」を教えられた人もいた。これらが事実だとするなら日本政府自体が日本の一部保守系メディアで垂れ流されているような悪質なデマを日系アメリカ人たちに吹き込んでいるということになる。

また私は現地取材で、日本政府が日系人たちが運営しているさまざまな団体に対して、日本企業からの寄付の引き上げをちらつかせて圧力をかけてきたというジャパンタウン関係者たちからの証言を得た。そうした圧力を受けたとされる団体のなかには、高齢の日系人や日本人を支援している団体や、ホームレスの人たちのために食事を提供するなどの活動を行っている団体などがある。前者の団体は、第二次世界大戦後にアメリカ人と結婚して渡米した日本人女性を多く支援しているが、実質的に高齢の日本人女性やホームレスの人たちの生活を日本政府が人質に取ったかたちだ。また、ジャパンタウンにある日系アメリカ人歴史協会にも総領事が出向いて、あろうことか歴史の専門家に対して「日本政府の考える慰安婦の史実」をレクチャーしたそうだ。

サンフランシスコ市の市議会は一一名の定員で、そのうち「慰安婦」碑決議の共同提案者は、中心になって働きかけていたエリック・マー市議を含め、八人いた。残りの三人は、ジャパンタウンを選挙区に含む市議をはじめ、決議に慎重な姿勢を見せた。しかし委員会での公聴会を経て九月にこの決議の採決が行われると、結果は全会一致での成立だった。このような結果になったのには、市議会内部での根回しの成果もあっただろうが、公聴会での「慰安婦」否定派の行動に最も大きな原因があると考えられる。

公聴会では、賛成派・反対派ともに多数の人たちが証言をした。賛成派の筆頭に立ったのが、韓国系アメリカ人団体の手引きでこの日のために韓国から訪れた「慰安婦」被害者の李容洙《イヨンス》で、彼女の証言のあとには議場から大きな拍手が湧き上がった。また、ほかにも日系人やその他のアジア系アメリカ人や、平和団体のメンバーなど、さまざまな人たちが決議に賛成の証言を行った。そのなかには、家族が広島で原爆の被害を受けたという自身の背景から元「慰安婦」への連帯を表明した日本人留学生もいた。

一方反対派は、ロサンゼルスからGAHTの目良や水島一郎、同じくロサンゼルスの日本人団体「真実の日本ネットワーク」の今村照美らが参加し証言した。なかでも目良は「二〇万人の被害者、強制、性奴隷など、慰安婦問題について言われていることはすべて嘘だ」と言ったのち、サンフランシスコ州立大学の人類学者サラ・ソー教授の著書を振りかざし、目の前にいる元「慰安婦」の李を名指しして「この人の証言は信用できない」と批判した。李の証言がソーの著書に書かれている内容と矛盾している、という指摘のようだが、目良が振りかざしていたソーの著書「The Comfort Women: Sexual Violence and Postcolonial Memory」（シカゴ大学出版、二〇〇九年）では、元「慰安婦」の証言の一部に誇張や間違いが含まれることは、日本の保守派が言うような「日本は事実と異なることでいわれのない非難を受けている」ということを意味しない、とはっきり指摘されている。

目良や水島のこうした発言に対して、議長を務めたマー議員は「あなたは李氏を嘘つきだというのか」と激しく反発し、またデイヴィッド・カンポス議員は目良らの言動が信じられないといった様子で「恥を知れ」と四回繰り返したうえで、「このような発言の後ろに日本政府がついているのでなければいいが」と表明した。日本政府が裏で進めていた、日系人コミュニティや市議たちへの巧妙な働きかけが、目良らのスタンドプレーによって瓦解した瞬間だった。公聴会でのあの発言を聞いたうえで、「『慰安婦』問題の史実を伝える記念碑は必要ない」という立場をとれる市議は、もう一人もいなかった。

外務省や現地の大使館や総領事館などを通した日本政府の暗躍は、日系アメリカ人コミュニティへの働きかけにとどまらない。たとえば、サンフランシスコで「慰安婦」碑設置が決定した翌月（二〇一五年一〇月）、アメリカを訪れた韓国の朴槿恵《パククネ》大統領に対する抗議活動を行った自称「ベトナム系アメリカ人団体」の背後に、日本政府が「歴史問題」について契約しているロビー業者がいたことが明らかになっている。

「ベトナムの声」を名乗るこの団体は、朴大統領の訪米以前に何の活動実績もなかったにもかかわらず、彼女の訪米に合わせて初めて登場し、『ウォールストリート・ジャーナル』紙に一面カラー広告を掲載。さらには全米記者クラブでの会見にはノーム・コールマン元上院議員が出席し、ベトナム戦争における韓国軍による市民への性暴力やその他の暴行について、韓国軍と韓国政府の責任を追及した。この元上院議員こそ、日本政府が「歴史問題」対策で契約している国際法律事務所ホーガン・ロヴェルズ社に所属するロビイストであり、記者会見を設定したのもホーガン・ロヴェルズ社だった。ちなみに、GAHTの裁判において日本政府が提出した原告支持の意見書（後述）を準備したのもホーガン・ロヴェルズ社だ。

4　日韓「合意」後における日本政府の対外的主張
——「強制連行は虚偽、二〇万人は無根拠、性奴隷は事実に反する」

二〇一五年の年末、日韓外相による「慰安婦」合意が発表されたとき、ホワイトハウスを代表してこれを歓迎する声明を出したのは、国家安全保障担当スーザン・ライス大統領補佐官だった。以前から「アメリカの軍事・外交上の必要から、アメリカ政府は日韓に働きかけて何らかの手打ちをさせようとしている」という解説がメディアで見られたが、安全保障担当の補佐官が真っ先に歓迎の声明を出したことはこれを裏づけるものと言える。

アメリカ政府の歓迎声明の影響を受けてか、日韓「合意」は主なメディアでも好意的に報道され、事情をよく知らない人には、それが一九九三年のいわゆる河野談話から何の進展も見られないものであることや、被害者である元「慰安婦」の方たちの声を一切反映していないこと、そして数々の国連委員会からの勧告やアメリカ下院決議の要求にはるかに及ばないものであることなどは、わかりにくいものだった。しかしこれまで「慰安婦」問題に取り組んでいた人たち、たとえばサンフランシスコやグレンデールで「慰安婦」碑を推進・擁護してきたり、ニューヨークなどで「慰安婦」否定派に対抗してきた人たちが「合意」への批判を表明すると、そうした意見も一部のメディアで取り上げられるようになった。

二〇一五年末の日韓「合意」によって日韓両国が「慰安婦」問題を国際社会において「互いに非難・批判することは控える」と取り決めて以降、日本政府は「慰安婦」問題における攻勢をさらに強化していく。その決定的な転換点が、二〇一六年三月にジュネーブで開催された国連女性差別撤廃委員会における杉山晋輔・外務審議官（現外務事務次官）の発言だ。

杉山審議官は「慰安婦が強制連行されたという見方が広く流布された原因」は吉田清治の書籍『私の戦争犯罪』（三一書房、一九八三年）やそれを扱った『朝日新聞』のせいであるとし、それらの記述は虚偽であったと主張した。また、「慰安婦」の総数が二〇万人だったという具体的な裏づけがない、「性奴隷」という表現は事実に反する、とも説明した。これらは、河野談話や「女性のためのアジア平和国民基金」（以下、「国民基金」）の設置、首相の謝罪などをあげ、日本政府は被害者に誠心誠意向き合っている、というそれまでの外務省の対外メッセージと明らかに異なる。

この「強制連行は虚偽、二〇万人は無根拠、性奴隷は事実に反する」という三点セットは、歴史修正主義者たちのかねてからの主張（「慰安婦」は高級の売春婦、など）をよりマイルドに言い換えたものであり、「河野談話は実質的に破棄・上書きされた」と歴史修正主義者らに歓迎された。

二〇一七年初頭に日本政府が米最高裁に提出した意見書は、この三点セットが日本政府の公式な立場として定着したことを示している。当時、グレンデール市に設置された「慰安婦」碑をめぐるGAHTの裁判で原告は連戦連敗を重ね、ついに最高裁に控訴していたが、アメリカの司法制度において最高裁が控訴を取り上げるのは下級審でよほどの間違いがあった場合だけ。しかもこの時点でGAHTは資金が尽きていたためそれまでの弁護士を解雇し、法的知識のない目良や山本・細谷らが書いた控訴書類を弁護士に頼み込んで定額で法律文書の体裁を整えてもらったという状況で、GAHTの完全敗訴は目前だった（実際、その数か月後に最高裁が控訴を棄却し、原告敗訴が決定した）。

なぜこのような惨状にわざわざ日本政府が巻き込まれにいったのか、そもそも原告を支援するつもりがあったならなぜもっと早く参加しなかったのかはわからないが、原告が主張していた「碑の設置は連邦政府の外交権を侵害する」という建前とともに日本政府がこの意見書において主張したのは、杉山審議官が女性差別撤廃委員会で披露した三点セットだった。

冒頭で取り上げたブルックヘイブン市では、「慰安婦」碑お披露目の前日に開かれた市議会で、一〇人の発言者（「テキサス親父」ことマラーノを含む）が設置反対の意見を述べた。さすがに「慰安婦は自ら売春を選んだ少女たち」という趣旨の発言が報じられた篠塚総領事は参加しなかったものの、駐アトランタ日本総領事館から大山智子領事が参加し、三点セットを主張した。

過去にもグレンデール市やサンフランシスコ市、あるいは「慰安婦」碑が提案されたけれど実現しなかった他の街でも、その地域担当の日本総領事館が自治体や地元の団体に働きかけることはあった。現地に進出している日本企業の撤退をほのめかしたり、日本でトラブルを抱えている地元住民に便宜をはかるような要望を受け入れたりするなどの働きかけもあった。しかしブルックヘイブン市のように、総領事館のスタッフが地元メディアのインタビューを積極的に受けたり、直接市議会に乗り込んで公の場で歴史的事実について反論するというのは、これまでなかった。それが、冒頭で述べたように、私がブルックヘイブン市で起きた事件に衝撃を受けた理由だ。

もっとも、日本政府が最高裁に提出した意見書に何の効果もなかったのと同じように、総領事館の強硬な働きかけが功を奏したかというと、むしろ逆に「日本政府は歴史を隠蔽しようとしている」という印象を与え、「慰安婦」碑の必要性を印象づけるようになったように見える。なんのことはない、サンフランシスコ市で目良がスコアした自責点を、ブルックヘイブン市では日本政府自身が行ったようなものだった。

『産経新聞』も二〇一七年七月八日の記事において、日本政府による反論について「米国で像設置問題が浮上すると必ず起きる応酬なので、韓国系団体も日本側の反応は折り込み済みだろう。こうした説明を『日本は反省していない』と吹聴し、逆利用する節もある」として、「日本側に新たな教訓を示した」とまとめた。

おわりに

「慰安婦」問題へのバックラッシュが盛んになった一九九〇年代半ば（たとえば「新しい歴史教科書をつくる会」は一九九六年設立）から二〇一五年まで約二〇年の間、日本政府や日本の保守政治家たちは、国内に向けては「強制連行は虚偽、二〇万人は無根拠、性奴隷は事実に反する」という三点セットを繰り返しつつ、対外的には河野談話の堅持や「国民基金」による償いが行われたことを訴えるという二枚舌を使ってきた。しかし杉山審議官の国連女性差別撤廃委員会での発言以降、そうした姿勢は大きく転換された。篠塚総領事の失言（「性奴隷ではない」としつつ、では実際には何だったのかは明言しないのが日本政府の姿勢なのに、うっかり本音を漏らしてしまった）もその延長線上にある。

日本の政治情勢を見るかぎり、こうした日本政府の攻勢は今後も続くのだろう。いや、野党・民進党の蓮舫代表（当時）すら、ブルックヘイブン市に「慰安婦」碑が設置されたことについて「日本政府として許せない話だと思う。しっかりものを言っていきたいし、（政府にも）言ってもらいたい」とコメントしている（『産経新聞』二〇一七年七月一日）。また、日本政府とのつながりは不明だが、グレンデール市の「慰安婦」碑に賛成した日系人団体の代表者に対して、人種問題の専門家であり日系人社会とのつながりがある竹沢泰子京大教授が「日本（政府）の立場」を説明し説得しようとするという事態も起きている。以前なら一部の右翼だけが言っていたようなことを政府やリベラル寄りの政治家・学者までもが発言するようになっている事態は、まさに日本社会そのものが大きく歴史修正主義に引きずられている証左だろう。

二〇一七年現在、アメリカの日系人社会は、大きな転機を迎えている。その理由の一つは、トランプ政権における反移民・反ムスリム的な政策が注目を集めるなか、かつて日系人であるというだけで迫害を受けた歴史を引き受け、今、権利を脅かされている移民やムスリムたちにどう連帯するかという課題だ。もう一つは、日本政府が歴史認識問題などをめぐる「対外発信」を目的として多額の予算をつけた結果、日本政府の日系人団体に対する影響力が強まりつつあることだ。その結果、より「アジア系アメリカ人」としての意識が強く政治的にリベラルな若い日系人と、それらの団体を運営あるいは財政支援する日系人指導層の対立が深化している。日本でもアメリカでも、しばらくは日本の歴史修正主義の影響はおさまりそうにない。

コラム　安倍政権と「慰安婦」問題──「想い出させない」力に抗して

テッサ・モーリス＝スズキ

一九六九年に出版された、英国の作家R・C・ハッチンソンの小説〝Johanna at Daybreak〟は、ホロコーストにおいて相対的にマイナーなものとはいえ加害の役割を担ってしまった女性の物語である。主人公の女性ヨハナ・シェフター（Johanna Schechter）は、自分の行ってきたことへの罪の意識にさいなまれつづけ、戦争末期になると心を病み、記憶を失った。しかし、類似する状景や過去の人びとに遭遇するたびに、少しずつだが彼女の記憶は呼びおこされていく。それは、他者に苦しみと死を与えることへの共犯関係にあった自分の過去を見つめる過程でもあった。戦時下に行われた不正義とそれに対する自らの責任を認知すると、ヨハナは絶望的な罪の意識に圧倒された。彼女は、再び記憶喪失の世界に撤退を試みる。忘れてしまえば、その特定の過去は、存在しないからだった。しかしそれは不可能だった。一度過去を想い出してしまえば、忘却の道は閉ざされていたのだから。[*1]

この小説は、戦争の記憶とその責任に関する、きわめてパワフルな物語であり、また、今日の日本で議論されるいわゆる「慰安婦」問題の性格を照らし出す。日本帝国陸海軍がアジア太平洋戦争中に築き上げた巨大な「慰安所」制度の事実は、誰でも知っている。その制度の被害者となった女性たちには、もちろん決して忘れることができない過去だ。一九五〇年代、六〇年代、七〇年代には、（第七一代日本国総理大臣だった中曽根康弘を含む）日本軍将兵たちが、「慰安婦」にかかわる回顧録を出版した。[*2]しかし敗戦後三〇年を過ぎても、多くの日本人は、公共の場で被害者たちの声を聴

くことはなかったし、また気づくに値しないと思われる過去だった。この意味において「慰安婦」は、八〇年代になるまで、日本社会一般および日本政府にとっては「忘れられた物語」であったと指摘しても、それほど間違いではなかろう。

一九八〇年代そして九〇年代になると、韓国やアジア諸国での民主化の動きとともに、しかし、この忘却のヴェールは引き剝がされた。各地で被害者たちが声を上げることのできる空間がつくられていく。また人権やジェンダー関係のNGOたちが、これらの声を公共の場に提起した。日本では、吉見義明をはじめとする研究者たちの地道な努力で、日本帝国軍による「慰安所」制度の実態にかかわる多くの公文書および証拠が掘り起こされ、公表された。この「想い出すこと」への流れが、一九九三年の「河野談話」を含む、日本政府によるいくつかの謝罪声明に結びついた。しかしこれらの謝罪が、日本政府による被害者への直接の賠償支払いにはつながっていない。そればかりか、「想い出すこと」は、自国の戦争史の不都合な局面を否定および隠蔽しようとする日本の右派からのバックラッシュも生んだ。こういった「否定論者(denialists)」の中心部に位置したのが、現総理大臣・安倍晋三だった。

戦時下における真実を掘り起こし、それを次世代に語り継いでいく作業は、時として「忘れ去ることへの記憶の闘い」と描写される。実際には、その描写よりももっと困難で深い意味をもつ、と私は考える。安倍およびその支持者たちのこの問題への対応の仕方は、単にある部分の歴史を「忘れてしまった」だけにとどまらない。ハッチンソンの小説のなかでヨハナ・シェフターがたどり着いた結論のように、一度想い出したことを再び忘れ去るという選択肢はない。彼女が「忘れてしまった」のは受動的かつ無意識的にである。一方、日本の否定論者たちが選んだアプローチは、「能動的かつ意識的に想い出させない(un-remembering)こと」すなわち記憶の破壊と抹殺への試みだった。このアプローチの過程では、すでに確立された記憶を不鮮明にし侵食させる「言葉のゲーム」が、主要素として構想・構築された。

一つの記憶を他の記憶と意図的に置き換え、それを学習させることによって、「想い出させない」よう人間を訓練できるのは、心理学の研究で示されている。最近の研究実験は、そこからさらに踏み出し、「置き換えによって忘れさせる記憶(retrieval induced forgetting)」と呼ばれるものへのプロセスに焦点があてられている。この実験で被験者たちは、二つの言葉の「関連(association)」を提供される。この作業を継続して行うと、人には意識的に稽古したわけではないのに、一つの言葉がもともともっていた意味を認知する能力の減少作用が生じる。例をあげよう。長い期間にわたり「川＝ナイル」という言葉を一つのセットとして話しそして書けば、「川の名前」を問われた際、被験者は即座に「ナイル」と答える。興味深いのは、この実験での被験者たちが「ナイル」以外の「川の名前」を想い出すのに、しばらくの時間を要した点だった。「能動的かつ意識的に想い出させない(un-remembering)こと」は、トラウマをもつ被害者の救済や欲しない記憶の解体のために役立つ、と研究者たちは信じる。[*3]

もちろんここで、日本政府や日本のメディアが「置き換えによって忘れさせる記憶」テクニックを能動的かつ意識的に採用している、と私は主張したいわけではない。しかし近年における「慰安婦」問題のディスコースを検証すれば、日本では実際上そのテクニックの複製品が使用されていることがわかるだろう。ここでのディスコースは、ほとんど強制されたと思えるほど特定のフレーズとフォーミュラによって奇妙に性格づけられる。日本の一般大衆は、「慰安婦」という言葉を「他の定式化したフレーズ」とセットとして「関連」づけることを強いられてきた。「能動的かつ意識的に想い出させないこと」の研究で示されたように、このことは多くの人たちにとって、「慰安婦」という言葉が「定式化したフレーズ」以外の（以前「慰安婦」という言葉が有していたはずの）言葉・物語・映像・声と関連づけさせることを困難にする。

この過程が本格的に開始されたのは、二〇〇六〜〇七年の第一次安倍内閣のときだった。まず「強制（forced）」という言葉の意味の再定義が行われた。二〇〇七年三月五日、「慰安婦」の徴募は「強制」ではなかった、と安倍は国会で発言した。「狭義の意味の（軍の）強制性は、それを裏付ける証言はなかった」。安倍の説明によれば、「狭義の強制」とは、「官憲が家に押し入って、人さらいのごとく連れて行く」ことを指すそうだ。[*4] もちろんこの「狭義」における「強制」という言葉の再定義は、一般に理解される「強制」という言葉のもつ意味とかけ離れている。「強制」連行は、何も家のなかだけで起こることではないし、公共の場でもその他あらゆる場所でも起こりうる。また「官憲」が直接「強制」連行するだけではなくて、「業者」あるいは仲介する者たちが行う場合もある。それにもかかわらず、日本の右派メディアは、「慰安婦」問題における「強制」性という言葉を、「狭義の意味の強制」性として再定義した。このことは、一般における「慰安婦」関連での「強制」性という言葉の理解を、尋常なものとは異なるよう著しく捻じ曲げた。

この過程における第二のステップは、「慰安婦」のイメージを、ある特定できる「騙し屋（trickster）」と結びつけるものだった。日本軍による戦時下の性奴隷制度は、この騙し屋の創作によって捏造されたフィクションであるとし、「慰安婦」制度全体をある特定の人物と関連づけた。その特定の人物こそ、戦時下、労務報国会下関支部に所属していた吉田清治だった。吉田は一九八三年の著書で、自身が日本軍兵士一〇人の応援を受け、済州島で二〇五人の婦女子を「慰安婦」要員として強制連行した、と告白した。のちにこの証言の主要箇所は虚偽のものであると判明する。その証言に虚偽の部分が含まれていたことが、吉田清治をきわめて「有用な」人物に仕立てあげた。吉田は二〇〇〇年に他界した。したがって、彼の証言の他の部分に関する討議は、もうできないからだった。

二〇〇七年三月になると、安倍晋三が吉田清治の亡霊を再登場させて、「慰安婦」強制連行の「神話」を否定した。続けて安倍は、（吉田証言は一九九〇年代に日本の主要紙すべてで報道されていたのにもかかわらず）その虚偽の証言を報道し拡散した『朝日新聞』を特定し、激しく攻撃した。[*5] 五年後の二〇一二年一二月、自民党総裁選挙のキャンペーンでは、『朝日新聞』が「慰安婦」強制連行のデマを大衆に植え付けた、と安倍は再び非難した。この発言に共鳴するように、右派メディアである『産経新聞』は、当時すでに否定されて久しい吉田証言およびその嘘を広め大衆を騙した『朝日新聞』、というキャンペーンを繰り広げる。

「慰安婦」の強制連行を証明する公的文書を含む歴史資料は、数多く存在する。おまけに一九九〇年代以降、吉田証言をそのまま事実だとするまともな歴史研究者はいなかった。それにもかかわらず、日本の多くの人たちは「『慰安婦』問題＝吉田清治証言＝朝日新聞の誤報＝捏造された歴史」というフォーミュラに大量かつ集中的にさらされた。この執拗に繰り返されたフォーミュラの大量発信によって、日本の多くの人びとはそれ以前に知り理解していたこの事項にかかわる「関連」――『慰安婦』問題＝戦時における性暴力＝人権にかかわる問題＝反省と謝罪と賠償」――づけの能力を失いはじめた、と私は考える。二〇一五年一二月のいわゆる日韓「合意」直後においてすら、安倍内閣は「『慰安婦』問題＝吉田清治証言＝朝日新聞の誤報＝捏造された歴史」というフォーミュラを主張しつづけた。そしてそれは、国連の女性差別撤廃委員会の席でも主張されたのである。[*6]

R・C・ハッチンソンの小説のなかで、ヨハナ・シェフターは、単に許しを乞うのではない道を見つける。「忘れ去らない」こと、過去に行ったことへの真摯な謝罪、その被害者と寄り添って生きること、可能なかぎり彼ら彼女らと生を共有すること。

ヨハナ・シェフターが見つけたこの道は、二一世紀の世界で、強大な「想い出させない」力に抗して生きるために、力強いヒントを与える、と私は考える。

注

*1　R. C. Hutchinson, *Johanna at Daybreak*, New York and Evanston, Harper and Row, 1969.

*2　たとえば、中曽根康弘「二十三歳で三千人の総指揮官」松浦敬紀編著『終わりなき海軍——若い世代に伝えたい残したい』文化放送開発センター出版部、一九七八年。

*3　たとえばSindya N. Bhanoo, "In With Good and Out With Bad Memories", *New York Times*, 22 October 2012; Benjamin C. Storm, "Retrieval Induced Forgetting and the Resolution of Competition", in Aaron S. Benjamin, *Successful Remembering and Successful Forgetting: A Festschrift in Honor of Robert A. Bjork*, New York, Psychology Press, 2011, pp. 89-105; Vittoria Ardino, *Post-Traumatic Syndromes in Childhood and Adolescence: A Handbook of Research and Practice*, New York, John Wiley and Sons, 2011, pp. 143-145.

*4　二〇〇七年三月五日、参議院決算委員会における安倍晋三首相の答弁。

*5　同前。

*6　Summary of remarks by Mr. Shinsuke Sugiyama, Deputy Minister for Foreign Affairs in the Question and Answer session, UN Convention on the Elimination of All Forms of Discrimination against Women Consideration of the seventh and eighth periodic reports, Geneva, 16 February 2016 (http://www.mofa.go.jp/a_o/rp/page24e_000163.html).

III

未来への責任

──正義への終わりなき闘い

2016年4月13日，第1226回水曜デモ（ソウルの駐韓日本大使館前）。この日は総選挙のため臨時公休日であり，学生・市民が1000人以上集まった。とくに数多くの若者が参加した。（撮影：岡本有佳）

第10章　「慰安婦」問題を未来に引き継ぐ
――女性国際戦犯法廷が提起したもの

池田　恵理子

1　日本軍・日本政府によって隠蔽されてきた「慰安婦」・慰安所

二〇〇〇年一二月に東京で開催された「日本軍性奴隷制を裁く女性国際戦犯法廷」（以下、「女性国際戦犯法廷」）が成功裡に終わり、翌年、ハーグで最終判決が出てから一六年がたとうとしている。この間「女性国際戦犯法廷」は戦時性暴力の根絶をめざす国際的な潮流に貢献し、高い評価を受けてきた。いくつもの国で「女性国際戦犯法廷」をモデルにした民衆法廷も実現している。

ところが「女性国際戦犯法廷」を提案して開催にこぎつけた日本の女性たちには、この歳月は厳しい闘いの連続だった。〝戦争ができる国〟をめざす安倍晋三政権は、「慰安婦」に強制連行の証拠はない、「慰安婦」制度は性奴隷制ではないと主張しつづけ、法的責任を認めようとしない。それに同調するメディアや歴史修正主義者の声は大きくなるばかりである。被害者の名乗り出から四半世紀以上がたっても、「慰安婦」の記憶をめぐる闘いは、今もなお継続中なのだ。

日本軍「慰安婦」制度の存在と被害が知られるようになったのは一九九一年八月一四日、韓国の「慰安婦」被害者・金学順《キムハクスン》が名乗り出てからだったが、慰安所の設置からここまでには半世紀以上がたっていた。

満州事変に端を発した日中戦争で慰安所が中国各地に広がっていったのは、一九三七年の南京大虐殺からだった。南京では日本兵による強かん事件が頻発し、中国人の反日感情と海外からの批判の高まりに頭を悩ませた日本軍は、強かん防止と性病予防のために慰安所を設置していく。一九四一年一二月、太平洋戦争に突入すると戦域は東南アジアにも広がり、おびただしい数の慰安所・「強かん所」がアジア全域につくられるようになった。

しかしこのことは軍の厳しい検閲と報道規制によって、銃後の国民には知らされなかった。慰安所は「皇軍」による「アジア解放の聖戦」という大義名分を脅かすとして、ひた隠しにされたのである。敗戦直前には、戦争犯罪に問われることを恐れた日本軍上層部は公文書の焼却を命じ、関連文書の多くが失われた。戦後、「慰安婦」被害は東京裁判にも証拠提出され、一部のBC級戦犯裁判で裁かれたが、植民地だった朝鮮・台湾の女性たちの被害は取り上げられず、「慰安婦」制度を設置・運営した日本軍・日本政府の責任は問われなかった。

敗戦後、戦地から帰還した元日本兵は戦場体験の手記や回想記を著し、多くの戦争文学や戦争映画が生まれた。そこには〝戦場の女〟として「慰安婦」が登場するが、性暴力被害者とは描かれていない。元兵士たちは皇国の精神と大和民族優位・男性優位という民族差別・女性差別を叩き込まれて育ち、戦後は自分を「無謀な戦争に駆り出された被害者」と受けとめ、「性暴力の加害者」の自覚はない。戦争加害に向き合うことは、自らの行為を見つめ直す苦しい作業であり、これができた元兵士はごくわずかしかいなかった。

2　「性暴力は人権侵害」の認識が広がった一九七〇年代

戦後日本は自国の戦争犯罪を自らの手で裁くことはなかったが、日本人が自らの戦争加害に向き合わざるをえなくなったうねりが、二回はあった。一回目はベトナム反戦運動が高まり、歴史教科書問題が起こった一九七〇～八〇年代であり、二回目は戦後補償運動が盛り上がり、「慰安婦」被害者が名乗り出た一九九〇年代である。

ベトナム戦争では、米軍による空爆や住民虐殺、戦場強かんなどが生々しく報道され、世界中に反戦の機運が高まった。ここで元日本兵は、かつての自らの残虐行為とアジアの人びとの受難に気づかされた。フィリピン戦や南方での従軍体験がある作家の大岡昇平と古山高麗雄は一九七〇年の対談で、「戦後二五年経って、戦場でも個人が犯した罪の問題をやっと書けるようになってきた」「ベトナムでアメリカがもとの日本人と同じことをやっているのと関係があると思う」と語っている。[*1]

七〇年代には元兵士の回想記や聞き書きがブームとなり、各地の民間の平和資料館が日本軍の加害も取り上げはじめた。「慰安婦」の実態も、台湾や南洋諸島の慰安所を転々とした城田すず子の自伝[*2]や千田夏光の『従軍慰安婦』[*3]などを通して伝えられた。一九七五年には沖縄に残留した韓国の元「慰安婦」・裵《ペ》奉奇《ポンギ》の存在が明らかにされ、その記録が出版され[*4]、ドキュメンタリー映画も制作された。[*5]

一九七〇年代といえば世界各地で女性運動が巻き起こり、日本でもウーマン・リブが勃興した時代である。韓国と日本の女性たちによるキーセン観光反対運動で「慰安婦」問題も俎上に載り、リブの集会では日本男性による「性の侵略」として、「従軍慰安婦」を訴えるビラが配られた。八〇年代には女性の戦争協力も問題とされた。

一九九八年に「女性国際戦犯法廷」を提案した元朝日新聞記者・松井やより（一九三四〜二〇〇二年）の足跡からは、国際的な女性運動が「慰安婦」問題に、そして「女性国際戦犯法廷」へとつながる流れを追うことができる。彼女は一九七〇年、環境問題で欧米を取材したときに女性運動に出会い、フェミニストになったという。*6 そして一九七三年、キーセン観光反対運動の取材で、韓国の女性たちから「慰安婦」問題を突きつけられた。*7

韓国では軍事政権による性暴力が告発されるようになった一九八〇年代、梨花《イファ》女子大教授（当時）の尹《ユン》貞玉《ジョンオク》（のちに韓国挺身隊問題対策協議会の共同代表）は日本やアジア各地を訪ね、慰安所調査と聞き取りを始めている。彼女はタイに残留した元「慰安婦」、盧寿福《ノスボク》を介して松井やよりと出会ってからは終生の友となり、やがて二人は「女性国際戦犯法廷」の実現に取り組んでいく。一九九一年の金学順の名乗り出の背景には、こうした韓国の女性運動があった。*8

一方、国連でも一九七五年を「国際婦人年」と定め、第一回世界女性会議をメキシコで開催した。第二回会議（コペンハーゲン、一九八〇年）には女性差別撤廃条約の署名式が行われ、第三回会議（ナイロビ、一九八五年）では「二〇〇〇年に向けての女性の地位向上のための将来戦略」を採択、女性への暴力問題が重要課題になった。

3　一九九〇年代、被害者の名乗り出から始まった「慰安婦」問題

韓国の金学順は、一九九〇年に日本政府が国会で「『慰安婦』を連れ歩いたのは民間業者」と答弁したのを知って強く憤り、一九九一年八月に「慰安婦」被害者として名乗り出た。この名乗り出は韓国の被害女性たちを奮い立たせ、そのうねりは瞬く間にフィリピン、台湾、中国、インドネシア、オランダ、マレーシア、在日などへと全アジアに広がった。

彼女たちは日本政府に公式謝罪と個人賠償を求め、一〇件の損害賠償請求訴訟も始まった。これらは約一〇年間の審理の結果、最高裁ですべての請求が棄却されたが、この裁判を通して現地での聞き取り調査や資料の発掘が進み、日本軍「慰安婦」制度の全貌が明らかにされていった。

被害女性の名乗り出と国境を越えた支援と調査の連帯活動を可能にしたのは、グローバルな女性運動の高まりとアジア諸国の民主化、東西冷戦の終結だった。国際社会の動きも加速した。一九九三年にはウィーンの世界人権会議で「女性の人権」を盛り込んだウィーン宣言・行動計画が採択され、同年の国連総会では「女性に対する暴力撤廃宣言」が採択された。旧ユーゴやルワンダなどの紛争地での性暴力被害者も立ち上がった。一九九五年の北京の第五回世界女性会議では、「慰安婦」問題と戦時性暴力のワークショップが一〇か所以上で開かれ、「慰安婦」被害者の証言は世界の女性たちに大きな衝撃を与えた。

対応を迫られた日本政府は二回にわたって「慰安婦」調査を行い、一九九三年には河野洋平官房長官

が慰安所の設置・管理・移送への軍の関与と「慰安婦」への強制を認め、お詫びと反省を表明した（「河野談話」）。しかし法的責任は否定し、すでに二国間協定で戦後補償は決着済みという見解を変えなかった。そして一九九五年七月には民間募金による償い金を支給する「女性のためのアジア平和国民基金」を発足させた。これは被害女性や支援団体から、「民間からの募金でお茶を濁し、国家責任を放棄している」と批判を浴び、韓国や台湾などで受け取り拒否が続出した。

日本政府の対応は国際社会からも批判を浴びた。国連人権委員会のクマラスワミ「女性への暴力に関する特別報告者」は、日本政府は性奴隷制に法的責任を認め、個人賠償すべきだと勧告し（一九九六年）[*9]、マクドゥーガル「武力紛争下の強かん・性奴隷制報告者」は、戦時性暴力の不処罰の連鎖を断つには刑事責任の追及と責任者処罰が重要であるとの報告書を出した（一九九八年）[*10]。

4　女性国際戦犯法廷の提案と準備

被害女性を支援するアジア各国の市民運動と連帯活動も活発になっていく。一九九二年八月には、「慰安婦」問題解決に向けた第一回アジア連帯会議がソウルで開かれ、日本を含むアジア六か国の被害者と支援者七三名が集まった。この連帯会議は各国持ち回りで開かれ、二〇一六年五月には一四回目を迎えた。

こうした活動のなかで松井やよりは、責任者処罰の重要性を指摘したマクドゥーガル報告に強いインパクトを受けた。松井は、日本での「慰安婦」裁判で原告敗訴が続き、被害女性たちが判決のたびに意気消沈していく姿に胸を痛め、「加害国日本の女たちにできることは何か」を考えていたからだ。一九九四年には、韓国の被害者たちが東京地検への告訴を試みたが受理されなかった。松井は、日本の支援運動がこれに消極的だったのは、「〔責任者〕処罰は日本の風土になじまないので、運動の分裂を招く恐れがあるから」と受けとめた。[*11]しかし彼女は、韓国の被害者・姜徳景《カンドッキョン》が描いた絵『責任者を処罰せよ』が発する痛切な叫びに胸を打たれたこともあって、「女性国際戦犯法廷」を思いつく。この絵は、性暴力被害者のPTSD（心的外傷後ストレス障害）からの快復には、責任者処罰が不可欠だと訴えていた。松井は、日本の裁判所で国家の加害責任と責任者処罰を問えないなら、「民衆法廷」をやるしかないのではないかと考えた。

この提案は各国の被害女性からも、国内外の支援者や専門家たちからも強く支持された。日本ではVAWW-NETジャパンが中心となって法廷憲章の作成や国際実行委員会の組織化、証拠資料の収集、起訴状の作成に大車輪で取り組むことになった。

一九九〇年代は日本人が自国の戦争加害に向き合う二回目の好機だったが、その後半にはバックラッシュと右傾化が強まり、教育や報道から「慰安婦」が徐々に消されていった。日本の歴史修正主義者たちには、一九九七年度版の中学歴史教科書のすべてに「慰安婦」が記述されたことは大きな脅威となり、猛反撃が始まったのである。

危機感をつのらせた彼らは一九九七年に「新しい歴史教科書をつくる会」、「日本の前途と歴史教育を考える若手議員の会」（事務局長は安倍晋三）を結成する。日本会議の結成も同年である。彼らは教科書会社への攻撃を開始し、その結果、「慰安婦」の記述は改訂のたびに削除されて、ついに二〇一二年度版ではゼロになった。公立の平和資料館や博物館での「慰安婦」展示が右翼から攻撃され、展示の撤去や後退も始まった。メディアでは九〇年代前半からニュース報道は急増したが、後半になると「慰安婦」を取材するドキュメンタリーや調査報道は激減していった。

そして「女性国際戦犯法廷」の開催が近づくと、VAWW-NETジャパンへの嫌がらせ電話やメール、松井代表への脅迫などが相次いだ。実行委員会では最悪の事態を想定し、都内に「女性国際戦犯法廷」と同じ日程で別会場をおさえて開催に臨んだ。幸い九段会館で無事に開廷できたが、会場は右翼団体の街宣車に包囲され、連日、大音量のヘイトスピーチの攻撃を受けた。

5　女性国際戦犯法廷、いよいよ開廷。しかし……

二〇〇〇年一二月八日から一二日までの「女性国際戦犯法廷」には、八か国の被害女性六四人をはじめ、世界三〇か国から連日一二〇〇人の傍聴者が詰めかけた。判事団には旧ユーゴ国際戦犯法廷前所長のガブリエル・カーク・マクドナルド（米国）など、国際人権法の専門家たちが五大陸から選ばれた。冒頭陳述と最終論告を行った首席検事は、オーストラリアの国際法学者ウスティニア・ドルゴポルと、旧ユーゴスラビアとルワンダの国際刑事法廷ジェンダー犯罪法律顧問のパトリシア・ビサー・セラーズ（米国）が務めた。

次々と証言台に立って凄惨な被害体験を語った各国の被害女性は、性暴力がいかに女性の尊厳を傷つけ、人生そのものを破壊してしまうかを訴えた。自らの慰安所利用と戦場強かんを証言した二人の元日

女性国際戦犯法廷の判決に喜ぶ被害女性たち（2000年12月12日，提供：VAWW RAC）

本兵には、感動の拍手が湧いた。各国検事団が提出した起訴状と膨大な文書証拠、専門家証人による天皇の責任や日本の国家責任の論証など、審理過程は厳正で緊張に満ちていた。松井は「女性国際戦犯法廷」をたんなる「模擬裁判」や「復讐裁判」「人民裁判」でもなければ「国際公聴会」でもないとして、「刑事裁判の形式をとって、『慰安婦』制度の犯罪性と責任者を国際法に照らして明らかにした」[*12]と言うが、まさにそのとおりだった。

一二月一二日、昭和天皇は「有罪」、日本政府には国家責任ありとする「判決」概要が下ったとき、被害女性たちは「長い間胸にあった重しがやっと取れた」「正義は私たちを見捨てなかった」と歓喜し、感動を全身で表した。この模様は世界中にインターネット中継された。海外から取材に来たメディアは九五社、二〇〇人にのぼった。これまでタブーとされてきた昭和天皇の戦争責任を有罪としたこの判決は世界史に残る画期的な〝事件〟となり、各国にはトップニュースとして報じられた。ところが日本のメディアは四八社、一〇五人が取材に来たが報道は消極的で、『読売新聞』は一行も記事にせず、『産経新聞』は批判記事を一度載せたのみだった。判決の「天皇有罪」をリードに書いたのは、『朝日新聞』と『北海道新聞』だけだった。[*13]

しかし「女性国際戦犯法廷」が世界に与えた衝撃と感動は大きかった。フィリピンの「慰安婦」被害者トマサ・サリノグは、「女性国際戦犯法廷は私たちの声に耳を傾け、尊厳を取り戻してくれた初めての裁判所だった」と語ったが、これは被害女性の率直な実感だったろう。また、「女性国際戦犯法廷」が戦時性暴力の実態をジェンダーの視点から明らかにして「責任者処罰」に踏み込んだことは、その後の国際社会に大きな影響を与えた。「女性国際戦犯法廷」は、国連人権委員会特別報告者クマラスワミ報告書（二〇〇一年）や、ＩＬＯ条約適用専門家委員会の所見（二〇〇三年）にも引用され、国際刑事裁判所（ＩＣＣ・二〇〇三年発足）「性奴隷」の概念にも盛り込まれた。

「民衆法廷」の試みも広がった。二〇一〇年三月には、グアテマラ内戦での先住民族女性への性暴力を裁く民衆法廷が開かれた。同じ年に、ビルマの女性たちが軍事政権による強かん・拷問などの人権侵害を告発する「ビルマ女性国際法廷」をニューヨークと東京で開催。旧ユーゴスラビアやアフガニスタンの女性たちの模索も始まった。

日本では報道への政治介入

日本での「女性国際戦犯法廷」報道は淋しかったが、準備段階から継続取材をしてきたＮＨＫの「ＥＴＶ二〇〇一」は、二〇〇一年一月三〇日に『問われる戦時性暴力』を放送した。ＮＨＫは一九九七年以降、「慰安婦」番組をほとんど制作していなかったこともあって注目されたが、放送内容は「女性国際戦犯法廷」に否定的で、乱暴な編集による異様な番組だった。「被告人」「起訴状」「判決」、主催団体といった基本情報はカットされ、元日本兵の証言もなければ、被害女性の証言もわずかだった。当初の企画とあまりにかけ離れていたので、ＶＡＷＷ-ＮＥＴジャパンはＮＨＫに抗議し説明を求めたが、何の回答もなかった。そこでＶＡＷＷ-ＮＥＴと松井代表は、二〇〇一年七月、東京地裁にＮＨＫと関連会社を提訴した。

この七年に及ぶ「ＮＨＫ番組改ざん裁判」では、東京高裁で審理中の二〇〇五年一月、当時の番組デスクだったＮＨＫ職員の内部告発により、放送直前に安倍晋三官房副長官（当時）らの介入によって番組が改ざんされたことが明らかにされた。東京高裁は二〇〇七年の判決で、被告ＮＨＫらが政治家たちの意を忖度して編集したと認定し、原告に二〇〇万円の賠償支払いを命じた。その後、最高裁では原告敗訴となり、ＮＨＫは政治介入の事実を認めず検証番組もつくっていない。しかし裁判の過程で、「慰安婦」制度と日本軍の加害の記憶を消し去ろうとする政治中枢の介入と、それに屈していくメディアの現実を白日のもとにさらすことには成功した。この事件でＢＰＯ（放送倫理・番組向上機構）はＮＨＫに厳しい意見書を出したが、ＮＨＫは内部告発した職員らに人事的制裁を加えた。以後、ＮＨＫでは二〇一一年頃まで「慰安婦」番組をほとんどつくっていない。[*14]

6　今一度、女性国際戦犯法廷の判決と勧告の実現を

国際的には、「慰安婦」制度は性奴隷制であり、女性への人権侵害で重大な戦争犯罪だという認識が定

着しているが、日本政府はいまだにこれを認めず、被害者や国際社会からの批判を無視している。日本のメディアの多くは「慰安婦」問題をタブー視して取り上げないか、民族差別とナショナリズムを煽る政治問題にしてしまう傾向にある。比較的「慰安婦」報道に力を入れてきた『朝日新聞』は、二〇一四年八月に過去の「慰安婦」報道での誤報を公表してから右派による猛烈なバッシングを受け、その後の論調には〝ぶれ〟が目立つようになった。

このような現状の背景には、「慰安婦」報道の〝空白の一五年〟がある。この一五年間、「慰安婦」被害の実態を知る機会を奪われた日本人は、加害の当事国の国民でありながら、その多くが「慰安婦」問題をよく知らないのだ。性暴力の根絶をめざす国際社会と女性運動、人権運動とのギャップはいっそう深まっていく。

安倍首相は一九九三年に国会議員になって以来、先の大戦を「アジア解放の正しい戦争」とし、憲法改正をライフワークと公言して「普通に戦争ができる国づくり」に邁進してきた。二〇〇六年からの第一次安倍内閣では「『慰安婦』の強制の証拠はない」と主張。これには国際社会から批判の声が高まり、翌二〇〇七年には米国下院、カナダ、オランダ、欧州議会などが日本政府に「慰安婦」問題の早期解決を求める決議を採択した。しかし、二〇一二年からの第二次安倍内閣でも同様の発言を繰り返し、なんとか「河野談話」を否定しようとした。

その一方で、安倍首相は報道支配を強めていく。二〇一三年には四人の〝お友だち〟をＮＨＫの経営委員に送り込み、ＮＨＫ会長に籾井勝人氏が選ばれた。籾井会長のもとで、ＮＨＫニュースや報道番組の「政府の広報機関化」が進んだ。ＮＨＫ内部は自主規制や相互監視で閉塞し、国論を二分するような政治問題では政府寄りの〝偏向報道〟が顕著になってきた。深刻なのは、このような傾向が報道界全体に及んできたことである。

敗戦から七〇年以上たった日本は、特定秘密保護法、集団的自衛権の行使容認、沖縄・辺野古の新基地建設、原発再稼働、安保法制、そして共謀罪法の成立……といった、日本の民主主義、平和主義、立憲主義を危うくする政権に翻弄されている。

二〇一五年一二月末に行われた日韓外相会談で日韓「合意」が成立したとして、日本政府は「慰安婦」問題の「最終的・不可逆的解決」を宣言した。しかし日韓の両政府ともに被害者の声を聞くこともなく、日本政府はこれまでの立場を変えていない。これに対して韓国の被害者も世論も批判の声を高めている。ところが日本のメディアはこれを「一件落着」と報じ、世論調査では「合意」を評価する声が多数を占めている。

こうしたなかで私たちは、「女性国際戦犯法廷」が到達した地点を再確認して日本の戦争責任・戦後責任に向き合い、日本政府への働きかけを強めるしかない。政府はただちに第三次「慰安婦」調査を開始して被害と加害の事実を認定し、被害女性が求める公式謝罪と賠償を実現させるべきである。そして次世代にこの記憶と記録を引き継ぎ、再発防止に努めなければならない。

私たちが「女性国際戦犯法廷」の実現から学んだことの一つが、被害女性や元兵士の証言や日本軍の文書資料などの収集・保存・公開も、重要な民衆の〝闘い〟だ、ということだった。「女性国際戦犯法廷」の開催に携わった女たちは、二〇〇二年に胆管癌で亡くなった松井やよりの遺志と遺産を引き継ぎ、二〇〇五年八月、東京・新宿にアクティブ・ミュージアム「女たちの戦争と平和資料館」（ｗａｍ）を開館させた。wamではアジア各国の被害女性の証言や記録、裁判資料、公文書や軍の資料、書籍、ビデオ、写真から、元兵士の証言、支援団体の機関誌、現代の紛争下での性暴力被害の資料などを集めている。セミナーや上映会、連帯行動を行い、各国の「慰安婦」資料館やメディアへの情報提供、wamのパネルを使った国内外での巡回・展示活動も展開している。二〇一七年四月には韓国、台湾、フィリピン、中国、米国の博物館関係者を東京に招き、第一回「慰安婦」博物館会議を開催した。

日本政府も歴史修正主義者たちも、被害女性の寿命が尽きてしまえば「慰安婦」問題は消えていくと考えているだろうが、そうはいかない。日本政府が真の解決に踏み出すまで、被害女性の子や孫の世代が彼女たちの痛みと思いを受け継いでいくのだ。これは、中国やフィリピン、台湾などの次世代の動きからも明らかである。

過去の戦争の歴史を抹殺・偽造することは、新たな戦争を始める第一歩だと言われている。私たちに課された課題は重く、大きい。しかし、日本に生まれた私たちは、「慰安婦」問題の解決なしには、アジア諸国の人びとと信頼関係を結べない。「慰安婦」を否定し歴史を偽造しようとする〝記憶の暗殺者たち〟との闘いが、戦争へ向かおうとするファシズム政権との闘いになってきた今、アジアや世界の人びととの連帯を力に、この政治状況を変えていくしかないのである。

〔注〕

＊1　大岡昇平『大岡昇平対談集　戦争と文学と』中央公論社、一九七二年。

＊2　城田すず子『マリヤの賛歌』日本基督教団出版局、一九七一年。

＊3　千田夏光『従軍慰安婦』双葉社、一九七三年。
＊4　川田文子『赤瓦の家――朝鮮から来た従軍慰安婦』筑摩書房、一九八七年。
＊5　山谷哲夫監督『沖縄のハルモニ　証言・従軍慰安婦』無明舎、一九七九年。
＊6　松井やより『愛と怒り闘う勇気――女性ジャーナリストいのちの記録』岩波書店、二〇〇三年。
＊7　松井やより『グローバル化と女性への暴力――市場から戦場まで』インパクト出版会、二〇〇〇年。
＊8　wamカタログ2『置き去りにされた朝鮮人「慰安婦」』wam、二〇〇六年。
＊9　ラディカ・クマラスワミ『女性に対する暴力をめぐる10年――国連人権委員会特別報告者クマラスワミ最終報告書』VAWW-NETジャパン訳、明石書店、二〇〇三年。
＊10　VAWW-NET JAPAN編訳『戦時・性暴力をどう裁くか――国連マクドゥーガル報告全訳〈増補新装〉』凱風社、二〇〇〇年。
＊11　wamカタログ3『松井やより　全仕事』wam、二〇〇六年。
＊12　VAWW-NETジャパン編『裁かれた戦時性暴力――「日本軍性奴隷制を裁く女性国際戦犯法廷」とは何であったか』現代書館、二〇〇一年。
＊13　wamカタログ1『女性国際戦犯法廷のすべて』wam、二〇〇六年。
＊14　「戦争と女性への暴力」日本ネットワーク編『暴かれた真実　NHK番組改ざん事件――女性国際戦犯法廷と政治介入』現代書館、二〇一〇年、池田恵理子・永田浩三・戸崎賢二『NHKが危ない！――「政府のNHK」ではなく「国民のためのNHK」へ』あびこ書房、二〇一四年。
＊15　「女性国際戦犯法廷」全般に関する書籍とビデオは下記。
VAWW-NETジャパン編『日本軍性奴隷制を裁く――2000年女性国際戦犯法廷の全記録　1―6』緑風出版、二〇〇〇―〇二年、wam編『「慰安婦」問題すべての疑問に答えます。』合同出版、二〇一三年、ビデオ塾『沈黙の歴史をやぶって――女性国際戦犯法廷の記録』（DVD、六四分）二〇〇一年、ビデオ塾『女性国際戦犯法廷～ハーグ最終判決』（DVD、四〇分）二〇〇二年、ビデオ塾『私たちはあきらめない～女性国際戦犯法廷から一〇年』（DVD、二四分）二〇一三年。

第11章　未来志向的責任の継承としての日本軍「慰安婦」問題解決運動

李《イ》　娜《ナ》榮《ヨン》

はじめに

二〇一五年一二月二八日、韓日の外相によって発表された「合意」（以下、二〇一五年「合意」と記す）以降、大韓民国では「韓日合意反対運動」が全国民的運動として広がってきた。全国四〇〇余りの団体や個人が参加した〈日本軍慰安婦合意無効と正義ある解決のための全国行動〉が結成されたほか、大学生たちが主導する〈平和の蝶《ナビ》〉ネットワーク運動はますます活発になっている。*1 日本政府が一〇億円を出資した執行機関である〈和解・治癒財団〉（〔日本では「和解・癒し財団」と訳された〕。〔　〕は訳者の注記）に対応し、国民募金によってつくられた〈正義記憶財団〉が活発に活動を展開している。国内外の「平和の碑」（〔「少女像」とも称される〕）の建立運動が自発的に起こり、二〇一七年七月末現在、米国アトランタをはじめとする国外で一九、韓国内で六九の平和の碑が建てられた。存命しているサバイバーが三七名のみであるという現実を前にして、運動の熱気が冷めるどころか、よりいっそう拡大し、深まりを見せているのである。その根本的な理由は何であろうか。二〇一五年「合意」に対する反発意識の発露にすぎないのか。

デヴィッド・ミラーは、人々が国家責任に対する一般的な観念を受け入れるのであれば国家の過去に対する責任もまた受け入れなければならないと主張している。*2 彼は「承継された諸責任」(inheriting responsibilities)という概念を通じて、国民国家(nation-state)のメンバーシップにより可視的または非可視的に提供される恵沢をその成員それぞれが自ら省察しなければならないと主張する。もしあなたが過去の植民地時代と植民地支配後の不正義によって可視的または非可視的な恵沢を享受して生きているならば、その恵沢に対する責任を負う義務を有しているという意味である。省察には、国家が過去にその共同体の内外において犯した不正義に対する応答責任(responsibility)および要求される賠償を提供する負債責任(liability)に対する認識なしに、共同体の成員が正当にその恵沢を享受してはならないということが含まれている。この主張に共感する筆者としては、真実から顔をそむけ責任を回避するための政府の戦略が続けば続くほど、逆説的に、これに向き合って責任をとろうとする省察的な市民が増えており、だからこそ日本軍「慰安婦」問題解決運動が拡大してきたと考えている。

本稿は、日本軍「慰安婦」問題解決運動が、ただ特定時期の特定の人びとの過ちを明らかにするだけの「民族主義的」な次元を超えて、平和と人権という観点から東アジアの現在と未来を展望しようという市民らの熱望と不可分であるという問題意識に端を発している。本稿は、運動の主な活動のうち、米軍の基地村「慰安婦」女性と連帯し、他地域の性暴力被害者と手を取り合おうとする〈蝶々(ナビ)基金〉(以下、ナビ基金)に注目し、その具体的な活動内容について述べる。大韓民国の被害者性だけではなく加害者性まで見ようとする「挺対協（韓国挺身隊問題対策協議会）」の活動の記述を通じて、未来世代がこころよく享受すべきものである平和に対する責任が私たち全員にあることを喚起し、これこそが私たちが記憶すべき運動の重要な意味であることを強調したい。

1　われらの内なる「他者」——米軍基地村女性たちと手を取り合う

ソウル中央地方裁判所の第二二民事部は、二〇一七年一月二〇日、韓国内の米軍の基地村「慰安婦」被害女性五七名の精神的被害に対する国家賠償責任を判示した。基地村「慰安婦」一二二名と基地村女性連帯、セウムト（새움터＝「新たな芽が生えるところ」という意味の団体名）、国家賠償訴訟共同弁護団が国家を相手に提起した損害賠償請求訴訟の最初の判決だった。この判決は二つの点で重要な意味をもっている。まず国家の強制的な性病管理が違法であったことを認めた点である。判決は「国家が組織的かつ暴力的に米軍基地村慰安婦女性らの性病を管理し、性病に感染しているという診断を受けるかまたは米軍に指名された『慰安婦』らを『落検者収容所』に強制的に収用し、治療した政府の措置は違法である」と明示した。米軍基地村周辺の性売買に対する国家の体系的介入と管理の存在が初めて認定されたのである。

もう一つの意義は、国家の権力機関による国民の非合法的な収容と過酷な行為などの重大な人権侵害にかかわる事項は公訴時効の適用対象から除外しなければならないと明記したことである。被告人政府側は訴訟のなかで、損害賠償の請求権は時効が五年であり、原告女性の権利はすでに消滅していると主張してきたが、これを退けたのである。長い間抑圧されてきた社会的他者の声に対し、部分的ではあれ、応答することにより、大韓民国の近現代史において数知れず加えられた国家暴力の被害者たちにも、新たな希望の扉を開いたのである。[*3]

では、長い間沈黙を余儀なくされた当事者たちの声が彼らの耳に届くようになった背景は何であろうか。その長い運動の背景には日本軍「慰安婦」問題解決運動の母胎があり、当事者たちの間の連帯があったという事実を、どれだけの人びとが知っているだろうか。

米軍基地村性売買問題は、外国の軍隊が駐屯するという国家関係の脈絡から引き起こされただけではなく、その地域の国家の協力と家父長の同調を通じてその持続性が担保されてきたという点で、最初から東アジアの冷戦秩序に胚胎していた歴史－政治－社会の問題であったにもかかわらず、韓国社会においてもしばらく関心の対象とはならなかった。そうした貧弱な土壌においても、韓国の女性たちは一九八〇年代から運動を組織し、ねばり強く当事者を支援してきた。

米国基地村「慰安婦」当事者たちが声を出すようになったその根底には、韓国教会女性連合会の地道な活動と組織的な支えがあった。韓国教会女性連合会（以下、「教会連」）は、日本軍「慰安婦」問題解決運動の母体であるとともに、挺対協の主導的な創始者であり、韓国の革新的女性運動の胎盤でもあった。一九六七年に創立された教会連は、一九七〇年代の軍事独裁政権下においても民主化運動と女性労働者らの生存権闘争支援の先頭に立っていたのみならず、民主運動の活動家や労働者の人権問題をねばり強く提起していた。また、国際平和運動にも参加し、日本から帰還した原爆被害者の悲惨な生活を韓日両国に伝え、彼らに対する支援活動を地道に行ってきた。[*4]こうした運動の延長線上で教会連は、一九七〇年代に日本人観光客の「キーセン観光」に反対する運動を展開し、一九八〇年代には「八六年アジア大会」と「八八年オリンピック」などの準備過程で韓国政府が観光客誘致の手段としてキーセン観光を拡大しようとしたことに対抗する活動を展開した。さらに、一九八六年に〈売春文化と女性運動〉、一九八八年に〈女性と観光文化〉国際セミナーを開催し、それぞれ米軍基地村「慰安婦」問題と日本軍「慰安婦」問題を初めて提起することになった。[5] 国際セミナー以降、教会連は尹貞玉《ユンジョンオク》の研究を支援するため「教会と社会委員会」傘下に「挺身隊研究委員会」を設置し、[6] さらに日本政府の持続的な否認に組織的に対応するため、一九九〇年、「挺対協」の創設を主導した。

こうした背景のもと、米軍基地村「慰安婦」運動も本格的に始まった。米軍基地村の女性たちの悲惨な実情を知った教会の女性たちは、教会連に所属するキリスト教長老会の女信徒会全国連合会を通じ、米国の長老教会に「トゥレバン・プロジェクト」(「トゥレ(두레)」は昔の共同労働慣行で「バン(방)」は部屋といった意味)を申請した。そしてついに一九八六年、米軍の基地村として「悪名」高かった議政府《ウィジョンブ》市佳陵《カヌン》洞(当時、米韓連合司令官前)に〈トゥレバン〉(英語名は「My Sister's Place」)が開館した。米軍の黒人兵士が多く「リトル・シカゴ」と呼ばれていた東豆川《トンドゥチョン》市には、トゥレバンの大学生ボランティア出身者たちが集まり〈セウムト〉を開館した(一九九六年)。さらに、社会福祉学を専攻していた基督教伝道師禹順徳《ウスンドク》院長が主導して設立した〈ヘッサル社会福祉会〉(「ヘッサル」は「日ざし」という意味)(以下、「ヘッサル」)は、二〇〇二年に最も大きな米軍基地のある平沢《ピョンテク》の安亭《アンジョン》里で活動を始めた。

三つの団体は、設立目的や活動の面においてかなりの違いがあるが、にもかかわらずいくつかの共通点をもっている。まず、米軍「慰安婦」たちに長らく付与されてきた烙印を拭い去ろうと努力してきたことである。「社会悪」「汚れた洋女《ヤンコンジュ》」という社会的な汚名を払拭するために使った「帝国主義の犠牲の山羊」「米軍性暴力の被害者」「われらの姉さんたち《オンニドゥル》」（「オンニ」は女性が親しみを込めて年上の女性を呼ぶ言葉）という表現は、基地村女性たちが家父長制、帝国主義、軍事主義の制度的な被害者であるという点と、「われわれ」と同様に性暴力という共通の被害経験をもった女性たちだという事実をはっきりさせるものであった。

第二に、米軍「慰安婦」女性たちを被害者として位置づけることによって、米軍の性売買が犯罪行為であったことを明確にしたという点である。男性の偽善的な性的行動（男性たちが、公的には売春禁止を唱えながら、事実上性売買を何ら問題なく行ってきたこと）がまったく問題視されず、性売買が淪落行為で、性暴力が貞操にかかわる罪とされていた時代に、これらの団体は米軍基地村女性らが「汚らわしい娼婦」ではなく、男性中心的な性文化と軍隊文化、帝国主義による性のコントロールの被害者であることを強調し、女性たちの苦痛に満ちた生のあり方を社会的に知らしめた。

第三に、これらの活動は、個別の女性に性搾取的な状況をもたらした前提条件として米軍基地村の性売買があったとの認識から進められていたが、そのことは性売買を行うという状況自体が事実上女性にとって暴力的であり搾取的であることを人びとに理解させたという点で、反‐性売買活動としての大きな意味をもっている。今でこそ性産業＝性搾取という図式は誰もが常識的に理解しているが、このことがまったく理解されていなかった一九八〇～九〇年代からこれら諸団体が行ってきた活動は、韓国人の認識を変化させるのにたいへん大きく貢献したのである。

明らかなことは、韓国教会女性連合会という結節点を通じて、米軍基地村の女性人権運動が日本軍

「慰安婦」問題解決運動と事実上不可分な関係にあったという点である。それに加え、一九九〇年代における挺対協の運動の成長と拡大は、基地村女性人権問題に対する社会的認識を高め、米軍基地問題を喚起する必要性を刺激した。

とくに〈基地村女性人権連帯〉の結成過程に挺対協が積極的に参加するようになると、[*7] 米軍「慰安婦」当事者と日本軍「慰安婦」当事者間の直接的な出会いも生まれた。次の内容は、二〇一〇年に、日本軍「慰安婦」サバイバーの吉元玉《キルウォノク》が、韓国平沢の米軍基地村「慰安婦」サバイバーたちに送った映像メッセージである[*8]〔太字の強調は引用者。以下同〕。

　そこでの生活がそんなだったので、恥ずかしくて、誰かに知られたらと思うと怖くて、本当に隠れるようにしていたんですが、挺対協を知って、そこに行って、じっと若い人たちがやっているのを見ていたら、私が恥ずかしいのではなくて日本政府が恥ずかしいのに、これまで勘違いして、私だけ恥ずかしいかのように思っていたんだなと、そう考えて、毎週水曜日の集会にも出て、外国から来いと言われれば外国に、韓国で来いと言われれば韓国に、どこに行っても恥ずかしいと思わず、あったことをそのまま全部しゃべります。**それでどんなにすっきりしたか。そうやって喋ってみると、心もすっきりして、今は少し人らしく生きています。**ですが、みなさん、本当に世の中にさらけ出すのは恥ずかしいでしょう。でも、みなさんが恥ずかしいのではなく、**政府がさせたのなら政府が恥ずかしいんで、私が恥ずかしいのではない、みなさんが恥ずかしいのではないですよね。ですから堂々と出てきて、言いたいことがあるなら言って、政府にも要求することがあるなら要求し**

てください。（中略）**ただ静かにしていても、自分の人生を誰かが代わりに生きてくれることはないので、みなさんが出て行ってください。**出て行って……、私はいま八〇歳で、それこそ体中どこ一つも元気なところがないのに、そんな人が毎週水曜日になると、外国もすごく遠い所に、きついのになぜ行くと思いますか。**世の中に明らかにして、私のように二度と苦労しないで、この後の世代は安らかに人生を送ってほしいと、そう考えて行くのです。ですからみなさん、いま一緒に手をつないで活動しましょう。**

吉元玉はずっと「恥ずかしくて」隠そうとしてきた自らの経験が個人の過ちではなく、構造的な問題から派生するものだと指摘しながら、自らが変化することになった過程を、運動の力とつなげる。被害者らが自ら出て行けるようになった背景には、彼らの経験を聞き、理解できる人たちの存在があったのであり、運動によって組織化された女性団体と活動家の連帯があったのである。吉元玉は、自らが抱えていかなければならない肉体的、精神的な傷痕とは別に、被害の責任を問う作業を当事者が中断してはならないと要求する。歴史的な過ちを直視するとき、よりよい未来があるのだと信じているからである。彼女は未来世代の平和な生を心から望み、そのためにも米軍基地村「慰安婦」サバイバーたちの積極的な活動と連帯を要請する。吉元玉は日本軍「慰安婦」サバイバーであるとともに、問題解決のために努力する活動家であって、米軍基地村「慰安婦」サバイバーに語りかけ、手を差しのべているのである。

こうした努力のおかげで米軍基地村の女性たちは勇気を得、希望を見たのであり、それに応えるかのように水曜デモと二〇一五年「合意」反対デモに直接参加し、発言をするなど、活動をともにしてきた。

そうした過程は、当事者がマスメディアや国内外の各種の証言集会に顔を出し[*9]、基地村の管理運営に対する韓国政府の責任を問う訴訟の堂々たる主体として成長するうえで、大きな原動力となった。次節で再び言及するが、金福童《キムボクトン》の寄付により創設された〈ナビ平和賞〉の最初（二〇〇六年）の受賞者として〈トゥレバン〉、〈セウムト〉、〈ヘッサル社会福祉会〉が選ばれたということは、長い間基地村女性人権のために献身してきた団体と活動家たち、被害当事者たちの勇気をたたえるためのものであり、さらなる連帯のメッセージでもあった[*10]。一九九一年の金学順《キムハクスン》の証言が日本軍「慰安婦」に関する集団的な忘却から韓国人や日本人の目を覚まさせたように、基地村「慰安婦」たちの話も韓国社会、ひいては東アジア、全世界の男性中心的な歴史のなかで必然的に忘れられてきた歴史を、再び目覚めさせることができると期待する次第である。

2　サバイバーたちの夢と希望の成長――ナビ基金

二〇一二年五月五日、日差しのまぶしい子どもの日。ソウル麻浦《マポ》区城山《ソンサン》洞のソンミ山麓に数千匹の蝶が空を舞った。〈戦争と女性人権博物館〉が開館したのである。日本政府の反発はもちろんのこと、韓国内の保守団体の抵抗に対する長い闘争の末、政府の予算支援も企業の大口の後援金もなく、ただ貯金箱にためた全世界の市民の寸志を集めてつくられたのである。

博物館に入っていくと、まず冷たいセメントの壁の上に、白く砕けたように降りたった数千匹の蝶のイメージと対面することになる。蝶は植民地主義と家父長制の暴力によってちりぢりに砕けた女性たちの夢であるとともに、差別と抑圧、暴力と苦痛から解放され、自由にふわふわと飛びゆくことを念願する希望の象徴である。「蝶《ナビ》」(butterfly)は、植民地時代やその後の韓国の特殊性を超えて、全地球的な人権と正義、平和のしるしとして、日本軍「慰安婦」問題解決運動の象徴として用いられてきた。

その意味を実質的に広げたナビ基金は、日本軍「慰安婦」サバイバーである金福童、吉元玉の提案により始まった。[*11] 二人はつねに戦争と性暴力によって苦痛をこうむってきた世界各地の女性を支援したいという意志を強く表明し、日本から賠償を受けたら全額を寄付するとまで言った。こうした志を継承したいという全世界の市民の自発的な参加によってナビ基金は具体化し、二〇一二年の三・八世界女性大会を契機に公式化された。ナビ基金発足記念の記者会見で吉元玉は、「われわれのように痛みをもった人びと」を手助けする活動に力を使ってほしいと訴えた。これに対して韓国の女性歌手イ・ヒョリが最初の民間人寄付者として映像メッセージを送り、当事者たちの崇高な心に比べて何もできない自分が恥ずかしいから寄付者になると告白し、戦争被害者に少しでも慰めとなる基金になることを望むとし、多くの人びとの参加を要請した。[*12]

ナビ基金を最初に授与されたのは、コンゴ民主共和国の内戦中に強かんを受けた被害者で、他の女性被害者や子どもを支援する活動家であったレベッカ・マシカ(Rebecca Masika Katsuva)であった。[*13] マシカは二〇一二年四月、韓国の活動家に手紙を送り、感謝の気持ちを伝えた。他の女性の痛みに共感して慰める気持ちをこめたその手紙は、人種、民族、言語、空間の差異を超える女性たちの苦痛の連帯と支援がどのような意味をもつものなのかをよく示している。マシカは、疎外された女性にとって他の当事者が差しだす手が集団的な「回復」を意味するものとなるという事実を、そして真の平和を祈願するまた別の他者に手渡す希望の表現にもなるという事実を証言している。[*14] 二〇一六年にマシカは死去するが、その後も支援金は送られつづけ、今年（二〇一七年）も挺対協はコンゴ民主共和国で活動している戦時性暴力被害者の支援団体である〈ユシリカ〉にナビ基金を送り、支援に関する報告書を受け取った。支援金は、性暴力の被害を受けた女性を訪問し、医療措置をほどこし、生活必需品や子どもらの学校の制服やノートを購入するなどの経費として使われたという。[*15]

次の支援対象には、ベトナム戦争当時に韓国軍によって性暴力を受けた被害者たちとその子どもたちが選ばれた。その初年度には計一〇万ドルが支援され、毎年、継続的に支援金が送られている。コンゴ民主共和国の性暴力被害者に支援するナビ基金に、時間と空間を超えた女性間の連帯の気持ちが込められているとするならば、ベトナムの韓国軍の性暴力被害者を支援するナビ基金には、戦争と性暴力の加害者としての謝罪と平和を願う気持ちが込められているという点で、意味がまったく異なっている。

金福童がベトナム女性に送った映像メッセージには、韓国人が過去に犯した過ちに対する謝罪、戦争なき世界をつくる私たちの責任、「未来世代」のための希望の誓いが織り交ぜられている。

みなさんを前にしてどのようなことばをかければよいのか、うまく思いつきません。各国で戦争がなくならなければならないのに、互いに戦争をしている事態を見て、**過去に被害を受けた方々にあまりに申しわけなく**、われわれも無念にもやられましたが、**われわれによってベトナムの女性たちが被害を受けたというのですから、韓国の国民として申しわけなく、とてもすまない**と。ですから、**われわれの力でナビ基金を集め、**一年に何万ウォンでも少しずつ増やしていければと思って、また増やせるようにわれわれも一所懸命ナビ基金を集めて、**生活費の足しになるように努力します。**われわれは今も死ぬ齢になってきましたが、**今後育っていく子孫たちと子どもたちには絶対に戦争が起きてはならないので、どの国も戦争のない国になるよう一所懸命力を尽くしてもらえればと思います。**[*16]

日本軍性奴隷の被害当事者たちが「希望の蝶」を飛ばすと、これに応えるように、韓国軍によるベトナム民間人虐殺のサバイバーが訪韓し、水曜デモに参加したりもした。二〇一五年四月八日の第一一七三回水曜デモにおいて、派兵された韓国軍人の被害者であると自己紹介したグエン・ティ・タン（Nguyen Thi Tjanh）は、金福童・吉元玉に対し「二人のハルモニたちが水曜デモのような行動をすることは、本当に正しいことだと思う」と、「戦争の被害者としてハルモニたちを応援」すると言った。[*17]

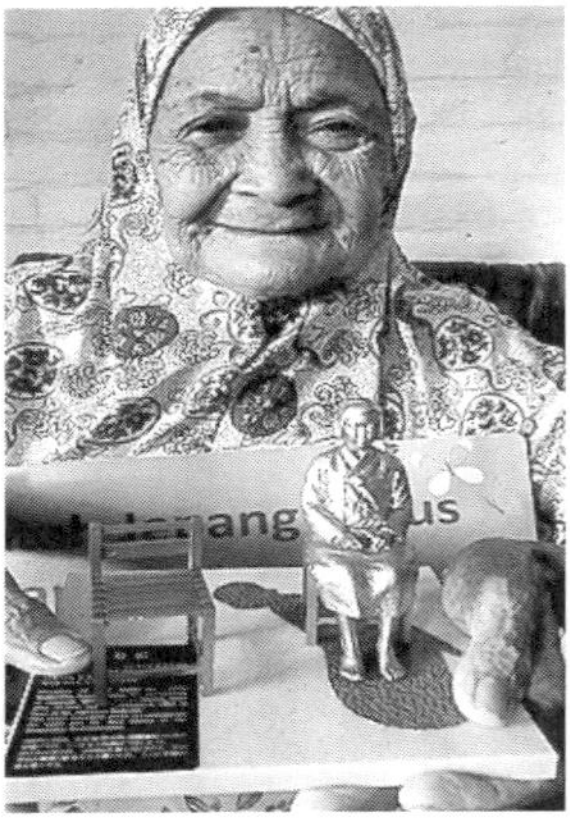
小さな少女像を受け取り喜ぶインドネシアのサバイバー
（http://blog.daum.net/hanagajoah/1681）

第三回のナビ基金の支援対象者としては、インドネシアの日本軍「慰安婦」被害者が選定された。マリーモンド（MARYMOND）〔デザイン商品の企業〕の後援とナビ基金、二〇一五年「合意」以降の市民基金から出発した〈正義記憶財団〉の活動が結合し、被害者一人あたりの生活支援金一五〇ドルが合計四五名のハルモニたちに渡された。現地の団体と事前に意見を交換しながら、被害者の要請に合わせて支援品を構成し、挺対協の梁路子《ヤンノジャ》事務局長が被害者たちを直接訪問して、韓国の被害者たちの連帯メッセージを直接伝えたという。[*18]

若い世代にナビ基金の意義を広めるために、挺対協は毎年「ナビ基金とともに行く平和紀行」を展開している。二〇一四年二月のベトナム平和紀行は、一九六四年に大韓民国がベトナムに初めて軍隊を派遣したときからちょうど五〇年後に行われた（ベトナム参戦五〇周年）。[*19]平和紀行に参加した韓国の若い市民は、ベトナムの女性の残酷な被害を展示する〈南部女性博物館〉などの博物館を観覧し、戦争被害者に直接会い、韓国軍人による民間人虐殺の歴史を学びながら、大韓民国を振り返り、私たちが忘れていた「加害者性」を直視することになった。

フーイエン省女性連合会との連帯の場で、尹美香《ユンミヒャン》挺対協代表は日本軍「慰安婦」被害者の連帯のメッセージを伝えながら、次のように回想した。

ベトナムに対する**韓国人としての申しわけない気持ちを**、**夕食をとりながらお伝えしたいと思います**。日本軍「慰安婦」ハルモニたちのナビ基金がベトナムのハルモニたちに蝶となって飛んできているような、そのような想いも一緒に伝えたいと思います。韓国側代表の挨拶を通じ、**金福童ハルモニは「私も日本軍人に**、**言葉で表せないような**、**そんな苦痛をあじわいましたが**、**ベトナムの女性たちもわが韓国の軍人によって**、**私と同じ痛みを経験したと聞きました**。**韓国人としてあまりに申しわけなく思います**。**ですからわれわれが何か手助けできることはないか**、**精いっぱい考えました」という言葉を伝え**、本当に顔を上げることができないぐらいに重たい気持ちでここに来ましたし、女性たちに会ってもわれわれに笑うことができるようにしてくれたフーイエン省女性連合の会長と幹部に感謝申し上げます。[*20]

二〇一五年三月にも挺対協はベトナムのビンディン省人民委員会から韓国軍性暴力被害者二六名の名簿を受け取り、メールで被害状況を共有していたところ、新たに被害者確認され、その彼女たちと直接会い、ビンディン省人民委員会と女性同盟とともに、今後の連帯と協力の方向性を模索した。[*21] 同年冬の一二月(二～九日)、挺対協は「二〇一五ナビ基金とともに行くナビ平和紀行」を企画し、参加者二〇名余りとともに、韓国軍による民間人虐殺現場を訪問し、慰霊祭に参加し、博物館などを観覧した。そこで大韓民国が犯した虐殺を謝罪し、平和をともに祈願した。[*22]

一方、二〇一五年六月二四日、第一一八四回水曜デモの際に金福童がナビ基金に寄付した五〇〇〇万ウォンにより〈ナビ平和賞〉が創設された。この賞は、平和と女性人権に寄与した団体と個人に毎年授与している。このとき、金福童は自らが一生かけて集めた財産をナビ基金に寄付しながら、「戦時性暴力の被害者を支援するために活動する若い活動家たちのために使ってほしい」とその意図を語った。先に少し言及したように、最初の年には米軍基地村「慰安婦」女性のために数十年間献身してきた〈トゥレバン〉、〈セウムト〉、〈ヘッサル社会福祉会〉が共同受賞し、第二回となる二〇一六年には中東、ブラジル、アフガニスタン、アフリカなどの紛争地帯をかけまわり、性暴力に対して無防備にさらされたまま生きている女性たちの悲惨な現実を告発してきた写真作家チョン・ウンジンが受賞した。[*23]

以上のようなナビ基金の意味を総合的に整理するならば、まず、これは、被害者らのアイデンティティの変化がかかわっている。これまで、被害者たちは口述と証言活動を通じて「幽霊」あるいは「隠さなければならない恥ずかしい体」から「被害サバイバー」に、さらに運動に参加する積極的な「人権活動家」へと自己アイデンティティを変革させてきた。彼女たちは被害者アイデンティティにとどまることなく、国家と女性の間の関係の矛盾および女性人権問題を直視し、世界平和のために市民の具体的な役割を要求することになったのである。*24

第二に、同等な人間としての尊厳と価値を自己認識した被害者たちが、同様の経験をしている全世界の被害者たちに「愛の言葉かけ」を試み、「脱民族的」な連帯を要請している。自己治癒を超えて、他者の傷に歩みより、共感と支援を表明することによって、時間と空間を超えた共同体の治癒と連帯を試みているのである。

希望と共感の蝶は、今、間断なきはばたきを通じて、忘却の沼にはまっていた私たちに責任の承継を認識させる。「二〇一六ベトナム・ナビ平和紀行」に参加した二人の大学生が紀行後に書いた一文からは、ナビ基金の意義をよくうかがい知ることができる。*25

日本軍「慰安婦」被害者たちも、ベトナムの韓国軍民間人虐殺被害者たちも、たえがたくてつらい証言を幾度となく行っている。彼女たちが反復的に証言する理由は明らかだ。**謝罪と反省、そして残酷な戦争が二度と繰り返されてはならないという理由からだ。**（中略）「**私が生きている証拠だ**」**とおっしゃった、韓国の「慰安婦」ハルモニたちの苦痛を、われわれはよく知っている。ベトナム戦争被害者たちも同じ心情だ。**（中略）であるなら、韓国軍虐殺についても、われわれが被害を与えた人びとに本当に謝罪すること、戦争を正当化し記念してきたわれわれの歴史を反省すること、それがこの地の平和のためにしなければならない、われわれの課題ではないかと考えるのだ。[*26]

彼らは、他者によって犯された過ちを認めろと要求すると同時に、自らの先祖が犯した歴史的な過誤についても謝罪し反省しようとしている。未解決の過去の問題は、結局のところ承継された責任となり、現在の世代にとって重荷となっているということ、それはレトリックによる弥縫策で解決されるものではなく、真の反省と謝罪によってのみ解決されるということ。韓国の若い世代は、先祖の過ちを進んで自らの政治的な責任として引き受けようとしている。

おわりに

歴史的な脈絡と位階的な権力関係によってつくられた沈黙は、その脈絡と権力関係が変わらないかぎり、決して姿を現すことも表象されることもない。社会的な他者は、自ら沈黙する、または沈黙を余儀なくされ、持続的に沈黙を強要されることもある。沈黙はときに尊敬心から、あるいは怒りや恐怖、恥ずかしさから発生したりもするし、ときには抵抗の一形態として現れたりもする。詰まるところ、彼女たちが語ることができる／できないという条件の変化は、まさに不正義の制度と文化を構成するのに共謀してきた、私たち自身の省察と変化にかかっているのである。基地村女性人権連帯を結成し、米軍「慰安婦」らと手を取り合い、ナビ基金を通じて戦時性暴力の被害者と手をつないできた日本軍「慰安婦」問題解決運動は、聞こうとしなかったり、歪曲して聞いたり、聞いても知らんぷりをしたり、構造に抵抗しようとしないわれわれ全員を長い眠りから覚めさせ、未来を変革するための活動にともに参加することを要求する。

私が本稿を書き終えようとしている二〇一七年八月九日正午、「第五次世界日本軍『慰安婦』賞賛日《キリミル》を迎える一二九五次定期水曜デモ」〔一九九一年に金学順が最初に実名で記者会見をした八月一四日は「たたえる日（기림일）」と呼ばれている〕が開かれた。夏真っ盛りの暑い日差しがつきささる状況であったが、金福童、吉元玉、李容洙《イヨンス》が参加した。イェール女子高等学校の歴史サークル〈アイビー〉の学生たちの主導により進行した水曜デモには、全国から集まった高校生の連帯発言が相次ぎ、さらにはカナダや米国アトランタ居住の学生の映像メッセージが殺到したりもした。彼らは口をそろえて「ハルモニたちの堂々とした姿から勇気と希望を得て、人生の方向まで定めることになった」と語った。日本軍「慰安婦」被害者を支持し応援するために運動に参加したのに、むしろ自らの人生を支える力と勇気を得たということ、まさにこれが日本軍「慰安婦」問題解決運動の、意図せざる、しかし最も大きな成果なのである。

あなたが本稿を読むころにも、水曜日には日本軍「慰安婦」当事者たちは間違いなく日本大使館の前に座っておられるだろう。時間をつくって水曜デモに参加し、戦争と女性人権博物館を訪ね、〈平和のナビ〉の大学生に出会ったら激励し、ナビ基金に少しでも寄付してみてはいかがか。他人の苦痛に耳を傾け、進んで手を差しのべようとする苦痛の当事者たちが、より不正義のない未来のために、運動への積極的な参加と責任の承継とを要求する蝶のはばたきとともに、あなたのもとに近づいてくるであろう。

さぁ、あなたの番だ。吉元玉が強調したように、「平和な世界」「正義にみちたその日」をつくるために、「ともに手をとって」行こうではないか。*27

〔注〕

*1 〈平和の蝶〉は二〇一二年に梨花《イファ》女子大内のサークル〈梨花の蝶〉から出発し、全国の大学生ネットワークとして拡大したものであるが、日本軍「慰安婦」サバイバーの崇高な思いをたたえ、当事者活動の意味を継承し、「慰安婦」問題を国内外に知らせる活動の先頭に立っている。

*2 David Miller, *National Responsibility and Global Justice*, London: Oxford University Press, 2007, pp. 160-161.

*3 訴訟の意味については、『京郷新聞』二〇一七年一三日に寄稿したコラム「미군 ‘위안부’ 가 던지는 질문」を参照されたい。

*4 이효재「일본군 위안부 문제 해결을 위한 운동의 전개과정」『한국여성인권운동사』한국여성의전화 編、서울：한울아카데미、一九九九年、一八三頁。

*5 韓国教会女性連合会〈여성과 관광문화〉セミナー資料集による。

*6 이현숙『한국교회여성연합회 25년사』서울：한국교회여성연합회、一九九二年。

*7 挺対協の尹美香代表は〈基地村女性人権団体〉の立ち上げを祝う席上で、基地村女性の人権問題に目を閉ざしてきた韓国社会の問題を指摘し、ともに手をとって活動することを誓った。

*8 「길원옥 할머니가 기지촌 할머니들에게」（YouTube）より。

*9 「미군 ‘기지촌 할머니들’ 시카고 방문」二〇〇六年一〇月四日（YouTube）および「국가란 무엇인가：미군 위안부의 진실」（KBS〈추적 60분〉、二〇一七年六月七日）。

*10 挺対協は「これらの団体が、誰も関心をもっていなかった基地村性売買を社会的アジェンダとして広め、被害女性たちの人権回復のために不断に努力してきた点が、賞の趣旨に合致した」と、その受賞理

由を述べた。「慰安婦」被害サバイバーであり、〈ナビ平和賞〉の礎となる基金を準備した金福童が、直接授与した（『한겨레（ハンギョレ）』二〇一六年五月一八日）。

＊11　コンゴ民主共和国では、二〇一三年に内戦が終わるまでの間、二歳から八〇歳までの女性が性暴力を受け、一か月に平均一一〇〇名余りの被害者が発生していたという。詳しい内容は挺対協のホームページを参照されたい（https://www.womenandwar.net/contents/general/general.asp?page_str_menu=020301）。

＊12　「일본군 '위안부' 피해자들이 전시 성폭력 피해자를 지원하는 나비기금」（YouTube 映像）より。

＊13　一九九八年、コンゴ民主共和国の内戦当時、軍人はマシカとその二人の娘に性暴力を加え、夫を殺害した。それでもマシカは一九九九年から、まず被害者の声を聞くという意味の「傾聴の家」（Listening House）を建て、同じような苦痛を経験した戦争被害女性六〇〇〇名余りを支援したという（「위안부 할머니 '나비기금' 콩고민주공으로 훨훨~」『한겨레（ハンギョレ）』二〇一二年四月二〇日）。

＊14　マシカの手紙についての詳細は、〈戦争と女性の人権博物館〉のホームページを参照されたい（http://www.womenandwar.net/）。

＊15　コンゴで起きた性暴力事件はすべて反乱軍と武装集団によって行われたが、事件の被害者の九八％は北キヴ地域の女性だという。当該報告書には、性暴力のサバイバーらが苦境を終わらせるために韓国の女性らの支援を待ちつづけているという訴えもあわせて書かれている（윤미향「윤미향이 전하는〈나비의 꿈 소식〉」四号、二〇一七年六月三日）。

＊16　「김복동 할머니가 베트남 여성들에게 보내는 사죄」（YouTube 映像）より。

＊17　「베트남전 민간인 피해자 수요집회」미래방송 미래TV、二〇一五年四月八日。当時、水曜デモで金福童は「数年間、日本の軍人に奴隷生活をさせられ、日本が負けて故郷に帰ってきたけれど、われわれはまだ解放されていない」と言い、日本政府だけでなく、韓国政府の問題点を明確に指摘し、積極的な対応策を促したりもした。

＊18　「인도네시아 피해자들 지원을 위해 떠난 나비기금 & 정의기억재단」（http://blog.daum.net/hanagajoah/1323）。

＊19　挺対協は二月一三日から五泊六日間、グ・スジョンがリーダーを務めるベトナムの社会的企業「アマプ（Amap）」とともに「ベトナム平和紀行」を行った。詳細は、황윤희「″설명없이 집단학살, 그게 한국군의 특징이었다″［베트남 평화기행①］베트남 민간인 학살 공식 희생자만 9천여명… 한국정부는 ′침묵′」『오마이뉴스（オーマイニュース）』二〇一四年二月二六日。
＊20　윤미향「베트남으로 간 일본군 ′위안부′ 할머니들의 평화의 메시지 ′나비기금, 5／푸옌성에서」二〇一四年二月二八日、〈나비의 꿈〉ブログ（http://blog.daum.net/hanagajoah/974）。
＊21　윤미향「베트남 전시 성폭력 피해여성을 찾아、나비의 베트남 여정」二〇一五年三月二五日（http://www.dangdangnews.com/）。
＊22　ベトナム戦争終戦四〇周年でもあった二〇一五年には、『統一ニュース』の曺禎焄《チョジョンフン》記者が同行し、緻密に旅行記を書いた。詳細は『통일뉴스（統一ニュース）』を参照（http://www.tongilnews.com/news/articleView.html?idxno=114686）。
＊23　『연합뉴스（聯合ニュース）』二〇一六年一一月一八日。
＊24　Lee, Na-Young, "The Korean Women's Movement of Japanese Military 'Comfort Women': Navigating between Nationalism and Feminism," *Review of Korean Studies*, 17(1), 2014.
＊25　このときの紀行は、韓ベ平和財団と挺対協が共同主催で二〇一六年一一月三〇日から一二月五日の間に実施され、二人の学生は〈大学生キョレハナ〉キム・ヨニ、全国大学生の組織である〈平和の蝶《ナビ》〉ネットワークのチェ・ナヒョンである。
＊26　김연희・최나현「기억해야 할 베트남 전쟁 한국군 민간인 학살의 역사 우리는 피해국이자 가해국이었다… 청년들의 눈으로 본 베트남 나비평화기행」『오마이뉴스（オーマイニュース）』二〇一六年一二月二八日。
＊27　二〇一五年「合意」直後、吉元玉が送った映像メッセージ「손잡고 해결해요」（YouTube 映像）。

（翻訳・板垣竜太）

第12章　戦争犯罪への国家の謝罪とは何か
――ドイツの歴史を心に刻む文化

梶村　太一郎

ドイツが「暗い過去」と向き合い続けるのはなぜか？　この重い問いへ回答するのは、一九七四年から半生をドイツはベルリンの中心部で暮らしている私にとってもそれほど容易なことではない。そのためにはドイツをめぐる大きな政治情勢と、そこに生きるドイツの政治家と市民の歴史に対する認識を述べなければならないだろう。

1　敗戦と東西分断克服と終わらぬ戦後処理

そもそもヨーロッパの近代史は、一五世紀以来の全地球規模の植民地獲得競争による「恐るべき不正な行為」（カント『永遠平和のために』）による富の蓄積と、その利権をめぐる戦争の歴史であった。この帝国主義戦争は二〇世紀に二度の世界大戦となり、欧州本体の破壊と疲弊として終わった。

なかでもドイツは第一次世界大戦ですべての植民地を失い、第二次世界大戦では領土のおよそ四分の一を失うとともに全国の主要都市とかなりの工業施設が破壊された。本土決戦で最後まで抵抗して無条件降伏し、焦土となった一九四五年五月八日を、生き残ったドイツ人は「零の時（Stunde Null）」と呼んだ。それは多くのドイツ人にとって「すべてが破壊され、戦争から解放され、すべての再建が始まる区切りの時」であったからである。

しかし、ドイツには無条件降伏に続いて冷戦下の国の東西分断という苦難が加わった。しかし、これもナチスドイツの侵略戦争の結果がもたらしたものとして受け入れざるをえない宿命としてあった（戦後日本が南北に分断され、朝鮮半島が分断を免れた状態を想定してみるとよい）。また東西ドイツを中心軸とした冷戦下の欧州の東西分断を固定化させたのは、これもナチスドイツ下の研究で発見された原子核分裂の兵器、すなわち核兵器による軍備拡張競争である。このヒロシマ・ナガサキで実証された最終兵器の破壊力を背景にした恐怖の均衡は、まさに冷たい戦争であって決して和平ではなかった。その冷酷さを象徴してあったのが東西ドイツ間に築かれた壁であった。

壁の時代のドイツ人は、次の戦争が勃発すればドイツは確実に絶滅することを認識していた。東西国境近くの西ドイツの街では、郊外の道路の交差点にはワルシャワ機構軍の侵攻を防ぐための戦術核兵器・核地雷を入れるマンホールがあり、町役場や核シェルターには二週間分の食料と死体袋が常備されていた。

私も一九八六年に西ベルリンの区役所の地下にある核シェルターの一つを、ちょうどベルリンに滞在していた小田実とともに見学したことがある。フィルターのついた手回しの換気装置を見ながら、「こんなところで数日生き延びても虚しいだけだな」と漏らす小田とともにため息をついたことがある。壁に囲まれた西ベルリンにあった一六のシェルターの収容能力は市民の一〇〇分の一でしかなかったために、そこに入る権利を数年に一度のくじ引きで決めていた。このくじ引きは市民には非常に悪評であった。

冷戦終結後かなりたってから、当時の西ドイツの首都ボン近郊にあり極秘にされていた国家専用の秘密核シェルターの存在が明らかにされたが、これは政府中枢と国会議員ら約三〇〇〇人のために設けられた巨大なものだ。ここですら三〇日が使用限度であった。核戦争が迫れば、まずは数時間のうちに駐留米軍の家族が一斉に安全地帯へ避難する計画も知られていたが、ドイツ人は政府要人以下、最長三〇日の延命で終わることになっていたのである。このような絶望的な恐怖のもとで生活していたのが冷戦時代のドイツ人である。

そんななか、核戦争の恐怖が最大となったのは、一九七九年末の「NATOの二重決定」と呼ばれたパーシングやトマホークなど新型の中距離核弾道ミサイルの西ヨーロッパへの配備である。これに反対する反核軍縮運動が一九八一年から八三年にかけて欧米で起こったが、その頂点が八一年一〇月と八二年六月に当時の西ドイツの首都ボンで行われた反核軍縮運動のデモであった。いずれも三〇万人と五〇万人という戦後最大規模の参加者があり、先頭にはNATO軍の兵士が制服姿で行進した。この前代未聞の光景にアメリカのレーガン大統領はわが目を疑ったと報道された。それにもかかわらず核配備は強行されている。

ところが、これを壁の彼方から注視していた人物がいた。ミハイル・ゴルバチョフである。彼は「私はボンでの大デモを見てドイツの圧倒的多数の市民が軍縮と平和を本当に望んでいることを確信した」

とのちに述べている。彼が一九八五年三月にソ連邦共産党書記長に就任し、米ソの軍縮交渉が再開され、八七年に中・短距離ミサイル廃棄条約が調印された。これは現存核兵器の一部でしかないが、史上初めての核兵器撤廃条約であり、廃絶が実行された画期的な出来事であった。つまりドイツの反核市民運動がゴルバチョフに大きなインパクトを与えて核軍縮実現を決断させ、それがヨーロッパでの冷戦の終結＝壁の崩壊とドイツ再統一の大きな前提となったのである。

この西ドイツ市民五〇万人のデモと、東ドイツ市民の一九八九年一一月のベルリンでの民主化を要求する一〇〇万人のデモによって壁は崩壊し、ヨーロッパでの冷戦は最終的に終結を見た。そしてようやくドイツは核戦争の恐怖から解放され、生存できる喜びを手にしたのである。

このようにして一九九〇年一〇月三日にようやく再統一したドイツはしかし、約四〇年に及んだ社会の分断の克服という、重い課題にも取り組まねばならなかった。これもまた第二次世界大戦の戦後処理であり、いわば四五年の五月八日に次ぐ「再建に向けた第二の零の時」であったとも言えよう。

それ以来、一九九八年のボンからベルリンへの首都移転を挟んだ東西統一はまだ途上にある。同じ敗戦国の日本からは考えられないだろうが、ドイツの戦争破壊からの再建は七〇年を超えた今もなお未完なのだ。日本社会が冷戦終結前後、とくにバブル経済の破綻時期から「失われた一〇年、あるいは二〇年」などと言われるのとはちょうど正反対に、ドイツは失う時間などありようもなく統一再建にまだ汗をかきつづけている。つまり戦後七〇年を経ても敗戦の処理はまだまだ終わってはいないというのがドイツ市民の実感であり認識である。だから現在の若い世代にも戦争の重さはさまざまなかたちで伝わっている。それはとくに歴史認識においてである。

2　ヴァイツゼッカー演説と『ショアー』

このような冷戦終結に向かう八〇年代のドイツにとって幸運であったのは、一九八四年七月にリヒャルト・フォン・ヴァイツゼッカーが西ドイツの連邦大統領に就任したことである。

彼は翌年にゴルバチョフが共産党書記長に就任して間もなくの五月八日の敗戦四〇周年記念日の連邦議会における演説(以下引用は『荒れ野の40年』[*1])で、「五月八日は心に刻むための日であります。心に刻むというのは、ある出来事が自らの内面の一部となるよう、これを誠実かつ純粋に思い浮かべることであります」と述べたうえで、心に刻むべき人びととその苦悩を列挙しているが、まずは「ドイツの強制収容所で命を奪われた六百万のユダヤ人」に続いて「戦いに苦しんだすべての民族、なかんずくソ連・ポーランドの無数の死者を思い浮かべます」と述べ、さらにドイツ人のナチスへのレジスタンスのなかで、「共産主義者のレジスタンス」もあげて「これらのレジスタンスの犠牲者を思い浮かべ、敬意を表します」と述べている。また「ゴルバチョフ書記長は大戦終結四〇年目にあたって、反ドイツ感情をかきたてるつもりはないと言明して、ソ連は諸民族間の友情を支持するとしている」とのメッセージを「見逃してはならない」と言及している。

冷戦の最先端の反共国家西ドイツの保守政治家である大統領のこの歴史に対する誠実な姿勢が、イスラエルに限らず、壁に遮られた東欧諸国の人びとに与えた影響には計り知れないものがある。演説はたちまち二〇を超える言語に翻訳され、鉄のカーテンを越えたのであった。大統領に寄せられた内外からの賛同の手紙は六万通を超えたという。

さらにこの時期、ドイツの歴史認識の深化にとってもう一つの幸運が、フランスからもたらされた。翌一九八六年二月のベルリン映画祭でクロード・ランズマンの長編ドキュメンタリー映画『ショアー』が、ドイツで初めて上映されたのである。

この映画は大統領が演説で「ユダヤ人を人種としてことごとく抹殺する、というのは歴史に前例を見ません」あるいは「人間は何をしかねないのか、これを我々は自らの歴史から学びます」と述べたことへのまさに最高の教材であった。

私も映画祭の上映会場で長時間続いた、えも言われない観客の沈黙を忘れることはできない。誰しもが衝撃に息を飲んで視入ったのである。

日本では一〇年後の一九九五年にようやく高橋武智の翻訳で上映されたが、「この作品を観ない限り、ショアーという人類史上最悪の人道犯罪で何が行われたかは理解できない」と誰しもを確信させるのである。ここでは、奇跡的に生き延びた被害者たちと数人の加害者たちの証言が、出来事を過去のことではなく「非時間的なアクチュアリティ」(ランズマン)をもった出来事として目前に復元されているのである。まさに「人間は何をしかねないか」について時空を超えて伝えた衝撃的な作品だ。

この労作は大統領の演説の現実性を示すものとして登場したと言えるし、また同時にナチスの人道犯罪を否定したり、相対化したりすること自体が、非道徳的であり、犯罪であるとの認識を裏づける「物証」ともなっている。

3　アイデンティティとしての「心に刻む文化」

この演説から三〇年後、二〇一五年の戦後七〇周年に際し『世界』(同年九月号)への寄稿「ドイツ・負の歴史に終止符が打たれることはない」の冒頭に私は次のように記している。

ドイツのヴァイツゼッカー元大統領は戦後七十周年記念日の五月八日を待つことなく、本年一月三一日ベルリンで亡くなった。九四歳の大往生であった。(中略)一九八五年の五月八日の演説からの三〇年間を振り返ると、それはドイツが『荒れ野の40年』の戦後史を克服しようとした大統領の歴史認識を引き継ぎ、彼が指摘した戦争の苦い史実を心に刻んで、それを克服する努力と行動を市民運動がこつこつと誠実に実践し、民主主義を次第に根付かせた時代であった。このドイツはもはや「荒れ野」ではない。それは陰に隠れていた戦争の実態が徐々に市民の記憶に刻まれてきた三〇年であった。

このことは一九九九年にボンから首都移転されたベルリンの都心を歩くだけで誰にでも追体験できることだ。ブランデンブルグ門のすぐ南の石柱からなる広大な「虐殺されたヨーロッパのユダヤ人追悼記念碑(通称としてホロコースト記念碑)」、国会議事堂のそばの小さいが静寂さが保たれた「虐殺されたシンチ・ロマの追悼記念碑」、ベルリンフィルハーモニーの門前の「虐殺された『安楽死』計画の犠牲者追悼記念碑」等々。ベルリンの名所旧跡を訪ねると否が応でもこの国の加害の歴史の犠牲者を心に刻んだ施設に出会うことになる。オープンエアーのこれらの施設には、はたしてどれだけの参観者がいるのか数えることもできないが、ゲシュタポ（ナチス秘密警察）本部跡に建てられた加害の歴史を展示している「テロルの地勢誌」の昨年二〇一六年度の入場者は一三〇万人を超えている。

このように自国の負の歴史を首都のど真ん中でも、これでもかと見せつける文化は世界史のなかでも例がないとされている。これをドイツでは「心に刻む文化（Erinnerungskultur）」と呼ぶことがヴァイツゼッカー演説を契機にすでに長く定着しており、すでに統一ドイツのアイデンティティの核心になっている。

ホロコースト記念碑は、二〇〇五年五月の終戦六〇周年記念に国会決議により国家予算で完成したのだが、その序幕式典で挨拶した東独出身のボルフカング・ティールゼ連邦議会議長は、その前の四月一六日に行われた、バイエルン州にあるフロッセンビュルグ強制収容所解放記念式典での挨拶で「ナチスの歴史を心に刻み、歴史に道徳的責任を取ることは、統一したこの国の民主主義の土台でありレゾンデートル（存在理由）である」とまで述べた。それを聞いて「そこまで来たか」と驚いたことをよく覚えている。

4　開かれた日本軍の「パンドラの箱」

さて、ヴァイツゼッカーは演説のはじめに列挙した心に刻む人びととその苦悩について述べた最後に、

「人々が負わされた重荷のうち、最大の部分を担ったのは多分、各民族の女性たちだったでしょう。彼女たちの苦悩、忍従、そして人知れぬ力を世界史は、あまりにもあっさりと忘れてしまうものです」として、暗い日々に人間性の光を守りつづけた女性たちを讃えている。

この演説が行われたころ、韓国では血に塗られた八〇年の光州蜂起を経て、反共軍事独裁政権下で民主勢力が次第に力を蓄えており、ベルリンの壁が崩壊する一九八八年から九〇年にかけて、良心の政治犯として一七年と一九年の獄中非転向を貫いた徐俊植《ソジュンソク》・徐勝《ソスン》の兄弟が釈放され生還した。

当時アムネスティ・インターナショナルで徐俊植を担当していた人物は西ドイツに住むドイツ人女性であった。彼が獄中で五〇日を超える命がけのハンストを行った危機のときなどには、私も韓国や日本からの情報を相互に伝えてドイツ政府経由で韓国政府に圧力をかける努力の手助けをしたことがある。

一九八八年五月二五日の朝のことだが、彼女が電話で「私は今朝、俊植さんが釈放される夢を見ました」と伝えてきた。「とてもよい夢ですね」と答えたのだが、その夜になって「本当に釈放された」との情報が届いた。「これは夢ではないか」と、にわかには信じられなかった体験がある。アムネスティの恐るべき情報網には本当に驚いたものだ。

いずれにせよ徐兄弟の釈放と生還、その後の二人の活躍は、韓国と東アジアの民主化の進展を測る一つのバロメーターであった。

さて、どの社会でも同じことだが、植民地支配や軍事独裁から解放されれば、たちまちそれまで封じられていた記憶が抑えがたいものとして顕在化する。一九九一年八月、金学順《キムハクスン》さんが「慰安婦」被害者として初めて記者会見で証言をしたのもその一つの現れである。彼女が開いたのは日本の歴史にとってパンドラの箱のようなものであった。翌年の九月にはフィリピンでマリア・ロサ・L・ヘンソンさんが名乗り出て、大戦中の日本の占領諸国からの証言者が続いた。この日本軍性奴隷制度の犠牲となった各地の女性たちの証言は、まさに大日本帝国の軍国主義の特殊な人道犯罪を、身をもって暴露する証言であり、ドイツにとっての『ショアー』での被害者の証言の重さに匹敵する貴重なものであった。しかも女性たちの証言は、当時の旧ユーゴスラビア内戦でのすさまじい性暴力の衝撃に呼応して、世界中でその現実性に注目が集まることになった。

またこれはまったくの運命の悪戯のような偶然ではあるが、一九九二年の春に私はデン・ハーグのオランダ王立公文書館に保存されていたオランダ人女性の強制売春事件に関するオランダ軍バタビア臨時軍法会議の膨大な資料を手にすることになった。これは日本がサンフランシスコ平和条約で受け入れた連合国による日本軍人・軍属の戦犯裁判の判決と証拠書類である。[*2] これをもとに『朝日新聞』が「スマラン強制売春事件」を同年の七月から八月にかけて報道したのだが、たちまちこの資料にあるオランダ人被害者の数人が名乗りを上げたのには驚いたものである。

5　ベルリンでの女性国際会議

これらの無視することのできない歴史資料と生き証人の登場を前に、日本外務省も同じ資料の提供を受けていたが、日本政府はあさましくもいまだに口をつぐんでいる。だが、これが翌年の河野談話に影響を及ぼしたことは間違いないであろう。

さてユーゴ紛争での女性に対する性犯罪などの現実を前に、一九九三年九月にベルリンで「人間の尊厳・女性の尊厳・戦争と暴行」と題する国際会議がもたれた。この会議は在ドイツの韓国人と日本人女性の市民運動が共同で主催し、ベルリンの多くのＮＧＯとベルリン州政府代表の参加と後援があった。南北コリア、フィリピン、オランダ、日本、ドイツ、ユーゴスラビアから、証言者と研究者たちが参加し、三日間にわたって多くの報告や討論が行われた（写真１）。その一日目、ベルリン州政府のレセプシ

写真1　欧州での初めての戦時性暴力被害者による国際会議「女性の尊厳・人間の尊厳」（ベルリン1993年9月，筆者撮影）

写真2　国際会議で初めて出会うことができた南北の「慰安婦」被害者２人（前列中央）と日韓の支援者たち（ベルリン1993年9月，筆者撮影）

ヨンの挨拶で、州労働女性省の政務次官ヘルガ・コルトハーゼさんが「敗戦直後のここベルリンでも占領軍兵士によるすさまじい婦女暴行が行われました。まだまだタブー扱いですが、これではいけません。証言者の皆さんから勇気をいただけます」と述べたことが強い印象として残っている。

この会議をドイツ各紙は「歴史の傷に対処する会議」「犠牲者の娘たちと加害者の娘たちによる会議」などとの見出しできっちりと報道している。当時はちょうど天皇皇后のドイツ訪問の直前であり、日本外務省は神経を尖らしたようだ。

この会議については、日本での記録にはほとんど残っていないので、四半世紀近く前のことではあるがドイツでの活動として記しておく。この会議で証言した南北コリアの「慰安婦」のお二人を、主催した日韓の「加害と被害の娘たち」が囲んだ記念写真が残されているので、初めて公表しておこう（写真2。これは当時の関係諸国の治安機関にとっては貴重な写真であるが、これを無断使用する者に対しては、例外なく法的に追及することを、あらかじめ警告しておく）。

6　引き継がれ広がる活動

さて、以上のようにベルリンでは早くから日韓の女性たちの連帯行動が始められていたが、その後この市民運動はこつこつと休みなく続けられ、「娘たち」には若い後継者が加わっている。近年ではすっかり恒例となった八月一四日のブランデンブルグ門前での元「慰安婦」追悼警告集会も今年で五年目となり、私も写真報告をブログ「明日うらしま」で続けている。多彩で国際的な人びとが集い、また毎年のように長年支えてきた支援者が鬼籍に入るなかで、その分若い人たちが参加している記録になっている。
二〇一七年五月には、韓国から吉元玉《キルウォノク》さんが訪問されたので、多くの啓蒙活動が行われた。まずは二四日に在ベルリン日本大使館前での抗議行動が欠かせないものとして賑やかに行われた（写真3）。

写真3　ベルリンの日本大使館前での抗議集会
（2017年5月24日，筆者撮影）

写真4　90歳の吉元玉さんと24歳のマルヴァ・アルアリコさんの性奴隷としての過酷な体験を見開き2面のインタビューで大きく報道したベルリンの日刊紙『ターゲスシュピーゲル』（2017年9月3日）

二八日には、現在の性奴隷の犠牲者との出会いと証言集会が行われた。イラクとシリアの内戦につけ込んでいわゆる「イスラム国 IS」が建国宣言されたが、その後この組織は公然と奴隷制度の復活を宣言し、他の宗派や異教徒の女性を戦利品として性奴隷にしている。なかでも立場が弱いイラク北部のクルド系の非常に古い宗教のヤズディ教の女性たちは、奴隷とされ戦闘員に褒美として与えられたり、身代金の収入源とされたり、公然と頻繁に行われる人身売買の犠牲となっている。

ドイツには以前からヤズディ教徒の亡命者が多く、現在では一五万人に達している。

吉元玉さんはこの日、三か月の奴隷生活ののちに逃亡に成功し、今はドイツの救援組織に保護されている一人、二四歳のマルヴァ・アルアリコさんとともに証言集会に参加し、手を取り合って連帯を示した。年齢も文化も異なるこの二人の女性は、その共通する過酷な体験により無言でも結びつくことができるのである。アルアリコさんも、悪夢から解放されるためにも国連をはじめ世界中で証言活動を始めている。ベルリンの『ターゲスシュピーゲル』は二人との入念なインタヴューを見開き二頁の特集で伝えた。タイトルは「勇気があれば、証言せよ！」との性奴隷の先輩から後輩への言葉である（写真4）。日本軍の性奴隷の証言活動はこのようにして引き継がれ広がっている。決して終わることなどないのである。

7　大統領の謝罪声明と元首相の表敬訪問

さて、すべての日本軍性奴隷の犠牲者が本当に望んでいることは、吉元玉さんがいたるところで繰り返す次のようなことだ。

私が日本政府に望んでいるのは、それほど大きなことではありません。本当に心のこもった謝罪をしてほしいのです。そして心のこもった謝罪にもとづく賠償を、国家として行ってほしい。

河野談話や「女性のためのアジア平和国民基金」での謝罪ではないし、ましてや安倍・朴政権の日韓「合意」などでは決してない、彼女らの願いに添うことができる言葉があるはずだ。

一九九八年秋に成立したドイツのシュレダー政権は、冷戦時代には不可能であった東欧諸国の忘れられた強制労働者への補償を実現すべく関係諸国との交渉を始めた。それが連邦議会での圧倒的多数の決議により「記憶・責任・未来」基金として立法化され、一六六万人の被害者へ補償金約七〇〇〇億円の支払が始まったのは二〇〇〇年八月であった。

この基金の資産額の合意交渉は関係諸国間で難航した。合意をしびれを切らしながら待っていたのが、ドイツのヨハネス・ラウ大統領であった。合意はようやく一九九九年の年末に成立したのだが、大統領はその日のうちに合意を歓迎する声明を発表している。資料として全文をあげておこう(次頁)。女性たちが日本政府から聞きたいのは、このような国家元首からの心のこもった謝罪の言葉であろう。

またシュレダー元首相は、二〇一七年九月一一日、ナヌムの家を表敬訪問した。彼はハルモニたちの闘いを「歴史の未来を築くもの」と称賛し励まし、「大きな苦難に涙をもって」と記帳署名した。これはまずは日本の歴代の首相こそが行うべきだが、誰一人としてできていない行動だ。この共感と勇気の行

強制労働者の補償に関する基金資産額の合意について

ベルリン・1999年12月17日

ヨハネス・ラウ・ドイツ連邦共和国大統領の声明

私は強制労働者への補償に関する合意がようやく成立したことに感謝し安堵しております。これを実現したすべての皆様に感謝を述べます。国家社会主義の戦争機構により不当に扱われた人々は，その補償を戦争の終結から54年もの長きにわたって待たねばなりませんでした。ヨーロッパの分断が解決されてようやくこの問題の交渉も可能になったのです。

当時，多くの企業が強制労働者から利益を得ました。幾つかの企業はすでにこれまでその責任を公に認め，物質的補償に努力をしてきました。しかしドイツ諸企業の基金イニシアティヴによって，それへ参加する広い基礎がようやく提供されることになりました。今こそできるだけ早急に，できるだけ多くの企業が参加をしなければなりません。そうしてこそドイツ経済界が自身の責任を果たすことがはっきりとするからです。幾つかの企業は強制労働者を使ったことがないにもかかわらず参加を表明しています。

ドイツ国家は完全に本質的な部分での寄与をします。国家と企業が共に，この基金のイニシアティブを担うことで，行われた不正義がもたらした共同の責任と道義的義務を認めるのです。

私たちみなは，金銭によってでは犯罪の犠牲への本当の補償ができないことを知っています。私たちみなは，数百万人の男女に押し付けた苦悩の清算などできないことを知っています。また犯された不正義を互いに相殺しようとすることなどは意味がありません。

奴隷並びに強制労働とは単に正当な賃金の不払いだけではありません。それは拉致，故郷喪失，権利剥奪，そして人間の尊厳の残酷な無視を意味します。しばしば人間を労働によって殲滅することが計画的に実施されました。

当時命を失ったすべての人々と同様に，これまでに亡くなった人々全てにはこの補償は遅きに失しました。であるからこそ，今はすべての生存者が，可能な限り早急に，本日合意された人道的給付を得ることが大切です。

私には多くの方々にとっては金銭などが決定的ではないことがよくわかっています。彼らは彼らの苦悩が苦悩として承認され，また彼らに加えられた不正が不正と呼ばれることを望んでいるのです。

私は本日，ドイツの支配下で奴隷労働と強制労働を行わなければならなかた全ての人々を思い起こし，そしてドイツ国民の名において赦しを乞います。あなた方の苦悩を私たちは忘れることはありません。

（原文はドイツ大統領府のHP。翻訳：梶村太一郎）

動の不在にこそ、日本が未来を失う弱さの核心があるのである。

〔注〕

＊1　リヒャルト・フォン・ヴァイツゼッカー『荒れ野の40年──ヴァイツゼッカー大統領演説全文』永井清彦訳、岩波ブックレット、一九八六年。

＊2　この経過と資料の翻訳は、梶村太一郎・村岡崇光・糟谷廣一郎『「慰安婦」強制連行──「史料」オランダ軍法会議資料×「ルポ」私は〝日本鬼子〟の子』（金曜日、二〇〇八年）に詳しい。

コラム　マウマウ訴訟と「舞い込んだ文書群」

永原　陽子

マウマウ訴訟

植民地時代末期、一九五〇年代のケニアでは、土地解放運動「マウマウ」の鎮圧のために、宗主国イギリスが、強制収容と強制労働、拷問、性的拷問、レイプ、「処刑」など、極限的な暴力を行使した。元マウマウ闘士たちが半世紀以上を経た二〇〇六年にイギリス政府に対して起こした訴訟(五名を原告とする集団訴訟)は、二〇一三年に原告側の勝利和解に至り、五二〇〇名強に対して約二〇〇〇万ポンドの補償金が支払われた。裁判所は、独立後のケニアで一党体制が続き、二一世紀に入るまでマウマウが非合法化されていたこと、近年になってマウマウの歴史の研究が飛躍的に進展し、ケニア人たち自身が多くの事実を知るようになったことを重視し、損害賠償請求権の時効に特例を認めた。また、性暴力・性的拷問に関して、その本質として、当事者が体験を語れるようになるのに通常とは異なる長い時間が必要であることも強調した。植民地主義の遺産と性暴力被害について の深い見識が示されたことが印象的である。

この訴訟は日本のジャーナリズムでも取り上げられ、「慰安婦」問題に関心をもつ人びとからは植民地責任が法的に認められた事例として注目された。一方、ケニアの政治事情や民族間関係などに詳しい地域研究者のなかには、植民地支配下の人びとのマウマウ運動に対するかかわり方が多様であったこと、それゆえ現在のケニアにおいてこの訴訟が人びとの間に新たな分断や対立を引き起こしていることを重視し、問題を植民地責任の文脈(のみ)で捉えることの危うさを指摘する者もある。

当事者たちのおかれた政治的社会的状況についての指摘に十分に耳を傾けつつ、ここではむしろ、この訴訟が史料の隠匿と暴露という問題を通じて、イギリス政府の植民地責任、あるいは「継続する植民地主義」を白日のもとにさらけ出した点に注目したい。

「舞い込んだ文書群」

裁判所が「近年の研究の進展」として名をあげて言及しているのは、キャロライン・エルキンス、デイヴィッド・アンダーソン、ハー・ベネットという三人の歴史家の仕事である。これらの研究者はいずれも、訴訟に触発されつつマウマウ鎮圧戦争についての実証的な研究を進め、その成果により訴訟に大きな影響を与えてきた。二〇〇六年から始まった訴訟で証人台に立ったアンダーソンは、イギリスとケニアでの文書調査にもとづき、マウマウ鎮圧にかかわる未公開の機密文書が存在するはずだと主張した。外務省が存在を否定するその文書に関し裁判所は徹底的な調査を命じ、その結果、二〇一一年一月、ロンドンの北一〇〇キロ余のハンスロープ・パークにある外務省の文書保管庫で、約三〇〇箱（ファイル約一五〇〇点）のケニア植民地政府関係文書が発見された。その三分の一はマウマウ鎮圧戦争期の「非常事態」に関するものだった。同時に発見された文書群はローデシア、ガーナ、マラヤ、キプロス、アデン、パレスチナなど計三七地域に及び、当初約八八〇〇点とされたファイル数は、その後の調査で二万一〇〇〇点以上であることが判明した。それらは「舞い込んだ文書群」(migrated archives) と呼ばれるもので、外務省はその発見に至る経緯を調査報告『ケアリ・レポート』[*1]で公表した。

この文書群の発見がマウマウ訴訟の帰趨を大きく左右し、二〇一三年の和解をもたらしたことは間違いない。拷問や性暴力についての生々しい記録は、第二次訴訟[*2]との関係でも大きな意味をもつだろう。公開された文書[*3]を使ったその後の研究は、従来知られていなかった「ハードコア」なマウマウ女性闘士用の収容所の存在や、「非常事態」下でのレイプに関する植民地当局の扱いの詳細などを明らかにしており、今後の発展が期待される。

文書をめぐる植民地主義

何よりも衝撃的なのは、植民地からの撤退の過程で、関係文書がどのように扱われたのか、そしてそれが半世紀後に発見されるまでに何があったのかである。

発見されたマウマウ関係文書には、文書の取り扱いについての指示が大量に含まれている。一九六一年の植民地省（のちに外務省に統合）の指示は、植民地政府の文書について、「本国政府やその他（＝植民地）の政府、また軍・警察の関係者や公務員などを困惑させるもの」「諜報関係の情報源を漏らしかねないもの」、「独立後の政府によって非倫理的に扱われかねないもの」を選別し、現地で廃棄するか本国に引き取るものとし、残りを独立後の政府に委譲するとしている。ケニアでの文書の廃棄方法については、焼却して灰を細かく破砕するか、重い錘《おもり》をつけて潮流の弱い海底に沈めること、保存する文書から一部を抜き取る場合には代替《ダミー》の頁を入れて通し番号を揃えること、廃棄処分が完了したら本国に報告すること、さらに選別・廃棄の作業にアフリカ人スタッフをかかわらせないことなどを厳しく指示している。

こうして「引き取り」に分類された「機密文書」が独立前夜の一九六三年一一月、ロンドンに空輸された。文書は、ロンドン郊外ヘイズの保管庫に運び込まれ、前後する時期に独立した他の植民地からの同様の文書とともに一括保管され、一九九四年にはハンスロープに移動されたが、マウマウ訴訟の過程で半世紀ぶりに日の目を見るまで「舞い込んだ文書群」として「放置」された。

イギリスの公文書法によれば、公文書（＝中央省庁・司法関係の文書）は、当該機関での数年間の保管期間を経てキューの国立文書館に収められ、三〇年（最近では二〇年）後に公開されなくてはならない。[*4]『ケアリ・レポート』からは、ハンスロープの職員たちが「舞い込んだ文書群」の存在を承知しつつ、とくにケニア文書に関してはその「センシティヴな」内容のゆえに「罪の意識をもちつつ秘密に」し、国立文書館との間で押し付け合い、さらには裁判所からの捜索命令後もなお公開を渋っていた様子が浮かび上がってくる。その間、一九六七年以降三度にわたるケニア政府からの文書返還要求に対しては拒絶の回答が、一方、二一世紀に入ってからの訴訟の代理人（リー・デイ法律事務所）や研究者からの照会には、国立文書館で公開されているもの以外に関係文書は存在しないとの回答が外務省から繰り返されていた。

「舞い込んだ文書群」の存在は、マウマウ訴訟があったからこそ暴露された。その顚末は、文書に記録された植民地暴力の歴史的事実と、現在まで続いた文書の秘匿という二重の意味で、イギリス国家の植民地責任を浮き彫りにした。それはひとりイギリスの問題だけではないだろう。

注

＊1　調査を委託されたアンソニー・ケアリは元カナダ駐在高等弁務官。英外務省のウェブサイト上で公表されている報告書には「伏字」が多い。Anthony Cary, “The Migrated Archives: what went wrong and what lessons should we draw?” (24 February 2011) https://www.gov.uk/government/publications/cary-report-on-release-of-the-colonial-administration-files（二〇一七年六月三〇日閲覧）。

＊2　二〇一三年の和解後、新たな被害者たちが名乗りをあげ、一六年から、四万人が原告となって第二次訴訟を進めている。

＊3　文書群は国立文書館に移管され、外務省文書（FCO141）として公開された。

＊4　ただし、公文書の圧倒的部分は廃棄処分され、国家機密の理由により非公開で各省庁に保管されるものも除くと、実際に公開されるのは五％程度であるという。

第13章　サバイバーの闘いをどう受け継ぐのか

梁《ヤン》　澄《チン》　子《ジャ》

「サバイバーの闘いをどう受け継ぐのか」という問いは、それを「受け継ぐべきもの」と自明視した問いかけだ。しかし、このような問いを自明のものと考える人はどれだけいるのだろうか？　そもそも「サバイバーの闘い」がどのようなものであったかを知る人はどれだけいるのだろうか？　金学順《キムハクスン》さんの名乗り出から二六年。サバイバーたちの要求や闘いの内実が伝わらないまま、彼女たちはしばしば一方的に「救済」の対象とされ、サバイバーたちとともに闘われた日本軍「慰安婦」問題解決運動は、時に「被害者を利用した運動」であるかのように語られさえする。

彼女たちはなぜ名乗り出たのか、そして何を求め、何を成し遂げてきたのか。その内実を明らかにしたい。

1　叫ばれていたが聞こえなかった声

神様が私を今まで生かしてくれたのは、これに対して闘えって、私を生かしてくれたんだと思う。だから私はいくらでも話すから、私に機会を与えて欲しい。[*1]

一九九一年七月、韓国挺身隊問題対策協議会（以下、挺対協）の扉を叩いた金学順さんの言葉だ。同年八月一四日、記者たちの前で自らの「慰安婦」体験を語った金学順さんの決断が、世界を大きく揺るがすことになる。半世紀におよぶ沈黙を破った女性の勇気は、同じ体験をした女性たちを鼓舞し、闇から救い出す役割をしたからだ。それは、韓国内にとどまらず、台湾、フィリピン、中国、インドネシア、オランダ、東ティモール等、世界各地へと瞬く間に広がっていった。

名乗り出た女性たちは一様に、「恥ずかしくて今まで誰にも言えなかった」と吐露した。私が裁判支援を行った宋神道《ソンシンド》さんも、「恥ずかしくて誰にも話したことはない」と、当初から断言していた。しかし、私たちが宋さんの存在を知りえたのは、宋さんが「慰安婦」被害者であることを知る第三者からの連絡によってだった。「宮城県にも『慰安婦』にされた女性がいるので、連絡を取ってみてください」という匿名のその電話は、一九九二年一月、日本の市民団体によって開設されたホットライン「慰安婦一一〇番」[*2]にかかってきた。これを機に、日本の運動と宋神道さんが出会い、一〇年間の裁判を闘うことになるのだが、では、匿名電話の主は、「誰にも話したことがない」という宋さんの「秘密」を、どのように知ったのだろうか。

その後、私たちが尋ねあてた電話の主は、仙台の在日居留民団（民団）関係者だった。戦後、中国から日本に渡って来て在日朝鮮人男性と生活をともにしていた宋さんは、水商売や道路工事現場、魚の加工工場などで働いたが、男性の闘病生活が長くなるにつれ生活が立ち行かなくなり、生活保護の受給申請を行った。厳しい審査の過程で業を煮やした宋さんは「オレは中国まで行ってお国のために立派に戦ってきたオナゴだぞ！」と叫び、役所で大暴れをした。警察まで出動する騒ぎになったが、宋さんの怒りを抑えることはできず、役所は民団に助けを求めたという。そこで駆けつけた民団関係者が宋さんの発する言葉から、事情を察知したのだった[*3]。

「オレは中国でお国のために立派に戦ってきたオナゴだぞ！」という叫びは、このときに初めて叫ばれたものではなかった。貧しい朝鮮人の女に侮蔑的な言葉や視線が投げかけられるたび、宋さんは悔しさのあまり、この台詞をわめきちらしていた。「恥ずかしくて誰にも言えない」経験は結局、まわりの人びとの知るところとなり、これに耳を傾けようとする運動が立ち上がったときにやっと、宋さんの「わめき」が「声」となって伝わったのである。

宋さんだけではない。アジア各地で、女たちは泣き叫び、身もだえしていた。侯巧蓮さんは中国山西省の山奥で「ときどき発作を起こして暴れ、子どもたちをアザができるほど殴り、裸で家を飛び出して奇声を上げながら走って」いたし、文必璂《ムンピルギ》さんは韓国で毎晩のようにうなされ「ミオサキ！」と軍人の名らしきものを叫んで傍らに寝ていた妹の首を絞めた。女たちが発する苦しみの表現は、聞く耳をもたない人びとの間で「雑音」として処理され、「奇行」と決めつけられた。それを「声」として聞き入れる

「受け皿」ができるまで、被害女性たちはアジア各地で、取り乱し、わめき散らし、泣き叫びながら、一人ひとりが孤独な闘いを繰り広げていたのである。

2　名乗り出を可能にしたもの

女性たちの叫びや身もだえが「雑音」でも、「奇行」でもないことを明らかにしたのが、日本軍「慰安婦」問題解決運動だった。とりわけ、挺対協の結成と活動は、社会の圧力によって、または社会の偏見を自ら内面化することによって口を塞がれてきた女性たちの叫びを「声」化するうえで決定的な役割を果たした。

一九九〇年一一月一六日、三七の市民団体が集まって結成された挺対協は日本政府に抗議書簡を送るが、「証拠がないから認められない」という日本大使館の返答に憤り、証言者を探しはじめたという。そこに現れたのが金学順さんだった。[*4] 金学順さんもまた、やり場のない悔しさを周囲の人に吐露していたからこそ、挺対協が証言者を求めていることを知った人によって、挺対協という「受け皿」とつながることができたのである。

他にも声を押し殺している被害者がいるはずだと考えた挺対協は、金学順さんの公開証言から一か月後の一九九一年九月一八日、申告電話を設置する。しかし、当初は「こんなことをして恥ずかしくないのか」と非難し罵倒する電話のほうが多かったという。一九九一年一二月に金学順さんらが東京地裁に提訴すると、各国で「慰安婦」問題が大きく報道され、そのころから申告電話も鳴り止まなくなった。

一九九二年に入って「日本政府に効果的に圧力を加えるためには、国際女性運動や国連人権委員会を通して国際世論を高めるしかないと判断」[*5]した挺対協は、同年八月、国連人権小委員会に初めて参加し、黄錦周《ファングムジュ》さんが証言をした（八月一四日）。一九九一年九月に南北同時加盟というかたちで国連に加盟したばかりの韓国では、「政府ですら国連活動がどのようなものなのか『右も左も分からなかった時代』」[*6]に、挺対協は果敢に国際社会に訴え出たのである。国連で黄錦周さんらが活動しているとき、ソウルに残った挺対協メンバーは、アジア各国の女性団体を招請して、「アジア連帯会議」を開催していた。[*7]国際社会に訴えるのと同時に、アジアの被害国との連帯の力で問題解決をはかろうと考えたのである。実際に、この会議に参加したフィリピンや台湾の団体が、自国に戻って日本軍「慰安婦」問題解決運動を展開することになる。

このように早くから国際的に展開された挺対協の運動は、その目覚ましさゆえに、アドボカシー活動中心の運動という印象、または決めつけをもたれることが多いが、実際には「被害者たちが大勢名乗り出たあと、必然的に被害者福祉活動が中心になった」と尹美香《ユンミヒャン》共同代表が述懐するように、現在に至るまで、被害者たちを精神的に支え、その生活を改善するための活動を、全国を定期的に巡回しながら続けている。また、韓国政府や地方自治体に働きかけて、無料医療や賃貸住宅への優先入居、月々の生活支援金の給付など、制度的なバックアップを確保してきた。[*8]

そして何よりも、さまざまな活動に被害者自身の参加を促すことによって、被害者がサバイバーとして、平和を訴える人権活動家に生まれ変わる契機を与えたという点が、忘れられてはならない。

3　予期せぬ果実

今では世界各国で証言活動を行い、堂々たる活動家に変貌した吉元玉《キルウォノク》さんは、金学順さんの名乗り出から七年後の一九九八年になって被害申告をした人だ。

私が勇気を出せたのは金学順ハルモニのおかげです。金学順ハルモニが被害者だと名乗り出たのをテレビで見て、どうしてあの話ができるんだろうと思いながら見ていました。その時には、私がこんな風に名乗り出ることになるとは思ってもみませんでした。考えてみると、私を暗闇から引っ張り出してくれたんですから、本当にありがたいです。私は、他の人たちより遅く名乗り出たので、もっと一生懸命に活動しなくてはならない責任があると思っています（二〇一一年一二月二一日、尹美香代表との対話[*9]）。

解放後も故郷の平壌《ピョンヤン》に帰ることができなかった吉元玉さんは、そんな毎日が辛すぎて、悲しい映画を見ては泣き、強いお酒を飲んでは道ばたに倒れ、そんなふうに日々を送っていたと言う。「日陰、日陰ばかり探して歩いていました。もしかして誰かが私のことを知っているのではないかと思って。私があんなことをされたということに気がつくんじゃないかと思って」。

高齢になったのちにも、老人会のピクニックにも行けなかったと言う。「私が何か失言して、あそこに行って来た女じゃないかって、人々が疑うんじゃないかと思って」。

歌が上手なのに、歌も歌わないようにしていた。もしや過去を怪しまれるのではないかと思ったからだ。そして賛美歌だけ一生懸命に歌っていたという吉元玉さんは、初めて挺対協の人権キャンプ[*10]に参加したときにも賛美歌を歌って、他の参加者たちは呆気にとられていたという。

一九九八年のある日、吉元玉さんは日本軍「慰安婦」問題を報じるニュースを見ながら、自身が被害者であることを匂わす独り言をつぶやく。それを嫁が聞きつけて問いただしたのを機に、吉元玉さんは初めて自らの被害について息子夫婦に話し、挺対協とつながった。

「考えてみれば、私も人間だから、怨みを持たないはずがないでしょう。でも、私はあの人たちのことを考えること自体が嫌だったんです。私はね、ふー、忘れようと思うんです」「あのことを全部覚えていたら多分、生きていることはできなかったでしょう」。

それでも、吉元玉さんの口からしばらくの間、「恥」という単語が消えることはなかったという。

尹美香代表は、次のように述懐する。

〔吉元玉さんは〕日本軍『慰安婦』問題解決のために積極的に人権運動をする被害者たちに出会って、連帯して共に声を上げ始めた後も、自身の過去を恥ずかしいもの、自身を恥ずかしい女と考えていました。

そんな吉ハルモニが、自身のことを恥ずかしい存在ではないと思い始めたのは、韓国社会や国際社会の支援と連帯を確認してからでした。自身に向けられる偏見や差別ではなく、感謝や尊敬、支持と激励の声を確認することで、ハルモニは堂々たる活動家になっていったのです。被害者の声を引き出し、その声を受けとめる社会があるということ、市民運動があるということ、それが被害者たちの意識を変化させ、被害者たちを主体的な解放運動家に変えていったという事実を、吉ハルモニはハルモニ自身の人生を通して私たちに教えてくれました。

やっとの思いで絞り出していた声も、堂々としたものに変わっていきました。学生たちに求められれば学校に行き、欧州議会、米国、カナダ、ドイツ、日本など世界各地を訪れました。

「真実は必ず明らかにされるものだ」と言い、「人が憎いのではなく、罪を明らかにして、再び罪が犯されないようにするために、老体に鞭打って世界各国を歩いているのだ」と言いながら、日本政府に謝罪と法的賠償を求める人権運動家として活動してきました。[*11]

吉元玉さんが金福童《キムボクトン》さんとともに提案者となった蝶（ナビ）基金（以下、ナビ基金）は、二〇一二年三月に発足した後、同年四月からコンゴの紛争下性暴力被害者たちへの支援金送付を開始し、翌年の二〇一三年三月からはベトナム戦争時に韓国兵の性暴力を受けたベトナム人女性たちへの支援を開始した。ナビ基金は、ＩＳの性奴隷被害者にも届けられている。吉元玉さんは今年（二〇一七年）五月二八日、ＩＳの性奴隷とされたのち、そこから脱出したヤズディ教徒の女性マルヴァ・アルアリコさんとドイツのベルリンで会い、ナビ基金一〇〇〇ユーロを手渡した。「耐えがたいでしょうけど、我慢しなければ」と語りかけた吉さんは、「我慢しながら、でも、話しつづけて、後世にはこういうことが繰り返されないようにしなければ」と言ったという。そして「私がこうして歩き回っている理由は、後世の人たちが、こういう恐ろしくて辛い目に、私のように遭うことがない世の中になってほしいから」だと付け加えた。[*12]

吉元玉さんは、米軍基地村で米軍「慰安婦」とされた女性たちとも交流し、その後、毎月支援金を送っているという。米軍基地村の女性たちもその後、韓国政府を相手に訴訟を起こし、水曜デモに参加して発言するなど、人びとの前に堂々と姿を現して活動するようになった。

これらの事例は、性暴力・性搾取の被害者が時間や空間を超えてただちに理解し合い、互いを励まし、社会に出ていく力を与え合った事例だ。

運動にかかわった当初、日本政府の謝罪と賠償を勝ち取ることが、被害者の被害回復の途だと思っていた私にとって、運動に参加し運動をリードしたサバイバーたちが、自ら被害回復の途を切り開き、さらに他の性暴力被害者たちをもエンパワメントするに至ったことは、まさに予期せぬ果実だった。名乗り出た当初、自らの被害を訴えることに精一杯だった被害者たちが、出会いを通して変わっていく姿を、私は四半世紀にわたって目撃してきた。被害回復の過程はまず、自らの体験を語ることから始まる。語り、受けとめられることを繰り返すなかで、信じてくれる人、自分を否定しない人がいることを何度も何度も確認しながら、被害者たちは被害回復の途を歩んでいく。そして、そのようなサバイバーたちの姿が周囲の人びとを変え、社会を変える。

今、韓国で、とりわけ若者たちが日本軍「慰安婦」サバイバーたちを尊敬の対象とし、平和を教えてくれる師と仰ぐのは、「反日」教育のためではなく、サバイバーたちの生きてきた姿そのものを知った結果なのだ。

もちろん、韓国政府に申告した被害者全員が、このような途を歩んだわけではない。申告後も、家族や周辺には気づかれないよう、静かに余生を送ることを望んだ被害者も多い。それぞれの選択を生きた被害者の、実はごく一部が自ら運動に身を投じることによって世界を動かした人びとであることを念頭におきつつ、彼女たちが切り開いた地平を受け継ぐ途を模索したい。

4　「あの世に逝かれたハルモニたちに面目がない」

二〇一五年一二月二八日、日韓政府間合意が発表された直後の会見で、李容洙《イヨンス》さんは「あの世に逝かれたハルモニたちに面目がない」と言った。そして「被害者は四六名ではなく、亡くなった方々を含めて二三八名[*13]」だとし、「亡くなったハルモニたちの分まで、死ぬまで闘う」と語った[*14]。「あの世に逝かれたハルモニたちに面目がない」という発言に、私は意表を突かれる思いがした。「被害者が受け入れられる解決だけが真の解決」だと訴えて、生存する被害者たちが全員、受け入れられる案を出すよう日本政府に求めていた私の念頭に、「亡くなった被害者」の存在がきちんと位置づけられていただろうか。「一人でも多く生存しているうちに解決を」と叫ぶとき、私は生存している被害者たちの「納得」を「慰安婦」問題解決の指標にしていたのではないか。

ところが李容洙さんは「合意」発表直後の第一声で、先に逝った仲間たちを思い浮かべ、「合意」の結果に恥じ入る心情と責任意識を吐露したのである。李容洙さんに「面目ない」と言わせた、「あの世に逝かれたハルモニたち」の思いとはどのようなものだったのだろうか。

私には一つの鮮烈な記憶がある。一九九四年、「女性のためのアジア平和国民基金」（以下、「国民基金」）

構想に反対して来日した姜徳景《カンドッキョン》さんが、基金関係者との面談の場で言った言葉だ。

国民の募金を集めて出す見舞い金をもらうくらいだったら、私はこのまま死んだほうがいいんです。私が死んでも、ここにいる若い人たちが私の意志を継いでくれると信じることができるから、私はこのまま死んだほうがいいんです。

興奮することもなく、怒るわけでもなく、静かに繰り出されたその言葉に、私は強い衝撃を受け、ひとこと発したら溢れ出そうな涙を抑えるため、しばらく通訳もできずに歯を食いしばった。が、結局、出てきたのは言葉ではなく涙だった。姜徳景さんの「このまま死んだほうがいい」という言葉は、たんに表現として使われるものとはまるで違う重量感で私を押しつぶした。

姜徳景さんは名乗り出る前、天井に電線がむきだしになった、ビニールハウスの管理人小屋で暮らしていた。そこを訪れた人びとが、劣悪な住環境に言葉を失ったという、その小屋からも退去するよう求められていた姜徳景さんの苦境を救うため、挺対協と仏教団体がともに募金活動を行って開設にこぎつけたのが「ナヌムの家」だった。[*15] 私は当時、「慰安婦」にされたがために解放後もこれほど苦しく厳しい暮らしを強いられてきた姜徳景さんが、「国民基金」の「償い金」を受け取って闘いの矛を収め、余生を静かに暮らしたいと言うならば、それは当然の権利として受け入れられるべきだと考えていた。ところが姜徳景さんは、「若い人たちを信じることができるから」「このまま死んだほうがいい」と言う。「死」という言葉に、これほど重く、深く圧倒された体験はそれまでも、そしてその後もしたことがない。

姜徳景さんは、その後ほどなく肺癌を患い、一九九七年二月二日、壮絶な死を遂げる。その最後の日々が映画『ナヌムの家Ⅱ』に収められている。ベッドに横たわり酸素マスクを付けた姜徳景さんが息も絶え絶えに語る。

この映画を、後でたくさんの人が見られるように、あの世に行っても祈ってるよ。見る人が増えていって、私たちを助けてくれることを願ってるよ。

姜徳景さんが言う「助けてくれること」が、お金による「救済」を意味していないことは、もう説明の必要もないだろう。「私たちのことを全世界の人に知ってもらいたい」と口癖のように言っていた姜徳景さんの思いとは、二度と同じようなことが繰り返されないこと、そのために自身の姿を焼き付けてほしいと最期の瞬間まで願いつづけたのだ。姜徳景さんから、「ここにいる若い人たちが自分の意志を継いでくれる」と信頼を寄せられた一人である私は、しかしこの間、最後まで歴史の真実が明らかにされること、それが全世界に知られて記憶されることを、文字通り命がけで訴えつづけた姜徳景さんの思いを忘れずにいたと言えるだろうか。

そして、再びあの言葉が痛く、重く発せられた。今度は、二〇一六年九月二六日、韓国国会外交統一委員会の国政監査に参考人として出席した金福童さんの口からだった。

私たちが生きている間に終わらせることができなかったら、二世たちがいるじゃないですか。二世たちが結局は謝罪を勝ち取ってくれるでしょう。韓国政府は、こんなことなら何もしないでくれたほうがいい。[*16]

李容洙さんの発言、金福童さんの言葉と姜徳景さんの遺言は、たとえ被害者が全員亡くなったあとでも、私たちが日本軍「慰安婦」問題をどう記憶するか、サバイバーたちの信頼にどう応え、その意志をどう引き継いでいくのかを問うている。

5　「日韓『合意』は歴史を売った」

九月の国政監査に出席した金福童さんは、次のような発言もしている。

「[日韓「合意」が]本当に悪いのは歴史を売ったことだ」。

歴史を売った。これほど簡潔に、そして的確に日韓「合意」を表した表現を、私はほかに知らない。

二〇一四年六月、第一二回アジア連帯会議は、八か国の被害者と支援者の総意で日本政府への提言をまとめて提出した。提言は、日本軍「慰安婦」問題解決のために日本政府がなさねばならないことの筆頭に、「事実を正しく認めること」を掲げた。これは、被害者たちに何を望むかと尋ねたとき、各国の被害者が一様に「事実を認めてほしい」と答えたことにもとづいている。思えば、それは当然なことだ。「理由はともあれ謝る」ではなく、謝る理由、加害の内容を具体的に加害国自らが認識していることを表明したうえで、その事実に対して謝ってほしいと、被害者たちは訴えていた。

ところが、事実認定に何らの進展もないまま、「当時の軍の関与の下に、多数の女性の名誉と尊厳を深く傷つけた問題」という従前の政府見解を繰り返しただけで、「日本が失ったものといえば、一〇億円だろう」と発表直後に岸田文雄外相がうそぶく姿を見せつけたのだから、まさに「歴史を売った」と、金福童さんが憤るのも無理のないことだった。

裏を返せば、この発言は歴史を正しく継承することを願う金福童さんの強い思いを表すものだと言えよう。サバイバーの闘いを受け継ぐということは、歴史を正しく記憶し、語り継ぐことだ。それが、「二度とこのようなことが起きないように」という、サバイバーたちの生涯をかけた願いを実現することにつながるからだ。

今年（二〇一七年）の八・一四日本軍「慰安婦」メモリアル・デーには日本でも、ＪＫビジネス、ＡＶ出演強要の被害者支援を行う人びとが集まって、日本軍「慰安婦」サバイバーたちの闘いとの共通性が確認された。私たちの生きる社会に性暴力・性搾取の被害者が絶えないかぎり、日本軍「慰安婦」サバイバーたちが切り開いた地平を引き継ぎ、より深化させなければならない必要性は色あせることはない。サバイバーたちの闘いを目撃した一人として、次の世代に確実に引き継がねばならない責任を強く感じている。

〔注〕
＊1　李娜榮《イナヨン》「日本軍『慰安婦』問題解決運動史――ポストコロニアルな正義のための責任の伝承　パイオニアたちの肖像――『挺対協運動』の起源と発展（2）」『世界』二〇一六年一一月号。

＊2　一九九二年一月一四日～一六日の三日間、従軍慰安婦問題を考える会、従軍慰安婦問題ウリヨソンネットワーク、日本の戦後責任をハッキリさせる会、韓国民主女性会の四団体によって開設された。
＊3　梁澄子「宋さんと支える会の一〇年」在日の慰安婦裁判を支える会編『オレの心は負けてない――在日朝鮮人「慰安婦」宋神道のたたかい』樹花舎、二〇〇七年。
＊4　前掲、李娜榮「日本軍『慰安婦』問題解決運動史」二八七～二八八頁。
＊5　李娜榮「日本軍『慰安婦』問題解決運動史――ポストコロニアルな正義のための責任の伝承　パイオニアたちの肖像『挺対協運動』の起源と発展（5）」『世界』二〇一七年六月号。
＊6　同前。
＊7　一九九二年八月一〇～一一日にソウルで開催された「挺身隊問題アジア連帯会議」が、その後「日本軍『慰安婦』問題解決のためのアジア連帯会議」となって、二〇一六年まで不定期に各国持ち回りで一四回開催されることになる。
＊8　一九九三年「日本軍『慰安婦』被害者生活安定支援法」を制定、二〇〇四年には「日本軍『慰安婦』被害者生活安定支援および記念事業支援に関する法」に改正。同法に則って毎月生活費が支給され、医療費、賃貸住宅への優先的な入居等が確保された。このほかにも、看病人費、健康補助費、基礎老齢年金、交通手段の提供、家庭奉仕員の派遣など、さまざまな支援策が実施されており、地方自治体が別途条例をつくって、支援金等を追加で支給している。「女性・戦争・人権」学会学会誌編集委員会編『女性・戦争・人権』第一四号（特集「国際社会の中の『慰安婦』問題」）二〇一六年一一月。
＊9　尹美香「私たちがその証拠です！　私にも夢があります」『第五回日本軍「慰安婦」メモリアル・デー語り始めた被害者たち　日本軍「慰安婦」、AV出演強要、JKビジネス』集会資料、二〇一七年八月一三日、日本軍「慰安婦」問題解決全国行動。以下の吉元玉さんに関するエピソードは、同報告文による。
＊10　挺対協が主催する被害者同士の出会いの場。
＊11　同前。
＊12　「〝IS 성폭력〟 피해여성、길원옥 할머니 만나 울고 웃고」『聯合ニュース』二〇一七年五月二九日付

(http://www.yonhapnews.co.kr/bulletin/2017/05/29/0200000000AKR20170529001300082.HTML?input=1195m)。

＊13　日韓「合意」時点で韓国政府に登録していた被害者は二三八名、生存者は四六名だった。その後、一名増えて二〇一七年八月末日現在で登録者は二三九名、生存者は三五名となっている。

＊14　「울먹이는 위안부 피해 할머니 〝협상 인정 못 한다〟」『CBS노컷뉴스（ノックアウトニュース）』二〇一五年一二月二八日 (http://www.nocutnews.co.kr/news/4524406)。

＊15　挺対協が三七の構成団体に被害者たちの住居問題を提案したところ、仏教団体が申し出て、募金活動の中心になった。一九九二年一〇月、ソウル特別市麻浦区西橋洞に最初の共同住宅「ナヌムの家」を開設。一九九五年一二月、現在の京畿道広州市退村面源當里に移転。

＊16　https://www.youtube.com/watch?v=0Vc4TeUk-GA

あとがき

「はじめに」でも述べたように、本書は、日韓「合意」がもたらした日本軍「慰安婦」問題にかかわる問題状況の変化に対応し、この現状が抱える困難を打開して、被害者の声を受けとめた問題解決に向けて具体的で実現可能な道を示すとともに、この問題の経験と教訓を歴史的な遺産として大切に保存し伝えていくという〈未来への責任〉を果たすべく企画された。そうした、当初から主軸となった企図そのものに関連しては、あらためて付け加えるべきことはなく、その成果の如何についても大方の評価を待つのみとなっている。もっとも、そのような主軸となった企図とは別に、付随的ではあれ実際には本書企画の実現を間違いなく駆動した「もう一つのこと」について、ここで一言触れておきたいと思う。

「もう一つのこと」というのは、朝鮮人「慰安婦」について、その「自発性」(「慰安」というかたちでの帝国・日本軍への自発的協力)を強調する内容の書物として朴裕河《パクユハ》著『帝国の慰安婦』(韓国語版初版二〇一三年、日本語版二〇一四年)が登場し、日本では多くの「リベラル」な論者たちからも高い評価を受けて、「慰安婦」問題をめぐる言説状況がそれによりひどく振り回されてしまっている事態を指している(「『帝国の慰安婦』事態」とも称されている)。この書物については、二〇一三年に韓国で出された初版について「慰安婦」被害者たちから名誉毀損の告訴があり、それを受けたソウル東部地方裁判所が二〇一五年二月一七日に原告の申し立てを受け入れて三四か所の記述削除を命ずる仮処分決定を下したことを受けて、同年六月には当該箇所を伏せ字にした第二版が出版されている。他方で二〇一五年末には名誉毀損にかかわる刑事起訴もあり、刑事裁判としては二〇一七年一〇月二七日に第二審で有罪判決（罰金刑）が出された状態である。

この『帝国の慰安婦』という書物にかかわる事態が本書の企画にも直接に関係しているというのは、この書物をめぐって二〇一六年三月二八日に東京大学で「研究集会・『慰安婦問題』にどう向き合うか――朴裕河氏の論著とその評価を素材に」と題する集会（以下、「3・28研究集会」）が開催された経緯があり、この集会での議論をどのようにまとめて記録として残すかという企画の検討プロセスと、本書企画の検討プロセスとが時期的に連続しているという事実があるからである。集会の記録は、発言者の全発言が文字起こしされた「テキスト」となり、それが当日配布された「資料集」と参加者から後日寄せられた「参加記」と合わせてネット上に公表されていて、「『慰安婦問題』にどう向き合うか」と検索すれば閲覧もテキストのダウンロードも可能となっている。研究集会の実行委員会のなかでは、これに加えて事後に全体の総括となる書籍を刊行することも議論されていたが、出版に消極的な実行委員がいたため、具体化しないまま実行委員会は解散した。本書は、もともとこれ自体で独立した企画として始動したものだが、他方でこうした経緯とも重なって編集が進められた。

その後、3・28研究集会の書籍化に消極的だった人びとが中心となって、「『帝国の慰安婦』という問いをひらく」という副題のもと『対話のために』（浅野豊美・小倉紀蔵・西成彦編、クレイン、二〇一七年）という論集を刊行した。対話のための共著の提案を拒否した人びとが、「対話のために」とのタイトルの書を刊行したことに、まずは本書の編者一同が驚いた。それだけではない。3・28研究集会では、『帝国の慰安婦』に対する具体的で広範にわたる批判の論点が、資料的根拠とともに提示されたのであるが、それに対して同書は、「『ドクマ』にしがみつこうとする『帝国の慰安婦』批判の声」（〇〇五頁）などと、人の言うことに耳を貸さない教条主義者たちの論評であるかのように十把一絡げにしていた。しかも、批評の対象とするものの出典などを明らかにせず一般化して語りながら、各論者が持論を展開するという不誠実な態度に終始していた。これは、「対話のために」ふさわしい態度であろうか。

本書は、第Ⅱ部でも詳しく考察されているように、ここまで来ている「『帝国の慰安婦』事態」にも抗しつつ、日本軍「慰安婦」問題をあらためて受けとめて、その未来に希望を開きたいとの切なる思いからつくられている。本書のとりわけ第Ⅲ部でさまざまに言及しているように、日本軍「慰安婦」問題は、今や世界の広範な人びとがその重大な意味に気づいて、この負の経験を正しく記憶しすべての人に人権が尊重される未来の世界を築くための礎にしようと動いているという意味で、すでに「世界史的経験」となりつつある。本書では触れられなかったが、現在では、日韓中など八か国の市民団体の連帯委員会と大英帝国戦争博物館が連携してこれを「日本軍『慰安婦』関連記録物」としてまとめ、ユネスコの世界記憶遺産（日本政府の正式訳は「世界の記憶」）に登録しようとする活動も具体的に進んでいる。ユネスコは、パレスチナの登録問題に反発してアメリカが脱退を表明し、日本も「南京大虐殺の記録」の記憶遺産としての登録に反発して分担金を留保するなどのことがあって、さながら歴史の記憶にかかわる抗争の世界的なアリーナとなっている。現時点では登録が留保されているが、その結果のいかんにかかわらず、そうしたグローバルな記憶のポリティクスを含めて、日本軍「慰安婦」問題は、今「世界史的経験」となろうとしているのだ。本書の編者としては、そのような世界大のさまざまな動きを注視し、そこに込められた人びとの思いが本書のメッセージとともに広範な読者にしっかり届くことを心から願っている。長く続けられてきた「慰安婦」被害者の闘いを現在においで自らのものとして受けとめ、それを未来に引き継ぐのは、つぎの世代の責任なのだから。

◇

本書の刊行に際しては、さまざまな方々のお世話になった。表紙の装幀には「平和の少女像」（平和の碑）の影の一部を使わせていただいた。少女像の影は現在の被害当事者であるハルモニの影になっている。これは、少女がハルモニになるまでの長い歳月と痛みを表し、胸に止まる白い蝶は亡くなった被害者たちの魂であり、死者と生者を結び、私たちが再び同じ過ちを繰り返さないことをともに誓う心の象徴である。「未来への責任」という本書の趣旨に通じるものとして作品提供をお願いしたところ、彫刻家のキム・ソギョンさんとキム・ウンソンさんが快諾してくださった。本文中のイラストを書いてくださった壱花花さん、扉や本文の写真を提供してくださった康誠賢さんおよびソウル大学校の鄭鎮星教授研究チーム、信川美津子さん、田場祥子さん、「戦争と女性への暴力」リサーチ・アクション・センター（VAWW RAC）に感謝を申し上げる。各論考でお世話になった方々にもこの場を借りて御礼申し上げたい。最後に、本書の趣旨を深く理解し、刊行に至るまで辛抱強く奔走してくださった編集者の角田三佳さんに感謝します。

二〇一七年一一月七日

編者一同

編者（紹介は執筆者一覧参照）

中野敏男
板垣竜太
金　昌祿
岡本有佳
金　富子

DTP　岡田グラフ
装幀　鈴木　衛（東京図鑑）

「慰安婦」問題と未来への責任――日韓「合意」に抗して

2017年12月15日　第1刷発行　　定価はカバーに表示してあります

編者　中野敏男・板垣竜太　金　昌祿・岡本有佳　金　富子

発行者　中川　進

〒113-0033　東京都文京区本郷2-27-16

発行所　株式会社　大月書店　　印刷　三晃印刷　製本　中永製本

電話（代表）03-3813-4651　FAX 03-3813-4656　振替00130-7-16387
http://www.otsukishoten.co.jp/

ISBN978-4-272-52109-8　C0021　Printed in Japan

執筆者一覧（＊は編者）

池田恵理子（いけだ　えりこ）
アクティブ・ミュージアム「女たちの戦争と平和資料館」（wam）館長
主な著作：『日本軍「慰安婦」問題　すべての疑問に答えます。』（共著，合同出版，2013年），『NHKが危ない！――「政府のNHK」ではなく、「国民のためのNHK」』（共著，あけび書房，2014年）

板垣竜太（いたがき　りゅうた）＊
同志社大学社会学部教授（朝鮮近現代社会史，文化人類学）
主要な著作：『東アジアの記憶の場』（共編著，河出書房新社，2011年），『Q&A 朝鮮人「慰安婦」と植民地支配責任――あなたの疑問に答えます』（共編著，御茶の水書房，2015年）

李　娜榮（イ　ナヨン）
中央大学社会学科教授（女性学）
主な著作："The Korean Women's Movement of Japanese Military 'Comfort Women': Navigating between Nationalism and Feminism." *The Review of Korean Studies* 17 (1) (2014 June)，『2015 '慰安婦' 合意，このままではいけない』（共著，ソウル：景仁文化社，2016年）

岡本有佳（おかもと　ゆか）＊
編集者，Fight for Justice 日本軍「慰安婦」問題サイト運営委員
主な著作：『増補改訂版　〈平和の少女像〉はなぜ座り続けるのか』（共編著，世織書房，2016年），『《自粛社会》をのりこえる――「慰安婦」写真展中止事件と「表現の自由」』（共編著，岩波ブックレット，2017年）

小野沢あかね（おのざわ　あかね）
立教大学文学部教授（日本近現代史・女性史）
主な著作：『近代日本社会と公娼制度――民衆史と国際関係史の視点から』（吉川弘文館，2010年），『「慰安婦」バッシングを越えて――「河野談話」と日本の責任』（共著，大月書店，2013年）

梶村太一郎（かじむら　たいちろう）
フリージャーナリスト（ベルリン在住）
主な著作：『「慰安婦」強制連行――「史料」オランダ軍法会議資料×「ルポ」私は"日本鬼子"の子』（共著，金曜日，2008年）

北原みのり（きたはら　みのり）
作家・ラブピースクラブ代表
主な著作：『毒婦――木嶋佳苗100日裁判傍聴記』（朝日新聞出版，2012年），『性と国家』（共著，河出書房新社，2016年）

金　昌禄（キム　チャンロク）＊
慶北大学法学専門大学院教授（法史学）
主な著作：『「위안부」 합의 이대로는 안 된다』（共著，景仁文化社，2016年），「韓日請求権協定——解決されなかった『植民地支配責任』」（『歴史評論』788号，2015年）

金　富子（キム　プジャ）＊
東京外国語大学教授（植民地朝鮮ジェンダー史）
主な著作：『植民地期朝鮮の教育とジェンダー——就学・不就学をめぐる権力関係』（世織書房，2005年），『Q&A 朝鮮人「慰安婦」と植民地支配責任——あなたの疑問に答えます』（共編著，御茶の水書房，2015年）

小山エミ（こやま　えみ）
脱植民地化を目指す日米フェミニストネットワーク（FeND）共同代表
主な著作：『海を渡る「慰安婦」問題——右派の「歴史戦」を問う』（共著，岩波書店，2016年）

テッサ・モーリス＝スズキ（Tessa Morris‐Suzuki）
オーストラリア国立大学教授（日本近代史）
主著：『過去は死なない——メディア・記憶・歴史』（岩波書店，2004年），『北朝鮮へのエクソダス——「帰国事業」の影をたどる』（朝日新聞社，2007年）

永井　和（ながい　かず）
京都橘大学文学部教授（日本近現代史）
主な著作：『日中戦争から世界戦争へ』（思文閣出版，2007年），『青年君主昭和天皇と元老西園寺』（京都大学学術出版会，2003年）

中野敏男（なかの　としお）＊
東京外国語大学名誉教授（社会理論・社会思想）
主な著作：『歴史と責任——「慰安婦」問題と一九九〇年代』（共編，青弓社，2008年），『〈戦後〉の誕生——戦後日本と「朝鮮」の境界』（共著，新泉社，2017年）

永原陽子（ながはら　ようこ）
京都大学教授（南部アフリカ史・比較植民地史）
主な著作：『「植民地責任」論——脱植民地化の比較史』（編著，青木書店，2007年），『「慰安婦」問題を／から考える——軍事性暴力と日常世界』（共著，岩波書店，2014年）

梁　澄子（ヤン　チンジャ）
通訳・翻訳，語学講師。一般社団法人希望のたね基金代表理事
主な著作：『海を渡った朝鮮人海女——房総のチャムスを訪ねて』（共著，新宿書房，1988年），『オレの心は負けてない——在日朝鮮人「慰安婦」宋神道のたたかい』（共著，樹花舎，2007年）

吉見義明（よしみ　よしあき）
中央大学名誉教授（日本現代史）
主な著作：『従軍慰安婦』（岩波新書，1995年），『焼跡からのデモクラシー』全２巻（岩波書店，2014年）

米山リサ（よねやま　りさ）
トロント大学教授（文化人類学・文化研究）
主な著作：*Hiroshima Traces: Time, Space and The Dialectics of Memory*. University of California Press, 1999.（日本語抄訳：小沢弘明ほか訳『広島——記憶のポリティクス』岩波書店，2005年），『暴力・戦争・リドレス——多文化主義のポリティクス』（岩波書店，2003年）

渡辺美奈（わたなべ　みな）
アクティブ・ミュージアム「女たちの戦争と平和資料館」（wam）事務局長
主な著作：共著『日本軍「慰安婦」問題　すべての疑問に答えます。』（合同出版，2013年），『「村山・河野談話」見直しの錯誤——歴史認識と「慰安婦」問題をめぐって』（かもがわ出版，2013年）

「慰安婦」問題解決運動関連年表

年	
1988	2.12〜2.21 尹貞玉ら3名が福岡から沖縄まで慰安婦の足跡を追う調査 7.20 韓国教会女性連合会,「挺身隊研究委員会」設置
1989	1.7 韓国女性団体連合が昭和天皇の葬儀への弔問使節派遣に反対する声明書を発表。「挺身隊」問題にも言及して日本に謝罪要求
1990	1.4〜1.24 尹貞玉「挺身隊取材記」(ここで言う挺身隊とは慰安婦のこと)が韓国の『ハンギョレ新聞』に4回にわたって掲載 6.6 参議院予算委員会で本岡昭次議員(社会党)が慰安婦の実態調査を日本政府に要求。清水傳雄・労働省職業安定局長が,慰安婦は「民間の業者が軍とともに連れ歩いた」「調査はできかねる」と答弁 7.10 韓国で挺身隊研究会(現・韓国挺身隊研究所)結成 10.17 韓国女性団体連合,韓国教会女性連合会など37の女性団体が,日本政府の国会答弁に抗議する公開書簡を送付 11.16 韓国の37女性団体が韓国挺身隊問題対策協議会(以下,挺対協)を結成
1991	4.1 参議院予算委員会で,本岡昭次議員が韓国女性団体の「公開書簡」への回答を求めたのに対し,谷野作太郎・外務省アジア局長は「調査したが手がかりになる資料がない」,若林之矩・労働省職業安定局長は「当時の担当部署は全く関与していなかった」と答弁 8.14 金学順が韓国で初めて元慰安婦として名乗りを上げ,記者会見 10.18 沖縄で元慰安婦裵奉奇の死亡が確認される 12.6 金学順ら元慰安婦3名が,軍人・軍属らとともに日本政府の補償を求めて東京地裁に提訴
1992	1.8 挺対協,日本大使館前で第1回の水曜定期デモ(現在まで続く) 1.11 旧日本軍の慰安所設置,慰安婦募集統制を示す資料が,吉見義明・中央大教授により防衛庁防衛研究所図書館で発見されたことが報道 1.13 加藤紘一官房長官,「軍の関与は否定できない」と談話発表 1.17 訪韓した宮沢喜一首相,盧泰愚大統領に慰安婦問題に対し公式謝罪 2.1 日朝国交正常化交渉で,日本政府が慰安婦問題に関し北朝鮮に謝罪表明 ◆韓国,フィリピン,北朝鮮,中国,台湾,オランダ,在日,インドネシアの被害者が名乗り出る。謝罪・補償を求める裁判へ 2.25 韓国政府,被害者センターを設置して被害申告と証言の受付を開始 7.6 日本政府,第1次調査結果公表。軍の直接関与を公式に認めたが,強制連行の立証資料は発見されず。「補償に代わる措置」検討表明 7.31 韓国政府,『日帝下軍隊慰安婦実態調査中間報告書』発表。慰安婦募集などで威圧的な雰囲気による方法や事実上の動員があったと指摘 8.10〜8.11 第1次「『慰安婦』問題解決のためのアジア連帯会議」がソウルで開催。被害国の韓国,台湾,フィリピン,香港などと日本の市民団体が参加(以後,韓国,日本,フィリピン,台湾などで2016年まで14回開催) 10.30 韓国・仏教人権委員会,元慰安婦の共同生活施設として「ナヌムの家」

		開設
	12.25	韓国・釜山などの元慰安婦，元女子勤労挺身隊員10名が，山口地裁下関支部に提訴（関釜裁判）
1993	2．1	韓国で証言集『強制連行された朝鮮人「慰安婦」たち』（挺対協，挺身隊研究会編）刊行。以後，6集まで刊行
	4．3	マリア・ロサ・L・ヘンソンらフィリピン人元慰安婦，東京地裁に提訴
	4．5	在日の元慰安婦の宋神道，東京地裁に提訴
	4.21	「日本の戦争責任資料センター」発足（代表・荒井信一）
	6.21	韓国で「日帝下日本軍慰安婦に対する生活安定支援法」制定。93年8月より元慰安婦に一時金，生活費支給など開始
	8．4	**日本政府，第2次調査結果発表**。河野洋平官房長官，談話で慰安婦の募集，移送，管理などが「本人たちの意志に反して行われた」と認め「お詫びと反省の気持ち」（「慰安婦関係調査結果発表に関する河野内閣官房長官談話」）を表明（「**河野談話**」）
	8．−	慰安婦問題に関し，国連人権委員会「差別防止・少数者保護小委員会」特別報告者ファン・ボーベン最終報告書を提出
	8.23	自民党国会議員の靖国神社公式参拝を推進するグループが，細川首相の「侵略戦争」発言に反発して「歴史・検討委員会」設置（委員長・山中貞則，事務局長・板垣正）
1994	1.25	オランダ人元慰安婦・捕虜など東京地裁に提訴
	2．7	韓国の被害者が，慰安婦制度の刑事処罰を求めて東京地方検察庁に告訴状を提出（不受理）
		◆1994年度版高校日本史教科書に慰安婦が記述される
	4．−	藤岡信勝（東大教授），雑誌『社会科教育』に「『近現代史』の授業をどう改造するか」連載開始（『「近現代史」の改革』1996年として出版）
	8.13	日本の新聞各紙「民間募金による見舞金支給」構想を報道。政府は民間の第三者機関による基金に政府が援助するかたちを検討中という内容
	8.22	元慰安婦および支援35団体が「民間募金構想撤回と被害者個人への謝罪と補償を求める共同声明」を発表
	11．2	ICJ（国際法律家委員会）が報告書を発表。慰安婦被害者には個人補償請求権があると結論。日本政府に行政機関の設置，立法措置，仲裁裁判に応ずべきと勧告
	12．1	連立与党の戦争謝罪国会決議案に反対し，自民党内に「終戦五十周年国会議員連盟」（会長・奥野誠亮）が発足
1995	1.24	日本弁護士連合会，『従軍慰安婦問題に関する提言』をまとめ，政府に提出。立法措置などにより元慰安婦個人への補償を求める
	2.15	自由主義史観研究会，会報創刊号発行
	4.22	韓国の記録映画製作所ポイムが，映画『低い声』（日本版タイトル『ナヌムの家』。ビョン・ヨンジュ監督）発表（以後，97年に『ナヌムの家 II』，2000年に『息づかい』発表）
	7.19	「**女性のためのアジア平和国民基金**」（以下，**国民基金**）発足。韓国・挺対協など内外43団体が基金発足に反対する声明発表

	7.－	戦時の組織的強かん・性奴隷制報告者リンダ・チャベス，作業文書を国連人権小委員会に提出
	7.－	インドネシア社会大臣「賠償問題は賠償協定等で解決済み」の見解発表
	7.－	台湾政府，各被害者に支援金支給
	8.15	村山内閣総理大臣談話「戦後50周年の終戦記念日にあたって」で「植民地支配と侵略」に対する「お詫びの気持ち」を表明（「村山談話」）
	9.20	自由主義史観研究会，機関誌『「近現代史」の授業改革』創刊
	12.9	「ナヌムの家」京畿道広州郡退村面に移転
1996	1.4	ラディカ・クマラスワミ特別報告官，国連人権委員会に慰安婦問題に関する報告書提出，日本政府に法的責任を勧告（2.6内容公表）
	1.15	自由主義史観研究会，『産経新聞』に「教科書が教えない歴史」連載開始
	3.－	国際労働機関（ILO）専門家委員会，慰安婦は性奴隷，強制労働条約（ILO29号条約）違反と日本政府に勧告（以後も勧告続く）
	4.29	国連人権委員会，クマラスワミ報告書全体に留意する（take note）との支持決議採択
	6.4	自民党「終戦五十周年国会議員連盟」が「明るい日本・国会議員連盟」（会長・奥野誠亮，事務局長・板垣正）結成総会。奥野会長が記者会見で「慰安婦は商行為」「強制連行はなかった」と発言，教科書の記述を批判
	6.27	97年度用中学校社会科教科書の検定結果が公表。7冊すべてが慰安婦に関して記述
	7.20	自由主義史観研究会，中学校教科書からの慰安婦記述削除要求など歴史教科書批判を全国規模で展開することを決定（1996年8月付で，緊急アピール「中学校教科書から『従軍慰安婦』の記述の削除を要求する」発表）
	8.－	漫画家小林よしのり「新ゴーマニズム宣言」（『SAPIO』連載）が，元慰安婦の証言やマスコミの報道内容に疑問を提起
	8.14	国民基金，フィリピンの元慰安婦に「償い金」支給手続き開始
	9.22	「日本を守る国民会議」が教科書からの慰安婦関連記述の削除を求めて，1か月の全国縦断キャラバン開始
	10.18	韓国で「日本軍"慰安婦"問題の正しい解決のための市民連帯」発足。国民基金に対抗し被害者支援の募金活動開始（97.5.21解散）
	12.2	「新しい歴史教科書をつくる会」（以下「つくる会」）創立記者会見。呼びかけ人は藤岡信勝，西尾幹二，小林よしのり，坂本多加雄，高橋史朗ら9名
1997	1.11	国民基金，非公開のうちに韓国の元慰安婦7人への「償い金」支給を開始。韓国政府，「支給強行は遺憾」とコメント
	1.30	「つくる会」設立総会（会長・西尾幹二，副会長・藤岡信勝）
	2－	「日本の前途と歴史教育を考える若手議員の会」結成（会長・中川昭一，事務局長・安倍晋三，衆参62名）
	2.2	姜徳景（韓国の被害者）「責任者を処罰せよ」という絵画を遺し死去
	3.－	インドネシア政府，国民基金と覚書を交わし「高齢者福祉支援事業」を開始
	3.20	「歴史は消せない・女たちは黙らない」緊急集会，300人参集

	3.31「つくる会」，第１回シンポジウム「『自虐史観』を超えて」開催 **◆1997年度版中学歴史教科書７社すべてに慰安婦が記述される** 5.29 超党派の「日本会議国会議員懇談会」結成 5.31「日本を守る国民会議」と「日本を守る会」を統合して「日本会議」結成（会長・塚本幸一ワコール社長）。日本最大の保守系団体 7.－ アメリカ下院で慰安婦決議案提出，その後廃案と再提出を繰り返す 8.－ 台湾・婦援会，慰安婦被害者支援のためのオークション実施 10.31～11.2「戦争と女性への暴力」国際会議（東京，20か国40人が参加） 12.16 元慰安婦の金学順が死去 12.－ 台湾政府，日本政府による補償の「立替金」として各被害者に約200万円を支給
1998	**4.27「関釜裁判」で山口地裁下関支部が，日本国に対し元慰安婦３名に各々30万円の賠償金支払いを命じる判決** 5.－ 韓国政府，各被害者に支援金約300万円を支給 6.6 VAWW-NETジャパン（「戦争と女性への暴力」日本ネットワーク）発足（代表・松井やより） 7.10 小林よしのり『新ゴーマニズム宣言 SPECIAL 戦争論』刊行 **8.8 国連差別防止・少数者保護小委員会のゲイ・マクドーガル特別報告書の内容が明らかになる。慰安婦問題について責任者処罰，元慰安婦への損害賠償などを日本政府に勧告** 8.14 韓国「ナヌムの家」敷地内に「日本軍慰安婦歴史館」オープン
1999	2.－ フィリピン下院人権小委員会，日本の国家に慰安婦補償法制定を求める決議採択 8.－ 中学歴史教科書４社が慰安婦記述を削除 8.24 米カリフォルニア州議会で決議「第二次世界大戦中に日本軍によって行われた戦争犯罪」採択，「性奴隷」に言及 10.29 西尾幹二著・「つくる会」編『国民の歴史』（産経新聞社ニュースサービス発行）発売。初版35万部
2000	1.－ 香港議会，謝罪と補償を求める決議採択 3.－ 中国・上海で「慰安婦」問題国際シンポジウム（中国で初めて） 4.13 扶桑社が「つくる会」作成の2002年度用中学校歴史教科書を，文部省に検定申請 5.－ 台湾立法委員が慰安婦補償立法を指示する書簡を日本の総理大臣，衆参議長，国会議員に送付 6.－ アメリカ下院で慰安婦決議案提出 7.1 中学校歴史教科書の検定申請本８種の内容が報道される。慰安婦記述が３社に減少することなどが判明 **12.8～12.12 東京・九段会館で民衆法廷「日本軍性奴隷制を裁く女性国際戦犯法廷」を開催。**約5000名が参加。３日間の審理を経て，昭和天皇と９人の軍部・政府指導者を「人道に対する罪」で有罪と認定，日本政府に国際法違反により賠償する国家責任があると判断

2001	1.30 女性国際戦犯法廷を特集したNHK番組「問われる戦時性暴力」が政治圧力を背景に改ざんされ放映される（のちに裁判に） 3.－ イギリス議会下院，慰安婦訴訟を支持するスピーチ 3.－ 参議院に「戦時性的強制被害者問題の解決の促進に関する法律」案（慰安婦法案）を民主・社民・共産の野党三党女性議員が共同提出，内閣委員会に付託される 3.4 「つくる会」歴史教科書に対し，文部科学省側が137か所の検定意見をつけ，執筆者側はすべて修正に応じたことが判明 3.29 関釜裁判控訴審で広島高裁は元慰安婦たちの損害賠償請求を棄却し，逆転敗訴 4.3 文部科学省が2002年度用小中学校教科書の検定結果を発表。「つくる会」中学校歴史・公民教科書も合格 5.8 韓国政府，日本政府に対して中学校歴史教科書の記述修正を要求。修正要求項目は「つくる会」教科書25か所，既存7種10か所 5.16 中国政府，歴史教科書問題について日本政府に申し入れ。「つくる会」教科書の8項目について記述修正を要求 6.4 扶桑社，「つくる会」歴史・公民教科書（歴史30万部，公民5万部）の市販開始。発売初日に歴史20万部，公民10万部を増刷 7.2 「つくる会」歴史教科書，韓国併合など7項目9か所の記述の自主訂正を文部科学省に申請 7.9 文部科学省，韓国・中国政府の修正要求に対する「検討結果等に関するコメント」発表。「つくる会」歴史教科書の訂正は求めない方針 7.24 VAWW-NETジャパン，NHK番組改ざん事件に対しNHK，NEP，DJを相手に「信頼利益の侵害」「説明義務違反」を問う訴訟を提訴 8.15 全国544採択区すべてで「つくる会」歴史・公民教科書が採択されなかったことが明らかに（歴史・公民ともに0.1%以下の採択率） 8.－ 国連社会権規約委員会，「遅きに失する前に慰安婦の期待に添うような方法で……適切な調整方法を見出す」よう強く勧告（審議にフィリピンから元慰安婦被害者が参加） 8.31～9.14 国連主催で「人種主義，人種差別，排外主義および関連する不寛容に反対する世界会議」（「ダーバン会議」）開催される 12.4 女性国際戦犯法廷，オランダ・ハーグで最終判決 12.－ フィリピン下院，女性委員会に慰安婦問題に関する調査を命じる決議案採択
2002	◆2002年度中学歴史教科書の慰安婦の記述が8社中3社になる 7.－ 慰安婦法案，衆議院内閣委員会で趣旨説明，初めて審議。その後，廃案と再提出を繰り返す 9.17 日朝首脳会談（小泉純一郎首相－金正日国防委員長）で「日朝平壌宣言」 10.－ 台湾立法院，慰安婦法案の制定促進決議を採択 10.11 韓国で被害者100人を原告に，ソウル行政法院に日韓会談文書の情報公開請求訴訟
2003	2.－ 韓国国会，慰安婦法案の制定促進決議を採択

	3.－ 関釜裁判，最高裁で上告・不受理決定 ◆**慰安婦裁判，最高裁棄却が続く** 8.－ 国連女性差別撤廃委員会（CEDAW），慰安婦問題に関して最終的に解決する方策を見出すよう勧告
2004	2.13 韓国の日韓会談文書公開訴訟（一審）で原告一部勝訴の判決 11.－ 韓国政府，日帝強制占領下強制動員真相究明委員会を発足し，日韓会談文書公開作業へ 11.27 中山成彬文部科学大臣，「最近，いわゆる従軍慰安婦とか強制連行とかいった言葉が減ってきたのは本当に良かった」と発言
2005	1.－ フィリピン下院外交委員会，慰安婦法案の支持決議を採択 ＊韓国政府，中国在住の韓国人被害者の実態調査を進め，国籍回復事業を推進 1.17 韓国外交通商部，判決を受け日韓会談文書5件を公開 8.1 慰安婦問題に関する日本唯一の専門資料館として，東京にアクティブ・ミュージアム「女たちの戦争と平和資料館」(略称wam) オープン 8.26 韓国政府，「韓日会談文書公開後続対策関連民官共同委員会」開催，「慰安婦問題などの反人道的不法行為は，日本政府の法的責任が残っている」との見解を示し，外交通商部は日韓会談文書156件すべてを公開 9.－ アメリカ下院国際関係委員会で慰安婦決議案が初めて通過するも廃案に
2006	1.－ ディエン報告書で，教科書に慰安婦の事実を記述するように勧告 ◆**2006年度中学歴史教科書の本文から慰安婦の記述が消える** 4.28 日本政府，「愛国心」を盛り込んだ教育基本法改定案を閣議決定，第523国会へ提出。教育基本法改悪反対運動 10.3 安倍晋三首相，慰安婦問題に対する立場は「河野談話を受け継いでいる」と発言 12.15 改定教育基本法が成立（22日公布施行）
2007	1.29 NHK番組改ざん事件，高裁で勝訴（のち最高裁で敗訴） 1.31 マイク・ホンダ議員（日系）ら7人が日本政府に「慰安婦への謝罪を要求する決議案」(H.Res.121) をアメリカ下院外交委員会に提出 2.15 アメリカ下院決議案に関連して公聴会で慰安婦被害者3人が証言 3.1 **安倍首相，記者会見で「当初，定義されていた強制性を裏付ける証拠はなかった」と発言。5日国会で「官憲が家に押し入って，人さらいのごとく連れて行く狭義の強制性はなかった」，米決議案に対し「謝罪するということはない」と答弁。16日閣議決定した政府答弁書で「政府が発見した資料のなかには，軍や官憲によるいわゆる強制連行を直接示すような記述も見当たらなかった」と強制性を否認** 3.31 国民基金，12年にわたる事業を終了し，解散 4.27 安倍首相，日米首脳会談でブッシュ大統領に対し，慰安婦に「心からの同情」と表明 4.27 最高裁判決で，中国人強制連行・西松建設裁判および中国人慰安婦損害賠償訴訟をそれぞれ却下

	6.14 櫻井よしこら「歴史事実委員会」（賛同に国会議員44人），米『ワシントン・ポスト』に「慰安婦強制性否定」の全面広告「THE FACTS」掲載 6.－ オランダ首相は米紙広告「THE FACTS」に「あまりにも不適切」として不快感を表明，事実歪曲の釈明を求める書簡を河野衆院議長に送付 6.22 日本の加藤良三駐米大使がペロシ議長はじめアメリカ下院の領袖5人に手紙を送り，「決議の採択は友好関係を損なう」と警告 7.5 中国・上海に中国慰安婦記念館オープン 7.30 **アメリカ下院，慰安婦謝罪決議，本会議で採決** **◆フィリピン，韓国など被害国議会が慰安婦関連決議を提出** 11.－ 韓国挺対協など，オランダ，フィリピン，韓国の被害者とともに欧州諸国をまわり慰安婦問題キャンペーン。欧州議会で公聴会 11.8 **オランダ下院本会議，慰安婦謝罪要求決議** 11.14 韓国各党議員97名，「日本軍性奴隷制の公式謝罪及び法的賠償を求める決議案」を発議 11.28 **カナダ下院，慰安婦謝罪要求決議** 12.13 欧州連合（EU）の**欧州議会本会議で慰安婦謝罪要求決議**（加盟27か国，約4億9000万人）
2008	3.28 兵庫県宝塚市議会で「日本軍慰安婦問題に対して，政府の誠実な対応を求める意見書」を採択，福田康夫首相に送付 **◆その後，日本，韓国，オーストラリア，米国の地方自治体で日本政府に対し慰安婦問題の解決を求める意見書・議会決議が採択へ** 10.27 **韓国国会，慰安婦謝罪決議** 11.5 **台湾立法院，慰安婦謝罪決議**
2009	8.18 国連女性差別撤廃委員会（CEDAW）総括所見で，学校教科書からの慰安婦問題削除に懸念，補償・加害者処罰・教育などを勧告
2010	2.7 日本軍「慰安婦」問題解決全国行動2010が結成される（2013年1月に名称から「2010」をとり改称。以下，全国行動） 8.10「韓国併合」100年にあたり，菅直人首相談話，慰安婦問題に言及せず 11.25 全国行動，日本軍「慰安婦」問題の立法解決を求める国際署名（61万筆）提出
2011	8.11 **韓国憲法裁判所，慰安婦問題に対する韓国政府の不作為は違憲とする「決定」** ＊9.14 オランダ植民地支配下インドネシアでおきた虐殺事件を裁いたラワグデ裁判で，オランダ裁判所はオランダ政府に賠償命令 9.15 韓国政府，憲法裁判所「決定」をふまえ日本政府に二国間協議を提案 9.25 VAWW-NETジャパンの後続団体として「戦争と女性への暴力」リサーチ・アクションセンター（VAWW RAC）を結成 12.14 水曜デモ1000回を記念して，在韓日本大使館前の公道に「平和の碑」（以下，〈少女像〉）建立，以後，韓国各地，海外などで建立 日本では外務省を人間の鎖で取り囲み（日本全国15か所，世界各地で同時行動）

	12.18 日韓首脳会談（京都）で李明博大統領が慰安婦問題の優先的な解決を求めたが，野田佳彦首相は消極的な応答。野田首相は，〈少女像〉「撤去」を要求，李大統領は「日本政府の誠意ある対応がなければ，第二の〈少女像〉が建つ」と警告
2012	3．1 李明博大統領，「3・1節」で就任後初めて慰安婦問題に言及 5．5 韓国挺対協，「戦争と女性の人権博物館」開館式 5.22 ニコンサロン（新宿）が安世鴻写真展の中止を一方的に通告（安世鴻が原告となって提訴，2015年12月に勝訴） 5.24 韓国大法院，三菱広島徴用工原爆被害者・日本製鉄元徴用工裁判で，損害賠償権は日韓請求権協定の対象外，韓国政府の外交保護権も放棄されていないという判断 8.10 李明博大統領，独島/竹島を訪問，日本政府が慰安婦問題に消極的なことを理由にあげる 8.21,24 橋下徹大阪市長，「河野談話が日韓紛糾の元凶」「強制連行の証拠を示せ」などと発言 ＊10.5 イギリス植民地支配下ケニアでおきたマウマウ闘士の拷問・性暴力への賠償請求訴訟で，イギリス裁判所が請求権を認める判決 10.11 東京地方裁判所，外務省管理の外交文書の一部開示を命じる判決（外務省は控訴） 11．4 桜井よしこら「歴史事実委員会」が米ニュージャージー州地元紙スターレジャーに慰安婦問題を否定する意見広告。安倍晋三議員など国会議員39名が賛同に加わる 12.27 前日に成立した第二次安倍晋三政権の菅義偉官房長官，「河野談話の見直し」に言及。中国外務省が不快感を表明
2013	1．3『ニューヨークタイムズ』社説「日本の歴史を否定するさらなる試み」で，河野談話・村山談話見直しを「恥ずべき衝動的行為」と批判 1．6 米オバマ政権高官「河野談話見直しなら，米政府として何らかの対応」と日本政府に通告 1.13 オーストラリアのカー外相，日本の岸田文雄外相に，「河野談話の見直しは望ましくない」と表明 1.29 米ニューヨーク州上院，慰安婦謝罪決議を採択 2．4 菅官房長官，「（河野談話を）政治・外交問題にするつもりはない」と見直しに慎重な姿勢へ 2．7 安倍首相，国会で「人さらいのような強制を示す証拠がない」と述べつつ「（河野談話見直しは）官房長官が発信すべき」と言及回避 2.25 朴槿惠，韓国大統領に就任 4.23 安倍首相，国会で「侵略という定義は学界的にも国際的にも定まっていない」と発言 4.27『ワシントン・ポスト』社説「歴史に向き合えない安倍晋三」で，安倍「侵略定義」発言を批判 5.13,14 橋下徹大阪市長および日本維新の会共同代表（当時），「慰安婦制度が必要なのは誰でもわかる」「（米海兵隊に対して）風俗業を活用してほ

		しい」と発言。日本国内外から抗議が殺到
	5.17	国連社会権規約委員会，慰安婦へのヘイトスピーチの横行に対し，日本政府に教育を通じた防止を求める
	5.27	橋下徹大阪市長が発言に関して，外国特派員協会で記者会見。司会者が吉見義明教授の著書（『従軍慰安婦』の英訳書『Comfort Women』2000）に触れたことに対し，同席した日本維新の会桜内文城衆議院議員（当時）が「これはねつ造……明らか」と発言（のち吉見裁判に）
	5.31	国連拷問禁止委員会，橋下発言を念頭に「政治家による事実否定」に対し日本政府に反駁することを勧告した。しかし日本政府は，この勧告について「法的拘束力はない」「従う義務なし」という答弁書を閣議で決定（6月18日）
	7.26	吉見義明教授，桜内文城衆議院議員（当時）を名誉毀損で東京地裁に提訴（吉見裁判→2017年6月に最高裁で敗訴確定）
	7.30	米国カルフォルニア州グレンデール市公園に〈少女像〉建立。以後，米国，カナダ，豪州，中国，ドイツ等で建立
	8.1	日本軍「慰安婦」webサイト制作委員会Fight for Justiceが「慰安婦」問題専門webサイトをオープン（http://fightforjustice.info日本語，英語，韓国語，中国語）
	10.16	同日付『産経新聞』は，「河野談話の根拠となった，韓国での元慰安婦16人の聞き取り調査報告書を入手」として，批判記事を掲載。その後，雑誌『正論』(2013年12月号）含め，右派言論による河野談話への批判キャンペーンが本格化
	12.26	安倍首相，靖国神社に参拝。中国・韓国だけでなく，米国も「失望disappointed」と批判
2014	1.25	NHK会長に就任した籾井勝人，「（慰安婦は）戦争地域のどこの国にもあった」と発言，国内外から批判
	3.1	菅官房長官，政府内に「極秘のチーム」をつくり，河野談話作成過程を検証すると正式に表明
	3.1	朴槿恵大統領「3・1節」演説，国連人権理事会での韓国外相演説（5日）で，河野談話検証を強く牽制
	3.14	オバマ大統領訪日を前に，安倍首相は「安倍内閣で河野談話を見直すことは考えていない」と否定
	4.－	『産経新聞』，「歴史戦」の連載を始める
	6.2	第12回日本軍「慰安婦」問題アジア連帯会議（東京）で「日本政府への提言──日本軍『慰安婦』問題解決のために」採択
	6.16	被害女性9人（ナヌムの家在住）が『帝国の慰安婦』の著者・朴裕河を名誉毀損で刑事および民事で告訴。その後、民事では34か所削除（2015.2.17）と被害者への賠償を命じる判決（2016.1.13）
	6.20	日本政府，「河野談話」作成過程に関する検証報告書を公表。16人への聞き取りは，河野談話公表直前だったため談話に反映されていなかった経緯（ただし証言集は参考にした）が明らかになり，右派の目論み失敗
	7.24	国連・拷問禁止委員会の日本審査で，日本政府は「性奴隷という表現は

		不適切」と主張したことに対して，同委員会は最終所見で慰安婦問題に関する勧告の項目名自体が「Sexual slavery practices against “comfort women”」(「慰安婦」に対する性奴隷慣行）となり，勧告でも「『慰安婦』に対して日本軍が犯した性奴隷」と指摘（7月24日）
	8．5・6	**『朝日新聞』が過去の慰安婦報道に関する検証記事を掲載，**吉田清治「済州島で連行」証言などを「虚偽」として取り消した。**これ以降，右派言論の『朝日新聞』バッシングが激化**
2015	1月	米マグロウヒル社発行の教科書の慰安婦に関する記述をめぐって，日本外務省が修正を求めたと報道
	1．9	植村隆（元『朝日新聞』記者）が，西岡力東京基督教大学教授と文藝春秋（『週刊文春』発行元）を名誉毀損で東京地裁に提訴
	2．－	日本政府の米教科書への圧力を批判し，米歴史学者19人が共同声明を発表
	2.10	植村隆（元『朝日新聞』記者）が，ジャーナリストの櫻井よし子と新潮社，ワック，ダイヤモンド社を名誉毀損で札幌地裁に提訴
	4.28	安倍首相，日米首脳会談後の共同記者会見で「河野談話の継承」を発言し，慰安婦を「人身売買の犠牲となった，筆舌に尽くしがたいつらい思いをされた方々」と表現
	5．5	**米国など海外の日本研究者ら187名が，連名で「日本の歴史家を支持する声明」**Open Letter in Support of Historians in Japanを公表。その後，欧州の研究者など270人が加わり計457名に増加（5月19日付）
	8.14	安倍首相「戦後70年談話」(安倍談話）を公表，日本軍慰安婦問題には言及せず
	11.19	ソウル東部検察庁，被害女性９人の告訴にもとづき『帝国の慰安婦』の著者・朴裕河を名誉毀損の容疑で在宅起訴（刑事)。地裁で無罪（2017.1.25)，高裁で有罪（2017.10.27)
	12.28	**日韓両外相，慰安婦問題に関する合意を共同で記者発表**（以下，日韓「合意」)。〈少女像〉の移転・撤去を示唆する内容を含む。発表後に，岸田外相（当時）が日本政府提供の10億円は「国家賠償ではない」と明言。韓国の支援団体，日本の運動団体が，日韓「合意」を批判する声明
	12.30	韓国ソウルで学生たちが自主的に〈少女像〉を守る座り込み運動を始める
2016	1．6	釜山で「人間少女像ひとりデモ」開始。〈少女像〉設置運動始まる
	1.14	自民党の桜田義孝議員，「慰安婦は職業としての娼婦」と発言
	1.14	韓国では386団体によって「合意」無効化運動始まる
	1.25	「合意」後初めて韓国から「慰安婦」被害当事者２名が来日し，「合意」反対を訴える
	1.27	天皇夫婦のフィリピン訪問に合わせ，フィリピン人元慰安婦と支援者ら，マニラで集会「謝罪と補償を」
	2.16	国連女性差別撤廃委員会の対日審査で，杉山晋輔外務審議官が「性奴隷という表現は事実に反する」「強制連行を示す文書はない」『朝日新聞』の報道が大きな影響を与えた」などと主張
	3．7	国連女性差別撤廃委員会，対日審査の総括所見で，日韓「合意」に対し

		て「被害者中心のアプローチを十分に採用していない」と批判
	5.31	8か国の市民団体で構成される「国際連帯委員会」と大英帝国戦争博物館が共同で日本軍慰安婦に関する記録群をユネスコの「世界の記憶」に登録申請
	6.9	挺対協などが日韓「合意」に反対し，独自の運動を展開するため「日本軍性奴隷制問題解決のための正義記憶財団」を設立
	7.28	韓国政府，日韓「合意」にもとづき「和解・治癒財団」(日本では「和解・癒やし財団」)を設立（理事長：金兌玄）
	8.30	被害女性12人が日韓「合意」に対して，韓国政府を相手取り，損害賠償を求めて韓国政府を提訴
	8.31	日本政府は「合意」にもとづき10億円を送金（9月1日，韓国政府が確認）
	9月	「和解・癒やし財団」および韓国政府が安倍首相に「おわびの手紙」を要請したが，「毛頭考えていない」と応ぜず
	10月末	韓国で朴槿惠大統領の友人崔順実の国政介入問題が発覚，11月からソウルなど韓国全土で朴大統領退陣要求のろうそくデモへ
	11.2	韓国やフィリピンなどアジア4か国の慰安婦被害者が来日し，「合意」反対を訴える
	11.16	「和解・癒やし財団」，元慰安婦23人に現金を支給したと表明
	12.9	韓国国会で朴槿惠大統領への弾劾訴追案が可決，職務が停止される
	12.10	台湾に「阿嬤の家－平和と女性人権館」(アマ・ミュージアム）オープン
	12.30	釜山の日本領事館前の公道に，市民団体などが〈少女像〉を設置
2017	1.6	日本政府が，韓国政府に釜山の〈少女像〉設置の対抗措置として，駐韓大使らの一時帰国など4項目を発表。日韓間の外交問題に発展
	1.9	駐韓日本大使ら一時帰国（4.4に85日ぶりに帰任）
	2.3	菅義偉官房長官，〈少女像〉の呼称を「慰安婦像」に統一する方針を示す
	3.10	韓国憲法裁判所が朴槿惠大統領の罷免を認める判断
	3.27	米，連邦最高裁判所，グレンデール市に設置された〈少女像〉撤去を在米日本人らの団体（「歴史の真実を求める世界連合会（GAHT)」）が訴えた訴訟の上告を受理しないと決定（原告側の敗訴確定）
	3.31	韓国検察が前大統領の朴氏を収賄や職権乱用などの疑いで逮捕
	5.2	駐韓大使，韓国外相と会談し，日韓「合意」の履行と〈少女像〉撤去を求める
	5.9	韓国大統領選挙で文在寅が当選，翌10日に大統領に就任
	5.11	日韓首脳の電話会談で，安倍首相は「日韓合意の実施が重要」，文大統領は「韓国国民の大多数は合意を受け入れられない」と発言
	5.12	国連拷問禁止委員会，韓国に対する「最終見解」として，「(韓国は）日韓合意を見直すべきだ」と勧告
	6.9	日本で「希望のたね基金」が発足
	6.30	米ジョージア州ブルックヘブン市の公園に〈少女像〉が建立。米国の公有地への設置は2番目
	7.19	「和解・癒やし財団」の金兌玄理事長が理事会で辞意表明（27日付けで辞任）

	7.27	鄭鉉栢女性家族相，省内に「和解・癒やし財団」の活動を点検するチーム発足
	7.31	韓国外交部，韓日「合意」の交渉過程と合意内容を検証するタスクフォース（TF，特別チーム）発足
	8.14	文大統領，金福童（91）を大統領府に招待。大統領が公式に被害女性に会うのは初めて
	8.15	文大統領は光復節記念式典で慰安婦や強制徴用など，日韓の歴史問題の解決への決意と「日本の指導者の勇気ある姿勢が必要」と強調。被害女性の吉元玉，李容洙，強制徴用の被害者などを招待。一方，安倍首相は，全国戦没者追悼式で，アジアへの加害と反省に触れず
	8.17	文大統領，就任100日記者会見で「慰安婦問題が公になったのは日韓会談（1965年）の後なので，解決されていない」と表明
	9.22	米サンフランシスコ市の公園の隣接地に韓国・中国・フィリピンの〈少女像〉建立。今後は公園になる予定。米国の大都市で初めて
	9.25	韓国女性家族省，「旧日本軍慰安婦の追慕碑」を2017年12月に国立墓地「望郷の丘」（忠清南道天安市）に設置すると発表
	9.28	ソウル市鍾路区，ソウル日本大使館前の〈少女像〉を区条例にもとづき保護の対象とする「公共の造形物」第１号に指定と発表
	9.29	吉村洋文大阪市長が米サンフランシスコ市に「慰安婦像が公有地に置かれるなら姉妹都市関係を見直す」と抗議文を送付 →10.2 に米サンフランシスコ市長から姉妹都市関係解消について「恥ずべきことだ」と批判する返信の書簡
	9.29	台湾の頼清徳行政院長（首相）が，立法院（国会）で慰安婦問題について日本側に謝罪を求めるよう台北駐日経済文化代表処の謝長廷代表（大使に相当）に要請する考えを示す
	10.27	８か国の市民団体らが申請した慰安婦関連資料が2017年のユネスコ「世界の記憶」登録から見送られると報じられた。日本政府は登録に反対し分担金支払い停止という強い措置でユネスコに圧力をかけていた

（作成：金　富子）

〈注〉1．以上の年表は，本書に関係する「慰安婦」関連事項を中心に作成した。「慰安婦」の「　」ははずした。

2．「慰安婦」裁判とその経過は網羅していない。

3．日本政府高官，与野党首脳，都知事などが「慰安婦」問題で数々の暴言をはいたが，膨大なため一部を除き割愛した。

4．＊は，植民地支配責任に関連した出来事を示す。

〈主要参考文献〉

「資料３『慰安婦』問題解決運動関連年表（金富子作成）」「戦争と女性への暴力」リサーチ・アクションセンター編／西野瑠美子・金富子・小野沢あかね責任編集『「慰安婦」バッシングを越えて』（大月書店，2013年，所収）に加筆・修正。

新聞各紙，本書各論文・コラム。

証言集・テレビ／ラジオ番組・映像記録一覧

◆日本語で読める証言集

韓国挺身隊問題対策協議会・挺身隊研究会編『証言　強制連行された朝鮮人軍慰安婦たち』従軍慰安婦問題ウリヨソンネットワーク訳，明石書店，1993年

韓国挺身隊問題対策協議会・挺身隊研究会編『中国に連行された朝鮮人慰安婦』山口明子訳，三一書房，1996年

フィリピン「従軍慰安婦」補償請求裁判弁護団編『フィリピンの日本軍「慰安婦」』明石書店，1995年

「アジア・太平洋地域の戦争犠牲者に思いを馳せ，心に刻む集会」実行委員会編『アジアの声第11集　私は「慰安婦」ではない　日本の侵略と性奴隷』東方出版，1997年

川田文子『インドネシアの「慰安婦」』明石書店，1997年

石田米子・内田知行編『黄土の村の性暴力――大娘たちの戦争は終わらない』創土社，2004年

アクティヴ・ミュージアム「女たちの戦争と平和資料館」編／西野瑠美子・金富子責任編集『証言　未来への記憶　アジア「慰安婦」証言集Ⅰ・Ⅱ　南・北・在日コリア編上・下』明石書店，Ⅰ2006年，Ⅱ2010年

◆個人ごとの証言聞き取り記録など（日本語で読めるもの）

川田文子『赤瓦の家――朝鮮から来た従軍慰安婦』筑摩書房，1987年　＊裵奉奇さんの聞き取り

川田文子『皇軍慰安所の女たち』筑摩書房，1993年　＊宋神道さん，日本人「慰安婦」の聞き取り

梁澄子「在日韓国人元「従軍慰安婦」宋神道さんの70年」従軍慰安婦問題ウリヨソンネットワーク企画，金富子・梁澄子ほか著『もっと知りたい「慰安婦」問題』明石書店，1995年

マリア・ロサ・L・ヘンソン『ある日本軍「慰安婦」の回想――フィリピンの現代史を生きて』藤目ゆき訳，岩波書店，1995年

文玉珠（語り），森川万智子（構成と解説）『ビルマ戦線楯師団の「慰安婦」だった私』梨の木舎，初版1996年，新装増補版2015年

ジャン・ラフ＝オハーン『オランダ人「慰安婦」ジャンの物語』渡辺洋美訳，木犀社，1999年

VAWW-NET Japan編／金富子・宋連玉責任編集『慰安婦・戦時製暴力の実態Ⅰ』緑風出版，2000年　＊イアン・アパイ（中村ふじゑ）・河床淑（金富子）・朴永心（金栄）の聞き取り調査含む

西野瑠美子『戦場の「慰安婦」――拉孟全滅戦を生き延びた朴永心の軌跡』明石書店，2003年

プラムディア・アナンタ・トゥール『日本軍に捨てられた少女たち――インドネシアの慰安婦悲話』コモンズ，2004年

在日の慰安婦裁判を支える会編『オレの心は負けてない――在日朝鮮人「慰安婦」宋神道のたたかい』樹花舎，2007年
李容洙・高柳美智子『わたしは日本軍「慰安婦」だった』新日本出版社，2009年
坪川宏子・大森典子編著『司法が認定した日本軍「慰安婦」――被害・加害事実は消せない！』かもがわブックレット186，2011年　＊日本で行われた「慰安婦」・性暴力裁判の証言の事実認定
マルゲリート・ハーマー『折られた花――日本軍「慰安婦」とされたオランダ人女性たちの声』新教出版社，2013年
土井敏邦『“記憶”と生きる――元「慰安婦」姜徳景の生涯』大月書店，2015年
「戦争と女性への暴力」リサーチ・アクション・センター編／西野瑠美子・小野沢あかね責任編集『日本人「慰安婦」――愛国心と人身売買と』現代書館，2015年　＊日本人「慰安婦」の聞き取り含む

◆韓国挺身隊問題対策協議会および韓国挺身隊研究所がかかわった証言集

한국정신대문제대책협의회, 한국정신대연구회『강제로 끌려간 조선인 군위안부들1』한울, 1993.
한국정신대연구회, 한국정신대문제대책협의회 엮음『50년 후의 증언 - 중국으로 끌려간 조선인군위안부들』한울, 1995.
한국정신대문제대책협의회, 한국정신대연구회『강제로 끌려간 조선인 군위안부들2』한울, 1997.
한국정신대연구소, 한국정신대문제대책협의회『강제로 끌려간 조선인 군위안부들3』한울, 1999.
한국정신대문제대책협의회, 2000년 일본군 성노예 전범 여성국제법정 한국위원회 증언팀『기억으로 다시 쓰는 역사-강제로 끌려간 조선인 군위안부들 4』풀빛, 2001.
한국정신대문제대책협의회, 2000년 일본군성노예전범 여성국제법정 한국위원회, 한국정신대연구소『강제로 끌려간 조선인 군위안부들 5』풀빛, 2001.
한국정신대연구소『중국으로 끌려간 조선인 군위안부들2』한울, 2003.
한국정신대문제대책협의회, 전쟁과여성인권센터 연구팀『역사를 만드는 이야기 -일본군 위안부 여성들의 경험과 기억, 일본군 위안부 증언집 6』여성과인권, 2004.

◆吉見義明氏が聴取した証言シリーズ

「ある日本軍「慰安婦」の回想：朴順姫さんからの聞き取り」『中央大学論集』31号，2010年３月
「ある日本軍「慰安婦」の回想（2）：李秀〔守〕山さんからの聞き取り」同前32号，2011年３月
「ある元日本軍「慰安婦」の回想（3）：黄善順さんからの聞き取り」同前34号，2013年２月
「ある元日本軍「慰安婦」の回想（4）：安点順さんからの聞き取り」同前35号，2014年２月
「ある元日本軍「慰安婦」の回想（5）：安点順さんからの聞き取り②」同前36号，2015

年２月
「ある元日本軍「慰安婦」の回想（6）：金福童さんからの聞き取り」同前37号，2016年３月
「ある元日本軍「慰安婦」の回想（7）：李玉善さんからの聞き取り」38号，2017年２月

◆元兵士・慰安所経営者らの証言（「Fight for Justice 本・映像資料ガイド」を参照）
彦坂諦『男性神話』径書房，1991年
従軍慰安婦110番編集委員会編『従軍慰安婦110番――電話の向こうから歴史の声が』明石書店，1992年
西野瑠美子『従軍慰安婦――元兵士たちの証言』明石書店，1992年
西野瑠美子『従軍慰安婦と十五年戦争――ビルマ慰安所経営者の証言』明石書店，1993年
高崎隆治『100冊が語る「慰安所」・男のホンネ――アジア全域に「慰安所」があった』梨の木舎，1994年
内海愛子・加藤修弘・石田米子編『ある日本兵の二つの戦場――近藤一の終わらない戦争』社会評論社，2005年
熊谷伸一郎『金子さんの戦争――中国戦線の現実』リトルモア，2005年
アクティブ・ミュージアム「女たちの戦争と平和資料館」編『証言と沈黙　加害に向き合う元兵士たち』アクティブ・ミュージアム「女たちの戦争と平和資料館」，2010年

◆公聴会・女性国際戦犯法廷の記録
国際公聴会実行委員会編『アジアの声第７集　世界に問われる日本の戦後処理①　「従軍慰安婦」等国際公聴会の記録』東方出版，1993年
VAWW-NETジャパン編，松井やよりほか責任編集『女性国際戦犯法廷の全記録』第５巻・第６巻，緑風出版，2002年　＊第１部は女性国際戦犯法廷の全ドキュメント

◆テレビ/ラジオ番組（NHKのディレクターだった池田恵理子氏より提供されたリストに加筆。★は池田氏自身が制作にかかわった。ただし，▲はNHKクロニクルで検索をしてもヒットしない）
NHKクロニクル　保存番組より
【1991年】
6.27 ETV：現代ジャーナル「もうひとつの沖縄戦」　＊元「慰安婦」・裵奉奇さんを描いた映画紹介 ★
【1992年】
12.2 ETV：ステップ＆ジャンプ「ジャンプ日本史　併合された朝鮮半島」
【1993年】
2.16 総合：ミッドナイトジャーナル ホットジャーナル（特集）「現役最古参・新内語り」
8.30 ETV：ワールドウォッチング「従軍慰安婦問題」
【1995年】

8.2 ETV：ETV特集「50年目の『従軍慰安婦』問題　①“わかちあいの家”のハルモニたち」★
8.3 ETV：ETV特集「50年目の『従軍慰安婦』問題　②日本はいかに償うべきか」 女性のためのアジア平和国民基金をめぐって／出演：田中宏・川田文子 ★
9.26 ETV：ETV特集「世界の女性は何と闘っているか ～国連世界女性会議～②紛争下の女性への暴力」 ＊現地取材：中国・北京 ★
12.13 ETV：ETV特集「問われる『戦後50年』と日本　①従軍慰安婦への償いはどうあるべきか～『国民基金論争』～」 ＊出演：田中宏 ★
【1996年】
5.20 ETV：ETV特集「51年目の戦争責任　①『従軍慰安婦』と国際法」 ▲出演：吉見義明・阿部浩己／現地取材：ジュネーブ ★
5.21 ETV：ETV特集「51年目の戦争責任　②戦争と性暴力」 ▲出演：大越愛子・高橋哲哉 ★
12.28 総合：「アジアの従軍慰安婦・51年目の声」 ＊埋もれた尋問報告～戦場の女性たちは何を見たか／現地取材：韓国・中国・インドネシア・アメリカなど ★
【2001年】
1.30 ETV：ETV2001「戦争をどう裁くか　②問われる戦時性暴力」 ▲出演：高橋哲哉・米山リサ　番組内容の改ざんが問題となった。現在も公開されていない。
【2011年】
12.16 BS1：ワールドWaveモーニング　日韓首脳会談へ“戦争責任”で暗雲も？
【2013年】
1.23 BS1：ワールドWaveトゥナイト“情報戦”の最前線に立つ日本人外交官
【2014年】
12.2 BS1：国際報道2014「特集 日韓・関係改善へのカギ②　経済分野で進む協力」
【2016年】
1.14 BS1：国際報道2016「特集 慰安婦問題」
1.14 BS1：国際報道2016「韓国・国を二分する慰安婦問題」
2.4 総合１：時論公論「慰安婦合意は？」
7.28 総合１：時論公論「慰安婦財団発足」
8.22 ラジオ第２：ワンポイント・ニュースで英会話「元慰安婦への支援事業で大筋合意」
【2017年】
1.24 総合：クローズアップ現代＋「韓国・過熱する“少女像”問題～初めて語った元慰安婦」 ＊偏向番組として批判を浴び，BPOにも審議要望書が提出された。
2.21 BS1：国際報道2017　どうなる韓国大統領選？保守vs革新派の攻防（ソウル支局池畑修平支局長）
2.28 BS1：国際報道2017　少女像に揺れる韓国（ソウル・長野記者）
3.8 BS1：キャッチ！世界のトップニュース 香川キャスター韓国報告　③日韓関係の行方
6.9 BS1：国際報道2017特集　ムン・ジェイン就任１ヶ月日韓問題（ソウル・長野記

者）
6.9 BS1：国際報道2017特集　ムン・ジェイン就任１ヶ月南北問題（ソウル・安永記者）

放送ライブラリー　番組検索より
1982.3.1 日本テレビ：11PM「韓国から見た日本②」（シリーズ・アジアと共に生きる④）
1986.6.30 TBSラジオ：ニューススペシャル 「石の叫び！ ある従軍慰安婦の記録」
＊城田すず子さんの肉声による証言
1992.5.30 九州朝日放送：特別番組「汚辱の証言　朝鮮人従軍慰安婦の戦後」
1992.8.14 NHKスペシャル：調査報告「アジアからの訴え　問われる日本の戦後処理」
1994.11.2 テレビ東京：ドキュメンタリー人間劇場「百歳の恋心　新内・岡本文弥の艶」
1996.9.30 中京テレビ：NNNドキュメント'96「IANFU　インドネシアの場合には」
1997.12.8 中京テレビ：NNNドキュメント'97「声閉ざされて，そして　インドネシアの '慰安婦たち'」

その他
1977.2.13 RKB毎日放送：テレビルポルタージュ「突撃一番～回想の従軍慰安婦たち～」（上坪隆ディレクター）
1977 RKB毎日放送：「引揚げ港・水子のうた」（上坪隆ディレクター）
1991 MBS：映像'90「軛の女～朝鮮人従軍慰安婦」（西村秀樹ディレクター）
1991.12.14 テレビ朝日「ザ・スクープ」：「悲痛！朝鮮人従軍慰安婦――知られざる真実」
1991.12.15 TBS「報道特集」：「朝鮮人従軍慰安婦50年の恨」
1995.8.18 フジテレビ：戦後50年企画「女たちの戦争　忘れられた戦後史・進駐軍慰安命令」（ドラマ）
1996.8 NHK：海外ドキュメンタリー「五十年の沈黙を破って～慰安婦にされたオランダ人少女～」
1997.2 テレビ朝日：「もの食う人びと」（深作欣二監督）
1997 九州朝日放送：ラジオドキュメンタリー「癒されぬ終わりの日々～従軍慰安婦51年目の選択」
1998.8　NHK・BS特集：「戦争・心の傷の記憶～旧ユーゴの少女の悪夢・従軍慰安婦が遺した絵・兵士の沈黙」
1999.8 山形テレビ：テレメンタリー「その時私は14歳だった～戦時下の性暴力と心の傷」
2000.12.9 NHK・BS1：BS23「アジア＆ワールド　民間法廷始まる」
2000.12.13 NHK・BS1：BS23「世界じっかんリポート　民間国際法廷」
2014.9.11 テレビ朝日：報道ステーション「朝日新聞の慰安婦報道検証」
2015.6.24 NHKスペシャル「戦後70年・ニッポンの肖像～世界の中で①」 ＊オランダで

の国民基金
2015.7.11 TBS：報道特集①「台湾人の元『慰安婦』は今…」
2015.7.25 TBS：報道特集②「インドネシアでの戦時性暴力」

◆ドュメンタリー映画，ビデオ＆DVDにみる「証言」（日本語字幕があるものに限った）

韓国・朝鮮

『沖縄のハルモニ～証言・従軍慰安婦』監督山谷哲夫／1979年／日本／85分
『アリランのうた―オキナワからの証言』監督朴壽南／1991年／日本／100分
『朝鮮人元従軍慰安婦の証言～ピョンヤン1992』ビデオプレス／1992年／日本／30分
『ナヌムの家』3部作（原題『低い声』『低い声 2』『低い声 2』）監督ピョン・ヨンジュ／1995年，1997年，1999年／韓国／98分，71分，77分
『私たちは忘れない～追悼・姜徳景ハルモニ～』制作：ビデオ塾／1997年／16分
『ひとつの史実～海南島「慰安婦」の証言～』取材・構成：符祝慧／1998年／14分
『中国・武漢に生きる元朝鮮人「慰安婦」河床淑の証言』取材・構成：須田馨・瀬山紀子／2000年／10分
『写真に記録された「慰安婦」――朝鮮民主主義人民共和国　朴永心の証言』取材・構成：青野恵美子／2000年／20分
『記憶と生きる』土井敏邦監督／2015年／日本／第一部 分かち合いの家（124分）第二部 姜徳景（91分）
『沈黙―立ち上がる慰安婦』監督朴壽南（パク・スナム）／2017年／日本／117分

在日・日本

『ひとりでもやるってば』在日の慰安婦裁判を支える会／1993年／日本／25分
『オレの心は負けてない』監督安海龍／2007年／日本／95分
『日本の「慰安婦」問題』ビデオ塾／2001年／11分

中国

『大娘（ダーニャン）たちの記憶――中国・山西省第7次聞き取り調査報告』制作・ビデオ塾／1999年／21分
『大娘（ダーニャン）たちの戦争は終わらない――中国山西省・黄土の村の性暴力』取材・構成：池田恵理子／2004年／58分
『ガイサンシーとその姉妹たち』監督班忠義／2007年／日本／120分
『大娘（ダーニャン）たちの闘いは続く～日本軍性暴力パネル展の歩み』取材・構成：池田恵理子／2013年／29分
『太陽がほしい』監督班忠義／2015年／日本／165分
『二十二（TWENTY TWO）』監督郭柯（グォ・クー）／2017年／中・韓／90分

台湾

『阿媽（アマー）の秘密』監督楊家雲／婦女救援基金会／1998 年／台湾／82分

『葦（あし）の歌』監督呉秀菁／婦女救援基金会／2013年／台湾／76分

フィリピン

『カタロゥガン！ロラたちに正義を！』監督竹見智恵子監督／2011年／日本／80分

マレーシア

『マレーシアの元「慰安婦」ロザリンの証言』取材・制作：徳永理彩／2000年／9分

ビルマ

『ビルマに消えた「慰安婦」たち――1997年5月～1998年9月現地調査の記録』取材・構成：森川万智子／1999年／22分　＊文玉珠さんの証言含む

『ビルマの日本軍「慰安婦」1997年－2000年現地調査の記録』取材・構成：森川万智子／1999年／37分　＊文玉珠さんの証言含む

『シュエダウンの物語～ビルマの慰安所と"現地妻"が語るもの』取材・構成：森川万智子／2006年／23分

各国

『生きている間に語りたかった～元「慰安婦」6人の証言』ビデオプレス／1993年（2014年改訂版）／30分　＊姜順愛（韓国）・金英実（北朝鮮）・万愛花（中国・写真下）・匿名（台湾）・ジャンヌ・オヘルネ（オランダ）・ロサヘンソン（フィリピン）の証言

『沈黙の歴史をやぶって～女性国際戦犯法廷の記録』ビデオ塾／2001年／64分　＊英語版・短縮版あり

『女性国際戦犯法廷　ハーグ最終判決』ビデオ塾／2002年／40分

『終わらない戦争』監督金東元（キム・ドンウォン）／2008年／韓国／60分

『私たちはあきらめない～女性国際戦犯法廷から10年』取材・制作：池田恵理子／2011年／24分

『消せない痕跡～アジアの日本軍性奴隷被害者たち』インタビュー映像記録（安世鴻）／2017年／一部公開

リスト作成：中野敏男，金富子，岡本有佳（協力：池田恵理子）